【実践Data Science シリーズ】

ゼロからはじめる

データ
サイエンス入門

──R・Python一挙両得──

辻　真吾
矢吹太朗　著

JN047348

講談社

はじめに

　本書は，R や Python のコード（具体的なコンピュータプログラム）の読み書きを通じてデータサイエンスについて学ぶための一冊です．「習うより慣れろ」ということで，コードを使って結果を出せるようになることが目標です．コードなしで学びたいという人には，別の書籍にあたることをお勧めします．

　本書には，次の三つの特徴があります．

1. 第 1 部「データサイエンスの準備」で，準備に時間をかけている．
2. ほぼすべての例をコードに基づいて説明している．本書掲載のコードはサポートサイト[*1] でも公開している（使用方法は 2.6 節を参照）．
3. 第 2 部「機械学習」では，ほぼすべての課題を R と Python で解決し，同じ結果を得ることを試みている．

　第 1 の特徴は，データサイエンスを本気で学ぼうとする人のためのものです．データサイエンスの実践のためには，コンピュータとネットワーク，環境構築，R と Python についての，実践的な能力が必要です．これらは，データサイエンスの雰囲気だけを知りたいという人には不要かもしれません．必要になったときに学ぶということでもよいでしょう．しかし，本気で学ぼうという人にとっては，後で必要になるのは明らかなので，最初にまとめて学んでしまったほうが効率的です．実践力がすでにある人は，第 1 部は軽く目を通すだけでよいでしょう．実践力に不安がある人は，手を動かしながら第 1 部を読んでください．

　第 2 の特徴は，筆者が考える「コードは理解の試金石」という原則によるものです．「理解」にはコードを読み書きできることが含まれます．コードを読み書きできないなら理解しているとはいえません．コードを読み書きできることは，理解していることの証拠にはなりませんが，前提にはなるでしょう．ですから，コードはとても大事です．

　第 3 の特徴は，本書が「R・Python 対照データサイエンス」なのだといえばわかりやすいかもしれません[*2]．「この問題には R が向いているから R で」とか「この問題には Python が向いているから Python で」というような「適材適所」の方針は採用していません．

　同じことをするなら R か Python のどちらかだけでいいと思うかもしれません．確かに，もし本書で初めてデータサイエンスを学ぶのであれば，R か

---

*1　https://github.com/taroyabuki/fromzero
*2　R は S 言語の環境なので，「S・Python 対照データサイエンス」のほうが正確です．

Python のどちらか一方だけにしてもかまいません．しかし，本書の本領は，二つの言語を見比べてもらって初めて発揮されます．具体例を挙げます．

機械学習では，データに基づく予測を行います．本書では，予測の性能を「検証」という方法で見積もります．この検証が，本書で用いる R のパッケージでは自動的に行われるのに対して，本書で用いる Python のパッケージでは自動的には行われません．R と Python で同じような検証結果を得るためには，R の自動的な検証で行われていることを調べて，それと同じことを Python で行わなければなりません．

このように，R のユーザも Python のユーザも，それだけを使っているなら意識しないかもしれないことを，意識しなければならなくなります（他の例を「おわりに」で挙げています）．

筆者は，データサイエンスの実践に大切なことは，R と Python の共通部分 $+\alpha$ だと考えています．R（または Python）でデータサイエンスを一通り学んだ後で，この $+\alpha$ を求めて Python（または R）でもう一度学ぶより，本書のように，R と Python を比較しながら学ぶほうが，学びの効率はいいでしょう．

データサイエンスのためのアルゴリズムの多くが，R や Python のパッケージとして提供されています．このことの弊害に，「初学者がパッケージを間違って使って，間違った結果を出す」ということがあります．結果が間違っていることがわかるならいいのです．より深刻なのは，パッケージを間違って使っているにもかかわらず，たまたま許容範囲内の結果が出てしまうことです．この場合，自分が間違っていることに気付きません．この危険を回避する正道は，理論をしっかり学ぶことや，アルゴリズムを自分で実装してみることかもしれませんが，そこを行くのは大変です．本書では，R と Python で同じ結果を出そうとすることで，この危険の回避を試みます．

本書で扱う範囲

本書の内容を，データサイエンスの目標・手順・技術の三つの視点で整理します．

データサイエンスの目標

データサイエンスの目標は，データに基づいて意思決定をすることです．意思決定には知恵が必要で，データソースから得たデータを，情報→知識→知恵と変化させることで，それを獲得します．その変化の様子を描いたのが**図 1(a)** です．

本書で主に扱うのは，図 1(a) の「機械学習」の部分です．データを機械学習で使える形にするための「データ集計」や，データがどのようなものなのかを

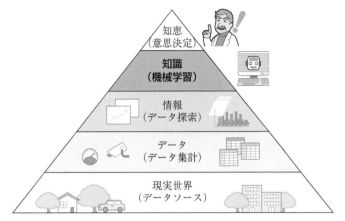

(a) データサイエンスのピラミッド（データサイエンスの目標は，データソースから得られるデータに基づいて意思決定をすること）

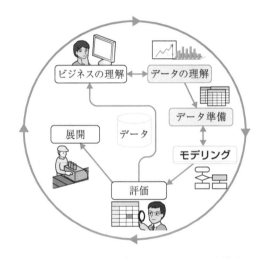

(b) CRISP-DM （データに基づいて意思決定をするための標準的なプロセス）

図1　本書の主題は機械学習とモデリング（図はいずれも文献 [1] を編集したもの）

調査する「データ探索」についても説明します．

データサイエンスの手順

　データに基づいて意思決定をするためには，具体的には何をすればよいでしょうか．そのための手順（プロセス）の例が，**CRISP-DM** です（**図 1(b)**）．

　本書で主に扱うのは，図 1(b) の「モデリング」（の一種である機械学習）です．モデリングは，複雑な現実を抽象化して理解するための枠組みである「モデル」を作ることです．モデリングに必要な「データの理解」や「データの準備」についても説明します．

データサイエンスの技術

文献リストは巻末にあります.

データサイエンスには次のような技術が必要です（文献 [1]）.

1. **機械学習**
2. **確率と統計**
3. **データの可視化**
4. コンピュータサイエンスと高性能計算
5. データラングリングとデータベース
6. データ倫理と規制
7. 専門分野の専門性
8. コミュニケーション能力

本書で扱うのは 1, 2, 3 です．1 の「機械学習」が第 2 部の主題です．2 の「確率と統計」の後半つまり「統計」に関して，機械学習の実践のために知っておくとよいと思われることを，第 4 章「統計入門」で解説します．3 の「データの可視化」の方法を 4.2 節でまとめて紹介し，第 2 部「機械学習」で実践します．他の技術は本書の対象外です（コードを読み書きする能力はコミュニケーション能力の一部ではありますが）．

本書の読み方

> **本節の目標**
>
> 「本節の目標」の役割を把握します．

章・節・項・目の「節」のことです.

各節の冒頭には，このような「本節の目標」を掲載します．これは，その節を読み終えたときに，できるようになっているはずのことが書かれています．目標を意識しながらその節を読んで，読み終わったときに実践できるようになっていることを確認してください．その節の中には，補足説明など，目標とは直接関係しないことが書かれていることがあります[*3]．わかりにくい話題もあるかもしれません．「これを理解しないと後で困るのか？」と思ったときには，目標が達成できそうかどうかを考えてみてください．

旁註には，補足説明を書きます.

R: ←で始まる文章は R だけに関する説明です[*4]（書体と色を変えて掲載します）．

P: ←で始まる文章は Python だけに関する説明です[*5]（書体と色を変えて掲載します）．

R: ←で始まる旁註には，R に関する補足説明を書きます.

P: ←で始まる旁註には，Python に関する補足説明を書きます.

[*3] 脚註には，本書の想定レベルを超える補足説明を書きます．本書の後で登場する概念を使うこともあります．初学者を惑わすことを書くこともあります．

[*4] R: ←で始まる脚註は R に関するものです．

[*5] P: ←で始まる脚註は Python に関するものです．

コード

コードは枠で囲い，何のコードなのかをラベルで示します．

「#」から行末まではコメントです．プログラムの実行には影響しません．

「#> 」から始まる行は，実行結果です．実際の実行結果には「#> 」は含まれていないのですが，わかりやすくするために筆者が補っています．

R

```
# これはR のコードの例です.
1 + 1
#> [1] 2 # 注目すべき実行結果です.
```

出力の中で注目してほしい部分の，背景色を変えています．

Python

```
# これはPython のコードの例です.
1 + 1
#> 2 # 注目すべき実行結果です.
```

補足：

見出しが「補足：」で始まるところでは，本書の想定レベルを超える話をしているので，本書を初めて読む際には飛ばしてもかまいません．

細かい注意

注意点をまとめます．

- 大切な用語は太字のサンセリフやゴシック体とし，索引にも採録している．
- 波括弧の中にデータを並べて掲載することがある．これは集合ではない．{10, 20, 10}と{10, 20}は同じではない．
- 読み込んだパッケージやモジュールは，その節の終わりまで有効だと仮定する．たとえば，3.4.1 項冒頭の R の「`library(tidyverse)`」や Python の「`import pandas as pd`」は，3.4 節の終わりまで有効である．
- 紙面を節約するために，出力の一部をカットしたり，数値の表示桁数を少なくすることがある．
- 誤解の恐れがない場合，和の記述の一部を省略する．たとえば，$\sum_{i=1}^{n} x_i$ や $\sum_{i=0}^{n-1} x_i$ を $\sum x_i$ と表記することがある．
- 「R の caret では …」や「Python の scikit-learn では …」のように書くべき特定のパッケージについての説明を，「R では …」や「Python では …」と省略して書くことがある．

パッケージやモジュールについては 3.6 節を参照．

- R と Python のコードを比べやすくすることを優先し，既存のスタイルガイド[*6] には従わないことがある．
- 可視化のテクニックの解説は割愛している．たとえば，縦軸ラベルは R では「ylab("ラベル")」，Python では「ylabel="ラベル"」で設定するが，こういうことを本文では説明しない．できあがりの画像や索引を使って見つけてほしい．
- 「ディレクトリ」という用語と「フォルダ」という用語を同じ意味で使う．
- バックスラッシュの字形は「\」である．バックスラッシュの字形と円記号「¥」の字形が同じになっているフォントがあり，そういうフォントを使っていると，両者を見た目では区別できない．しかし，本書のコードで円記号を使うことはないから，字形が円記号と同じ文字を見たら，それは円記号ではなくバックスラッシュだと思って間違いない．
- キーボードの Enter と Return を区別しない．

記法

本文中でコードの一部を使うときは，my_data のようなタイプライタ体を使います．変数 x とコードの x のように，字種が同じものは，書体が違っても，意味はほとんど同じです．

その他，本書でよく使う表現を**表 1** にまとめます．

表 1　本書でよく使う表現

n	サンプルサイズ（標本の大きさ）
$\bar{x}, \bar{y}$	$\bar{x}$ は $x_1, x_2, \ldots, x_n$ の平均，つまり $\bar{x} = \dfrac{1}{n} \sum x_i$．同様に $\bar{y}$ は y_i の平均．
y	出力変数
$\hat{y}$	出力変数の予測値（コードでは y_）
my_data	学習に使うデータ
my_model	モデル
X	入力変数（データフレームまたは行列）
y	出力変数（1 次元データ）
y_	出力変数の予測値（1 次元データ）
標本分散	$x_1, x_2, \ldots, x_n$ の標本分散は $\dfrac{1}{n} \sum (x_i - \bar{x})^2$．（4.1.1.2 目を参照）
1 次元データ（本書独自の表現）	R のベクタと Python のリスト／アレイ／シリーズの総称

[*6]　R では Google's R Style Guide (https://google.github.io/styleguide/Rguide.html)，Python では PEP 8 (https://www.python.org/dev/peps/pep-0008/) が有名です．

目次

第 7 章　回帰 1（単回帰）　　177

第 8 章　回帰 2（重回帰）　　221

第 9 章　分類 1（多値分類）　　255

第 10 章　分類 2（2 値分類）　　279

第 1 部

データサイエンス
の準備

第 1 章

コンピュータと
ネットワーク

　1890 年に行われた米国の国勢調査では，紙のカードに穴を空けてデータを記録するパンチカードが使われました．これはコンピュータが初めて国勢調査に使われた事例として広く知られています．21 世紀の今日では，データをコンピュータなしで処理することなど考えられなくなっています．また，インターネットを使えば，世界中のさまざまなデータを取得することも可能です．データサイエンスの実践には，コンピュータとネットワークを使いこなせることが重要です．本章では，コンピュータの基本操作と，ネットワークのしくみについて説明します．

本章の内容

- 1.1　コンピュータの基本操作
- 1.2　ネットワークのしくみ

1.1

コンピュータの基本操作

本節の目標

　CUI のシェルで，「1s」と入力して Enter キーを押し，カレントディレクトリにあるファイルを一覧表示します（ここで使っている用語も理解しましょう）．

　本書では，データサイエンスを実践するコンピュータとして，一般的なパーソナルコンピュータ（PC）を想定しています．スマートフォンやタブレットではなく，Windows, macOS, Linux といったオペレーティングシステム（OS）を実行できる環境です．これらの OS の操作方法を学びます[*1]．

1.1.1　GUI と CUI

　コンピュータのユーザインタフェース（User Interface, UI）には，大きく分けて 2 種類あります．グラフィカルユーザインタフェース（Graphical User Interface, **GUI**）とキャラクターユーザインタフェース（Character User Interface, **CUI**）です．ファイルの操作を GUI と CUI で行っている様子を**図 1.1**に示します．

GUI （ジーユーアイ）はグイと発音されることもあります．

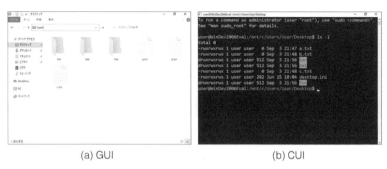

(a) GUI　　　　　　　　　　　　　(b) CUI

図 1.1　ファイルを操作している様子

[*1]　PC に比べて柔軟性は劣りますが，クラウドサービスを使うなら，スマートフォンやタブレットでも，比較的新しいウェブブラウザが動作するものなら大丈夫かもしれません．

GUIでは，マウスのクリックや，タッチパネルのタッチで，コンピュータを操作します．直感的でわかりやすい一方で，操作を記録・再現するのは面倒です．

CUIでは，命令を文字で入力します．命令を覚えておかないと効率よく使えないという欠点がありますが，操作を記録・再現するのは簡単です．

データサイエンスやプログラミングの実践のためには，CUIを使ったコンピュータの操作が欠かせません．本節では，CUIによるコンピュータの操作方法を紹介します．

1.1.2 シェルの種類

ファイルのコピーや移動には，Windowsではエクスプローラー，macOSではFinderを使うのが一般的です．これらは，GUIでファイルを操作するソフトウェアで，OSとユーザの間で仲介役になります．

このような種類のソフトウェアを**シェル**といいます（**図1.2**）．シェル (shell) は日本語では「貝殻」，OSに関わる機能を貝殻で包み込んで，ユーザとOSの間に立って処理を助けてくれるものです．

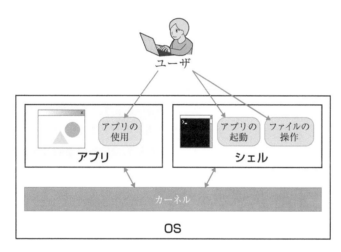

ユーザ

アプリの使用
アプリ

アプリの起動　ファイルの操作
シェル

カーネル

OS

図 1.2　シェルの役割

Windows, macOS, LinuxなどのOSには，CUIのシェルもあります．CUIのシェルにはさまざまな種類がありますが，これら三つのOSで共通して使えるものに，**bash**があります[*2][*3]．ただし，Windowsのbashは Windows自体ではなく，Windows上で動くLinux (Windows Subsystem for Linux, **WSL**)

bash は Bourne-again shell の略で，バッシュと発音します．

[*2] Windows の CUI シェルには，bash の他に PowerShell やコマンドプロンプトがあります．

[*3] macOS の標準のシェルは zsh ですが，本書の範囲内では bash と zsh を区別する必要はありません．

のシェルなので，利用するためには WSL を有効にする必要があります（付録 A を参照）．

bash は，端末エミュレータというソフトウェアの上で使います．Windows に標準搭載されている端末エミュレータはコンソールホストです[*4]．macOS に標準搭載されている端末エミュレータはターミナルです．Linux は配布形態（ディストリビューション）によってさまざまですが，代表的なディストリビューションの一つである Ubuntu に標準搭載されている端末エミュレータは Terminal です．本書では，**ターミナル**という用語を「端末エミュレータ上の bash」という意味で使います．

本書では，Linux のディストリビューションは Ubuntu を想定します．

1.1.3　シェルの起動

CUI シェルの起動方法は次のとおりです．

- **Windows**　自分が作業したいフォルダをエクスプローラーで開き，そのアドレスバーに bash と入力，Enter キーを押す[*5]．
- **macOS**　Finder で，フォルダを右クリックして出てくるメニューで，「フォルダに新規ターミナル」または「フォルダに新規ターミナルタブ」をクリックする．
- **Ubuntu**　自分が作業したいフォルダを右クリックすると出てくるメニューで，「Open in Terminal」をクリックする．

CUI シェルの詳しい使い方は，2.4 節で紹介します．ここでは，ls と入力して Enter キーを押して，ファイルの一覧が表示されることを確認するくらいにしましょう．エクスプローラーや Finder で見えているのと同じファイル名が表示されるはずです．

[*4]　Windows 10 標準搭載ではありませんが，Windows Terminal という，コンソールホストより新しく，高機能な端末エミュレータがあります．

[*5]　PowerShell やコマンドプロンプトで bash と入力して起動することもできます．

コンピュータと OS の歴史（主観的）

コンピュータが普及し始めた 1980 年代，筆者らの家には，父親が購入した日本電気製の PC-8001 や三菱電機製の ML-G30 model2（MSX2 規格のコンピュータ）がありました．CPU のクロック周波数は 3〜4MHz，メモリは 32〜128KiB 程度でした．ハードディスクに相当する記憶装置はなく，電源を切って失われてしまうメモリ上のデータは，音楽用のカセットテープまたはフロッピーディスクに保存するのが一般的でした．現在ではほとんど見ることのないフロッピーディスクは，アプリの「保存する」ボタンに今もその姿を残しています．

父親が家庭にコンピュータを導入しようと思ったのは，1970 年代末に始まったオフィスオートメーション（OA）化の影響があったかもしれません．これは，会社や官公庁の業務にコンピュータを導入して仕事を効率化することを目指したもので，今日のデジタルトランスフォーメイション（DX）のようなものでした．当時 OA 化で導入された大型のコンピュータは汎用機やメインフレームと呼ばれ，世界的には IBM の独壇場でした．当時の汎用機は現在主流となっている UNIX 系 OS や Windows などとは違う独自 OS を搭載していました．また国内では日立，NEC，富士通なども汎用機を販売していました．一方，家庭で使われていたコンピュータはこうした業務用とは別のもので，本格的な OS は搭載されていませんでした．電源を入れると OS とプログラミング言語が一体になったような環境（CUI のみ）が起動し，BASIC（プログラミング言語）のコマンドを入力して使いました．コンピュータの専門雑誌に簡単なゲームのソースコードが掲載されていて，それをそのまま入力して楽しんだのを覚えています．ただ，ソースコードの中には 16 進数で表現された機械語を含むものもあり，デバッグに苦労しました．

1980 年代のオフィスでは OA 化が進み，コンピュータを個人で利用する場面が増えてきました．コンピュータ室に設置された大型コンピュータではない，パーソナルコンピュータ（PC）の登場です．この頃 PC で使われていたのは，MS-DOS や CP/M といった OS でした．MS-DOS は Microsoft が開発したもので，CP/M から大きな影響を受けていました．当時を知る父から「CP/M のほうが性能面で勝っていた記憶がある」という話を聞いたことがありますが，商業的には MS-DOS が大きな成功を収めました．当時の Microsoft は，ソフトウェア販売に注力した会社でした．さまざまなメーカーから販売される PC で MS-DOS が動作しました．日本では日本電気が PC-9801 シリーズを販売し，1990 年代中頃まで PC 市場を席巻しました．一方，世界的には PC/AT 互換というハードウェアの共通規格が普及していきます．これは，IBM が作った PC が元になっており，IBM 互換機とも呼ばれます．1990 年代の後半になると PC/AT 互換機が日本でも主流となり，PC-9801 シリーズのシェアは急激に縮小しました．この頃，Apple も PC を発売しており，ハードウェア，ソフトウェアとも MS-DOS が起動する PC/AT 互換機とは一線を画す独自の路線を採用していました（独自規格は今日まで続いています）．

MS-DOS の普及により，PC の OS 市場で確固たる地位を築いていた Microsoft は，1995 年に Windows 95 を発売します．MS-DOS に比べて利便性が格段に向上した Windows 95 は世界中で PC ブームを巻き起こします．この頃の PC は CPU のクロック周波数が 33〜66MHz，

1 コンピュータとネットワーク

2 データサイエンスのための環境

3 R と Python

4 統計入門

5 前処理

6 機械学習の目的，データ・手法

メモリは 64MB 程度のものが主流でした．また，500MB ほどのハードディスクドライブも搭載していました．GUI の画面の処理は当時はかなり重いものでしたが，今日ではそれを重いと感じることはほとんどありません．

1980 年代終わりから 90 年代の半ばにかけては，Windows に取って替わっていたかもしれない高性能 OS がいくつもありました．NextStep はその中でも伝説的な OS の一つで，Windows 95 に大きな影響を与えたともいわれています．Be（会社の名前）は PC/AT 互換機で動作する BeOS を開発し，ソフトウェア単体だけではなく，BeOS を搭載したハードウェアも販売していました．BeOS は，UNIX 系 OS の標準規格である POSIX に準拠しつつ，まったく新しい設計で開発された OS でした．そのため，同じハードウェアで実行した場合，他の OS を圧倒する高い性能を発揮しました．しかし，Be 社は 1990 年代の後半に販売不振にあえぎます．ちょうど同じ時期，自社の OS の刷新を計画していた Apple は，BeOS と別の UNIX 系 OS（BSD と Mach の流れをくむ Darwin）を最終的な選択肢として検討しました．このとき，BeOS が採用されていれば現在の macOS は BeOS だったかもしれません．この他にも Sun Microsystems や DEC など，高性能コンピュータの製造販売で一時は世界的に有名な企業になりながら，現在はその姿を残していない会社は多くあります．

1990 年代半ば以降，インターネットの普及によって，コミュニケーションのコストが劇的に下がります．これによって，世界中のソフトウェア開発者が協力しやすくなり，オープンソースソフトウェア開発の機運が急速に高まりました．UNIX 系 OS では，Linux や FreeBSD，NetBSD，OpenBSD などが次々に生まれ発展していきます．なかでも Linux は世界中の開発者の支持を集め，PC-UNIX のデファクトスタンダードとなりました．Linux の開発は今も続いていて，そのカーネルは Google 製のスマートフォン OS として採用されています．しばらくオープンソースコミュニティと距離をとっていた Microsoft は，2000 年代半ば以降に方針を転換します．2012 年には自社のクラウドサービスである Azure で Linux サーバの提供を開始するなど，長く続いた独自 OS の路線を変えつつあります．Windows 上で Linux 向けのアプリケーションを実行できるようにする Windows Subsystem for Linux（WSL）は，2016 年には WSL2 となりその機能がさらに強化されています．

現在利用されている PC の多くは，CPU クロック周波数 2〜4GHz，メモリ 8〜16GB といった性能を有しています．単純に数値だけを比較すると，約 30 年で CPU は 1,000 倍，メモリは 100 万倍になりました．残念ながら今後，ハードウェアの劇的な高性能化は望めません．これは，シリコンを主な原材料とする半導体の物理的な限界によるものです．ただ，現在使われている PC には，標準的なスペックのマシンでさえ，日常的な利用では有り余るほどの計算能力があります．これをデータサイエンスに利用しましょう．今世紀の中頃までは，コンピュータを使いこなし，データから新たな知見を得ることが，高い付加価値を生む時代であるはずですから．

1.1.4 仮想化

通常 1 台のコンピュータで同時に動作する OS は一つだけです．**仮想化**という技術を使うと，1 台のコンピュータで同時に複数の OS が動作します．これにより，コンピュータを効率よく使えるようになります．たとえば，複数の実験環境を試したい場合に，実験環境ごとにコンピュータを用意したり，環境を変えるたびにコンピュータを再起動したりする必要はなくなります．

仮想化には大きく分けて 3 種類あります（**図 1.3**）．

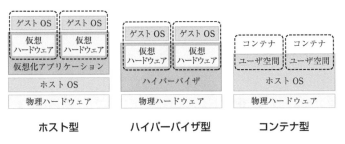

図 1.3 仮想化環境の構成図

ホスト型の仮想化では，ホスト OS の中に仮想ハードウェアを用意して，そこにゲスト OS をインストールして利用します．この方法の利点は，ゲスト OS からは完全なハードウェアがあるように見えることです．この方法の欠点は，仮想ハードウェアのために必要な計算資源（必要な計算能力や記憶領域）が多いことです．

ハイパーバイザ型の仮想化では，ハイパーバイザというゲスト OS の管理に特化したソフトウェア上で，複数のゲスト OS を動作させます．この方法の利点は，ホスト型に比べて必要な計算資源が少ないことです．この方法の欠点は，ホスト型に比べて利用可能なゲスト OS が限定されること，ハイパーバイザの管理が面倒なことです．

コンテナ型の仮想化では，ホスト OS 上のコンテナエンジン上で，アプリケーションの動作に必要な最低限の機能を持つコンテナを動作させます．コンテナは OS のように見えますが，OS としての機能の大部分は実はホスト OS が担います．この方法の利点は，コンテナ自体は軽量で手軽に構築・解体できることです．この方法の欠点は，ホスト型やハイパーバイザ型に比べて利用可能なOS が限定されることです．

コンテナは，本書の内容を実践するための想定環境の一つです（もう一つはクラウド）．それを実現するソフトウェアである **Docker** について，2.3 節で説明します．

ネットワークのしくみ

本節の目標

　本書の実践に必要なネットワーク環境について理解するための基礎知識を確認します.

　本節では,コンピュータネットワークについて説明します.ネットワークに属するコンピュータは,**IP アドレス**というアドレスで互いを識別します.まずは,使っているコンピュータの IP アドレスを確認することで,ネットワークについての理解を深めましょう.

1.2.1　IP アドレス

　2 台以上のコンピュータを接続して,ネットワークを作りたいとします.コンピュータを識別する方法や,データをやり取りする決まりが必要になります.そのような決まりを,通信プロトコルといいます.通信プロトコルにはさまざまなものがありますが,インターネットでは**TCP/IP**(Transmission Control Protocol/Internet Protocol)が使われています.

　TCP/IP では,コンピュータに IP アドレスという番号を割り当てて,ネットワーク上のコンピュータを識別します.IP には,規格のバージョンがあり,現在広く使われているのは**IPv4**と**IPv6**です.

　自分が使っているコンピュータの IP アドレスを,CUI シェルで確認します.Windows では,(bash ではなく PowerShell かコマンドプロンプトで)`ipconfig`,macOS や Ubuntu では,bash で`ifconfig`を実行します[6].Windows での例を示します.

ターミナル

```
> ipconfig

Windows IP 構成
```

---

[6]　Ubuntu では,事前に `sudo apt update && sudo apt install net-tools` が必要な場合があります.

```
イーサネット アダプター イーサネット:

  接続固有の DNS サフィックス . . . . . :
  IPv4 アドレス . . . . . . . . . . . . : 192.168.1.2
  サブネット マスク . . . . . . . . . . : 255.255.255.0
  デフォルト ゲートウェイ . . . . . . . : 192.168.1.1
...
```

　この例では，IP アドレスは「192.168.1.2」になっています．IPv4 ではこのように，IP アドレスを四つの数で表現します．それぞれの数は 0 から 255 の整数です[7]．

　上の結果には表示されていませんが，コンピュータは **127.0.0.1** という IP アドレスも持っています．これは自分自身を表す IP アドレスです．すべてのコンピュータがこの IP アドレスを持っているので，このアドレスはコンピュータ同士の通信には使えません．

1.2.2　LAN

　複数のコンピュータを有線または無線で接続して，IP アドレスを割り振れば，コンピュータネットワークになります．そういうネットワークは通常，ローカルエリアネットワーク（Local Area Network, **LAN**）または，プライベートネットワークともいう，外の世界から孤立したネットワークです．

1.2.2.1　プライベート IP アドレス

　IP アドレスが同じコンピュータが 2 台以上あると，LAN は機能しません．ですから，IP アドレスが重複しないようにしなければなりません[8]．LAN で使える IP アドレス（**プライベート IP アドレス**）には，**表 1.1** のようなものがあります．

表 1.1　プライベート IP アドレス

クラス	IP アドレスの範囲
クラス A	10.0.0.0〜10.255.255.255
クラス B	172.16.0.0〜172.31.255.255
クラス C	192.168.0.0〜192.168.255.255

---

[7]　この方法で表現できるアドレスは単純に計算すると $256^4 \simeq 43$ 億です．これでは，インターネットにつながるすべての機器にユニークなアドレスを割り当てるには足りません．IPv6 に移行すれば，この問題は解決できます．

[8]　家庭用ルータ（LAN を構築し，インターネットに接続するための機器）は通常，各コンピュータに重複がないように IP アドレスを割り当てますから，このことを気にする必要はほとんどないでしょう．

先に IP アドレスを調べた結果では，IP アドレスは 192.168.1.2 だったので，その LAN では，クラス C の IP アドレスが使われていたことがわかります．

1.2.2.2　サブネットマスク

別のコンピュータを LAN に追加するとしましょう．そのコンピュータにたとえば，192.168.1.3 という IP アドレスを割り当てます．192.168.1.2 と 192.168.1.3 は，互いに同じ LAN に属しています．

複数の IP アドレスが同じ LAN のものであることを，**サブネットマスク**を使って判別します．次のようにして，IP アドレスを（丸括弧の中の）2 進数で表し，ビットごとに，サブネットマスクが 1 の部分だけを取り出します．

```
ターミナル
192(11000000).168(10101000).  1(00000001).  2(00000010) ← IPv4 アドレス
255(11111111).255(11111111).255(11111111).  0(00000000) ← サブネットマスク
------------------------------------------------------------------------
192(11000000).168(10101000).  1(00000001).  0(00000000) ← ネットワーク
```

この結果から，192.168.1.2 は，192.168.1.0 というネットワークに属していることがわかります．192.168.1.3 も同じネットワークに属しています．つまり，192.168.1.2 と 192.168.1.3 は同じ LAN に属しています．

IP アドレスとネットワーク（サブネットマスク）の表記方法には次のようなものがあります．

- IP アドレスが 192.168.1.2，サブネットマスクが 255.255.255.0：先に説明した表記方法．
- IP アドレスが 192.168.1.2，サブネットマスクが 0xffffff00 ： macOS で **ifconfig** とした場合の結果の表記方法（16 進数の ff を 2 進数にすると 11111111．つまり，サブネットマスクは 255.255.255.0）．
- IP アドレスが 192.168.1.2/24 ： Ubuntu で「**ip a**」とした場合の結果の表記方法[9]（サブネットマスクは 1 が左から 24 個並んでいる．つまり 255.255.255.0）．

1.2.2.3　ゲートウェイ

自分のコンピュータから，IP アドレスが 1.1.1.1 であるコンピュータにアクセスするとしましょう．（慣れればすぐわかることですが）サブネットマスクを使うと，1.1.1.1 は 192.168.1.0 とは別のネットワークに属していることがわか

---

[9]　事前に sudo apt install iproute2 が必要な場合があります．

ります．この 1.1.1.1 のような，LAN の外のコンピュータにアクセスするときには，**ゲートウェイ**を通過します．

先に IP アドレスを調べたときに，ゲートウェイが 192.168.1.1 だという結果も得ていました．ですから，192.168.1.2 から 1.1.1.1 にアクセスするときには，192.168.1.1 を通過します．

ゲートウェイも 1 台のコンピュータです．通常ゲートウェイは二つ以上の IP アドレスを持っています．今の例では，192.168.1.1 は LAN の内部のコンピュータと通信するための IP アドレスです．もう一つは，LAN の外部と通信するための IP アドレスです．そういう IP アドレスで，世界中のコンピュータからアクセスできるものを**グローバル IP アドレス**といいます．グローバル IP アドレスではない，LAN の中だけで使うことを想定した IP アドレスがプライベート IP アドレス（表 1.1）です．LAN の中のコンピュータでグローバル IP アドレスを使ってもかまいませんが，IPv4 のグローバル IP アドレスは希少なので，LAN ではプライベート IP アドレスを使うのが一般的です．プライベート IP アドレスは，同じ LAN の中で重複してはいけませんが，別々の LAN の中でなら，重複してかまいません．たとえば，別の LAN に IP アドレスが 192.168.1.2 のコンピュータがあっても，まったく問題ありません．

1.2.3　DNS

ホストという，IP アドレスとは別の方法でコンピュータを指し示すことがあります．たとえば，日本語の Wikipedia には，IP アドレスではなく「ja.wikipedia.org」というホストを指定してアクセスします．

人間にとっては，IP アドレスよりホストのほうがわかりやすくていいのですが[10]，通信のためにはホストを IP アドレスに変換しなければなりません．この変換を**名前解決**といいます．名前解決を実現するしくみが **DNS**（Domain Name System）で，それを行うサーバが **DNS サーバ**です．

通常は，ホストから IP アドレスへの変換を意識する必要はありません．ゲートウェイにはアクセスできるのに[11]，ネットが使えないというような場合は，DNS サーバにアクセスできていないのかもしれません．DNS サーバを利用できるかどうかは，次のようにして，コマンド nslookup でホストを IP アドレ

---

[10]　IP アドレスではなくホストを使う理由はわかりやすさだけではありません．情報発信するコンピュータが変わると IP アドレスも変わることが多いのですが，IP アドレスが変わっても，ホストは変わりません．たとえば，ja.wikipedia.org の IP アドレスが変わっても，ほとんどの人はそのことに気付かないでしょう．

[11]　ゲートウェイにアクセスできることは「ping ゲートウェイの IP アドレス」で確認できます．Ubuntu では事前に sudo apt install iputils-ping が必要な場合があります．

スに変換してみるとわかります[*12].

```
> nslookup ja.wikipedia.org
サーバー:  router.asus.com
Address:   192.168.1.1

権限のない回答:
名前:     dyna.wikimedia.org
Addresses:  2001:df2:e500:ed1a::1
            103.102.166.224
```

　この結果は，ja.wikipedia.org の IP アドレスが 103.102.166.224 であることを表しています[*13].

　localhost というホストは特別で，これは自分自身を表します．「127.0.0.1」という IP アドレスが自分自身を表していたのと似ています．localhost と 127.0.0.1 はほとんど同じものだと考えてかまいません．

1.2.4　ポート

　TCP/IP では，アプリケーションごとに**ポート**といわれる番号を使い分けるようになっています．たとえば，`http:` から始まる URL での通信は 80，`https:` から始まる URL での通信は 443 を使うのが一般的です．本書で採用している Jupyter Notebook 用のコンテナ（2.3.2.2 目）は 8888，RStudio Server 用のコンテナ（2.3.2.3 目）は 8787 を使います．

> コンテナは仮想化された環境ですので，別のコンピュータ（OS）との通信といえます．

　コンピュータ A とコンピュータ B のポート同士をつないで，コンピュータ A への特定のポートへのアクセスを，コンピュータ B への特定のポートへのアクセスに変換できます．このしくみを使って，localhost:8888，つまり自分自身の 8888 へのアクセスを，コンテナのポート 8888 に変換したり，localhost:8787，つまり自分自身の 8787 へのアクセスを，コンテナのポート 8787 に変換したりします．

1.2.5　まとめ

　本節の内容を**図 1.4** を使って復習します．以下を確認してください．

[*12]　変換できなければ，DNS サーバが使えない状況にあるということです．組織が用意した DNS サーバしか使えない環境で，外部の DNS サーバを使おうとすると，この問題が起こります．

[*13]　`https://ja.wikipedia.org` の代わりに `https://103.102.166.224` が使えるというわけではありません．URL のホストの記述には，サーバ側でのサービスの振り分けや，セキュリティなどの役割もあるからです．

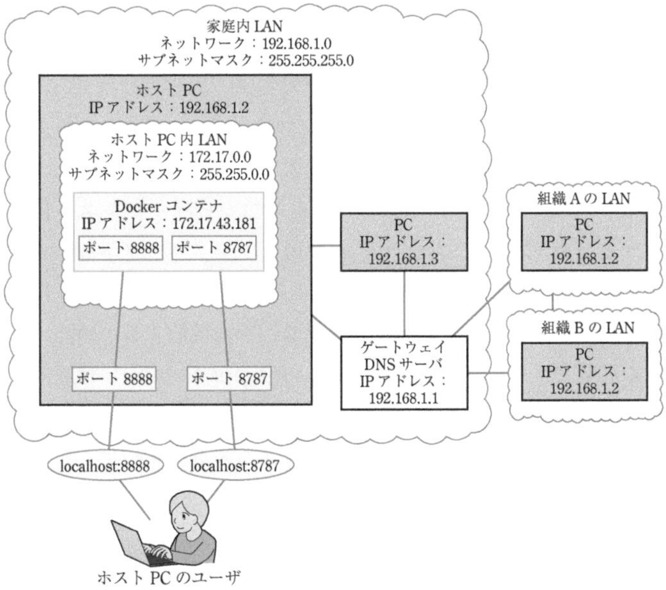

図 1.4 LAN について理解するための素材

1. この家の LAN のサブネットマスクは 255.255.255.0 である.

2. この家の 192.168.1.1, 192.168.1.2, 192.168.1.3 は, 同じ LAN に属している.

3. この家とは別の組織 A と組織 B があり, それぞれの LAN で同じ IP アドレス 192.168.1.2 が使われている.

4. 192.168.1.1 はゲートウェイである. この家の LAN から外部（組織 A や組織 B）へのアクセスは, ここを介して行われる.

5. 192.168.1.1 は DNS サーバでもある. 名前解決はこのサーバで行われる.

6. ホスト PC（192.168.1.2）の中にも LAN があり, Docker コンテナがその LAN に属している.

7. Docker コンテナのアプリケーションが, ポート 8787 と 8888 を使っている.

8. ホスト PC のポート 8787 が Docker コンテナのポート 8787 に, ホスト PC のポート 8888 が Docker コンテナのポート 8888 につながっている.

9. ホスト PC のユーザの localhost:8787 へのアクセスは, Docker コンテナのポート 8787 へのアクセスになる（ポート 8888 も同様）.

ネットワークの歴史（主観的）

　筆者が初めてコンピュータに触れた 1980 年代中頃は，インターネットがまだ現在のように普及していませんでした．携帯電話はもちろんありません．一般的な家庭のリアルタイムの通信手段といえば電話回線だけでした．当時は，この電話回線を使ってコンピュータをネットワークに接続するサービスがあり，米国では CompuServe，日本ではニフティサーブが有名でした．これらはパソコン通信と総称されるもので，個別の会社が独自に運営する閉じたネットワークに，コンピュータを接続して利用しました．コンピュータを電話回線に接続するために，音響カプラやモデムと呼ばれる装置が必要で，通信速度も 300bps（bits per second）程度でしたので，リアルタイムの動画を使う通信などはできませんでした．1990 年代中頃になると，大学や大手企業の一部のコンピュータが，インターネットに接続されるようになりました．1989 年にウェブ（Web）が発明され，インターネットに接続されたコンピュータにウェブブラウザが搭載されていれば，世界中のウェブサイトを自由に閲覧できるようになりました．パソコン通信しか知らなかった筆者にとっては衝撃的でしたが，今では日常の風景です．ちなみに，筆者が 1994 年に初めてウェブの世界に触れたとき，使ったブラウザは Mosaic でした．Mosaic は後に Netscape Navigator となり，現在の Firefox へとその系譜がつながっています．

　1990 年代以降，インターネットを一般家庭でも利用できるようになりました．しかし当初は，現在のような常時接続ではなく，電話回線を使った接続でした．モデムの性能が向上し，64kbps 程度の速度は出たものの，インターネットのサービスプロバイダまで電話をかけて使うものだったので，利用時間に応じた通信費用がかかりました．これに目を付けた当時の NTT 各社が，23 時から翌朝 8 時まで電話を定額でかけられる「テレホーダイ」というサービスを提供したため，当時の日本のインターネットトラフィックは，23 時から急激に増える傾向にあったといわれています．

　コンピュータをインターネットに接続するためには，TCP/IP に準拠した通信のためのソフトウェアが必要です．現在使われているほとんどの OS は，TCP/IP を標準でサポートしています．しかし，1990 年代はインターネットがこれほど世界を変えると予想できなかった人もいました．Microsoft の創業者ビル・ゲイツ氏もその 1 人で，彼の考えにより，1995 年に発売された Windows 95 の最初のバージョンは，TCP/IP を標準ではサポートしていませんでした．

　コンピュータのネットワークであるインターネットの普及と，ウェブの進化は切っても切れない関係にあります．1990 年代の終わりごろまで，ウェブは紙芝居のような静的なものでした．画像を含めることはできましたが，動画や音声をウェブブラウザで楽しめるようになったのは 2000 年代になってからです．これには通信環境の改善が大きく寄与しています．電話回線がデジタル化された ISDN，上りと下りの通信速度が非対称な ADSL といった技術を経て，各家庭へ光回線が導入されるようになりました．インターネット接続の通信速度は kbps 単位から Mbps 単位となり，1,000 倍以上高速になりました．

　通信速度の向上と相まって，ウェブ自体も発展します．ウェブは，情報の場所を示す URL，通信の方法を規定する HTTP，情報の表現方法である HTML という三つの要素で成り立っています．1990 年代，インターネットで情報を発信するためには，独自にドメインを取得して HTTP サーバを用意し，HTML で記述したコンテンツを用意する必要がありました．2000 年代に入り，静的だったウェブが急速に動的になっていきます．ウェブで公開するコンテンツを，ウェブブラウザだけで作れるようになったことは大きな変化の一つです．ブログや SNS を使えば，誰でも気軽にウェブで情報発信ができるようになりました．また，ウェブブラウザの中で動く言語である JavaScript の登場と発展は，動的なウェブの普及に大きく影響しています．ウェブブラウザでゲームができたり，地図をマウスでドラッグできるのも JavaScript のおかげです．ウェブは，URL，HTTP，HTML というしくみに基礎をおき，表現方法に JavaScript というプログラミング言語を取り込むことで現在の形に進化してきました．

　PC やスマートフォンだけではなく，車や家電製品までもがインターネットに接続されつつある現在，さまざまな情報がインターネットを流れ，その多くがサーバに蓄積されています．こうした情報の一部は，構造化されたデータとしてウェブ上で公開されているので，データサイエンスのスキルを磨くための格好の材料になります．また，多様なデータを組み合わせて新たな知見を得ることも可能です．たとえば，SNS を飛び交う情報で株価を予測する試みがあるように，コンピュータネットワークのさらなる発展によって，データの収集と蓄積のコストが下がり，データサイエンスの応用範囲が広がることが期待されます．

第**2**章

データサイエンス
のための環境

　本書で紹介するデータサイエンスの実践のためには，R や Python の
実行環境が必要です．本章では，データサイエンスの実践に入る前に知っ
ておくべき，実行環境の選び方と使い方を説明します．

実行環境の選択

本節の目標

データサイエンスの実行環境を把握し，自分に合うものを選びます．

筆者がよく使う（使っていた）実行環境を**表 2.1** に挙げます[*1]．

表 2.1　R や Python の実行環境（★は本書の想定環境）

	ノートブック	統合開発環境（IDE）
クラウド	★ Google Colaboratory	RStudio Cloud
コンテナ	★ Jupyter Notebook	★ RStudio Server
デスクトップ	Jupyter Notebook	RStudio Desktop ・ Spyder (Python)

　実行環境は，簡単に用意できるものを使いましょう．簡単に用意できるものなら，うまく行かないときに最初からやり直したり，複数人で同じ環境を試したりするのが簡単だからです．

　実行環境を選ぶ判断材料を紹介します．

　まず，ノートブックと統合開発環境（IDE）の違いです[*2]．

- **ノートブック**　コード・文章・計算結果（画像を含む）が一つの文書にまとめられる（**図 2.1(a)**）．
- **統合開発環境（IDE）**　コード・データ・計算結果・ファイル一覧などが，別々のペイン（ウィンドウの一部）で表示される（**図 2.1(b)**）．

　次に，クラウド・コンテナ・デスクトップの違いです．

ここでいうクラウドは cloud（雲）です．crowd（群衆）ではありません．

- **クラウド**　計算を，自分のデバイス（PC やタブレット）ではなく，インターネットにある実行環境で行う．
- **コンテナ**　計算を，自分の PC 内で起動したコンテナで行う．

[*1]　デスクトップの Jupyter Notebook と Spyder を使いたい場合は，Anaconda (https://www.anaconda.com/products/individual#Downloads) という統合パッケージを試すとよいでしょう．RStudio Desktop は https://www.rstudio.com/products/rstudio/download/ で配布されています．

[*2]　この区別は厳密なものではありません．IDE のペインをノートブックのように使うこともできます（図 2.7 の R Markdown が一例）．

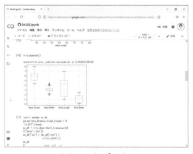

(a) ノートブック

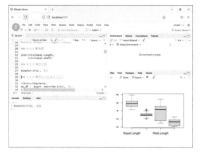

(b) 統合開発環境（IDE）

図 2.1　データサイエンスのための実行環境

- **デスクトップ**　計算を，自分の PC にインストールしたソフトウェアで行う．

これらの特徴を**表 2.2** にまとめます．

完璧なものはありません．それぞれ，次のような欠点があります．

- クラウドには，①用意された実行環境にない機能は，使うたびにインストールしなければならない，②無料で使う場合には，計算資源が制限されるという欠点がある（実用にほど遠いものもある）．
- コンテナとデスクトップの性能は，利用するコンピュータの性能次第である．
- デスクトップでは，環境を初期化して何もない状態からやり直すのが難しい．

以上を参考にして，実行環境を決めてください．本書で想定するのは，表 2.1 で★を付けたものです．

表 2.2　クラウド・コンテナ・デスクトップの特徴

特徴	クラウド	コンテナ	デスクトップ
ウェブブラウザさえあれば使える	○		
同一の環境を簡単に用意できる	○	○	
よくわからなくなったときに簡単に初期化できる	○	○	
プログラムを実行するリスクが比較的低い	○	○	
クラウドやコンテナに対応していない環境を使える			○
（環境構築が終わっていれば）手軽に使える			○

2.2

クラウド

本節の目標

Google Colaboratory の使い方を確認します.

Google Colaboratory を「Google Colab」と略記することがあります.

クラウドの実行環境として,本書では **Google Colaboratory**[*3] を想定します[*4].

使い方は次のとおりです.

本書のコードを実行するだけなら,コードの入力は不要です. 2.6 節を参照してください.

1. Google のアカウントで Google Colab にログインする.
2. コードを入力する.
3. Shift+Enter で実行する.

コードを入力しているときに Ctrl+スペースキーとすると,コード補完機能が使えます.

Google Colab を利用している様子を図 2.1(a),図 2.8 に掲載します.

[*3]　https://colab.research.google.com. Python が公式にサポートされています. R のノートブックも https://colab.research.google.com/notebook#create=true&language=r で作れますが (Google へのログインが必要),本書の R のコードを試すためには,そのたびにかなりのパッケージをインストールしなければなりません.

[*4]　オンラインのデータサイエンス・コンテストを実施している Kaggle にも,クラウドの実行環境があります (https://www.kaggle.com/notebooks). Google Colab と比較して,R が正式にサポートされているという利点と,ノートブックからインターネットに接続するためには電話番号による本人確認が必要だという欠点があります.

2.3

Docker

本節の目標

本書の実践に必要な範囲で，Docker のしくみと使い方を学びます．

Docker は，コンテナ型仮想化（1.1.4 項）を実現するためのソフトウェアの
デファクトスタンダードです．**コンテナ**は，最低限の OS とその上で動くアプ
リケーションをひとまとめにしたものだと考えてください．Docker の全体像
を**図 2.2** に示します．

大ざっぱにいうと，Docker を使うというのは，図 2.2 の「Docker がインス
トールされた PC」，つまり自分の PC で，コンテナの雛形である**イメージ**（破
線の長方形）を元に，仮想的なコンピュータであるコンテナ（二重線の長方形）
を作り，それを使うということです．

本書のためのイメージとして，次の二つを用意しています*5．

• **taroyabuki/jupyter**　Jupyter Notebook で R または Python を使うための
イメージ*6

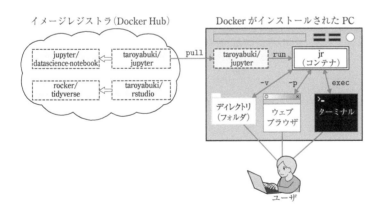

図 2.2　Docker の全体像（破線の長方形がイメージ，二重線の長方形がコンテナ）

---

*5　イメージの仕様は **Dockerfile** というファイルに記述することになっています．本書のためのイメー
ジの Dockerfile は，サポートサイトにあります．

*6　https://hub.docker.com/r/taroyabuki/jupyter

- **taroyabuki/rstudio**　RStudio Server で R を使うためのイメージ*7

具体的な方法は後で説明します.　いずれかをダウンロードして，コンテナを作れば，本書の内容をすぐに実践できます．本書の内容をちょっと試してみたいというだけならクラウドが手軽ですが，実践しながら読もうという場合には，必要なものがすべてそろっているコンテナを勧めます．

本書執筆時点でのインストール方法を付録 A で紹介しています．Docker をインストールしてから先に進んでください．

2.3.1　Docker の使い方，イメージの用意

Docker の使い方を，次の三つに分けて説明します．

1. イメージの用意（図 2.2 の `pull`）
2. コンテナの生成（図 2.2 の `run`）
3. コンテナの操作（図 2.2 のユーザとつながる部分）

本節で紹介する Docker のコマンドを**表 2.3** にまとめます（この段階ではよくわからなくてかまいません）．

コンテナの雛形であるイメージを用意します．イメージを用意する方法は大きく分けて三つあります．

表 2.3　docker の命令

命令	機能
イメージの管理に関するもの	
`pull`	イメージの取得と更新
`build`	イメージの構築
`images`	イメージの一覧表示
`rmi`	イメージの削除．「`-f`」を付けると，そのイメージから作られたコンテナがあっても削除する．「`docker system prune`」で，稼働中のコンテナに関わるもの以外の，すべてのイメージとコンテナを削除する
コンテナの管理に関するもの	
`run`	コンテナの生成と開始．イメージがない場合は取得する（更新はしない）．オプションは表 2.4 を参照
`start`	コンテナの開始
`stop`	コンテナの停止
`ps`	コンテナの一覧表示．「`-a`」を付けると停止中のコンテナも表示する
`rm`	コンテナの削除．「`-f`」を付けると稼働中のコンテナも削除する．すべてのコンテナを削除するには「`docker rm -f $(docker ps -aq)`」
コンテナの操作に関するもの	
`exec`	コンテナ内のコマンドの実行．「`-it`」を付けるとインタラクティブになる

---

*7　https://hub.docker.com/r/taroyabuki/rstudio

1. 既存のイメージをイメージレジストラからダウンロードする.
2. 既存のイメージを元に,独自のイメージを構築する.
3. 独自のイメージをゼロから構築する.

1番目の方法をここでは説明します.本書で利用するイメージは構築済みで,Docker が利用する標準のイメージレジストラである **Docker Hub** に登録してあるからです.

2番目の方法は,本書のための二つのイメージを構築するのに使いました[8].

3番目の方法を使うことはほとんどないでしょう.

イメージをダウンロードします.

ターミナル

```
$ docker pull taroyabuki/jupyter
# あるいは
$ docker pull taroyabuki/rstudio
```

このコマンドにより,イメージレジストラからイメージがダウンロードされます(図2.2の「pull」の部分).すでにイメージが PC にあって,それがイメージレジストラのイメージより古い場合は,このコマンドにより,PC 内のイメージが更新されます.

イメージを確認します.

ターミナル

```
$ docker images
REPOSITORY                TAG          IMAGE ID      ...
taroyabuki/rstudio        latest       1d51d3e80d54  ...
taroyabuki/jupyter        latest       a1a3cdf110bd  ...
hello-world               latest       bf756fb1ae65  ...
```

ダウンロードした覚えのないイメージ hello-world があるのは,付録 A で Docker の動作確認をしたとき,このイメージを利用したからです.動作確認を行ったコマンド「docker run イメージ名」は,イメージがない場合はダウンロードするようになっているのです.

不要なイメージは次のように削除します.削除の対象は,「hello-world」のような REPOSITORY(イメージ名)や,「bf」のような IMAGE ID で指定します.イメージ ID は,他と区別できる分だけ入力すれば十分です.ただしここでは,このイメージから作られたコンテナが残っているので,削除はできません.オプション「-f」を付けるか,後で紹介する方法でコンテナを削除し

bf756fb1ae65 や bf などの文字列は,docker images の実行結果と合わせてください.

---

[8] 元にしたイメージは,Jupyter Notebook の開発元による jupyter/datascience-notebook と,RStudio の開発元による rocker/tidyverse です.その様子を,図2.2の雲の中に描いています.

てから実行してください.

> **ターミナル**
> ```
> $ docker rmi hello-world
> # あるいは
> $ docker rmi bf756fb1ae65
> # あるいは
> $ docker rmi bf
> ```

2.3.2　コンテナの生成

「docker run イメージ名」で,イメージからコンテナを生成し,開始します.開始するというのは,コンテナが決められた動作を始めるということです.
「docker run」には**表 2.4** のようなオプションがあります.簡単な例から始めましょう.

> **ターミナル**
> ```
> $ docker run --name foo hello-world
> ```

これにより,hello-world というイメージを元にしたコンテナが生成・開始されます.ここで生成したコンテナは,メッセージを表示してすぐに停止します.
上のコマンドでは,「--name foo」として,コンテナに foo という名前を付けています.この設定を省略すると,ランダムな名前が自動的に付けられます.しかし,わかりやすい名前を付けておいたほうが,作業がしやすいです.ただし,同じ名前をもう一度使おうとすると失敗するので,それが煩わしい場合は,名前は付けなくてよいです.本書では,Jupyter Notebook 用のコンテナには jr,RStudio Server 用のコンテナには rs という名前を付けています.

同じ名前を使いたい場合は,後で説明する方法で,既存のコンテナを一度削除してください.

> **ターミナル**
> ```
> $ docker run --name foo hello-world
> docker: Error response from daemon: Conflict.
> The container name "/foo" is already in use by container ...
> ```

コンテナを確認します.停止しているコンテナも表示するオプション「-a」が必要です.

> **ターミナル**
> ```
> $ docker ps -a
> CONTAINER ID    IMAGE         COMMAND     CREATED         STATUS           PORTS    NAMES
> 380b1277b4cc    hello-world   "/hello"    4 minutes ago   Exited (0) ...            foo
> ```

このコンテナは不要なので削除します．

ターミナル

```
$ docker rm 380b1277b4cc
# あるいは
$ docker rm 38
# あるいは
$ docker rm foo
```

表 2.4　docker run のオプション

オプション	解説
-d	バックグラウンドで動作させる
-e	環境変数を設定する．例：「-e PASSWORD=password」とすると，環境変数（2.4.8 項）PASSWORD の値が password になる
-it	コマンドの実行をインタラクティブにする（「-d」があると無効）
--name	コンテナに名前を付ける．例：「--name foo」とすると，そのコンテナの名前が foo になり，表 2.3 の start, stop, rm, exec などのときに，この名前でコンテナを指せるようになる．このオプションを省略すると，ランダムに生成された名前が付けられる
-p	ポートを転送する．例：「-p 8080:8888」とすると，ホストのポート 8080 へのアクセスが，コンテナのポート 8888 に転送されるようになる．ホストの別のプログラムが 8080 を使っている場合は，「-p 8081:8888」のようにして，別のポートを使う
--rm	コマンドの実行が終わったらコンテナを削除する
-u	コマンドを実行するユーザを指定する．例：「-u root」とすると，コマンドがそのコンテナ内の管理者権限で実行される
-v	ディレクトリを共有する．例：「-v "$(pwd)":"/home/rstudio/work"」とすると，（pwd でわかる）docker run を実行したディレクトリが，コンテナ内の/home/rstudio/work になる

2.3.2.1　ディレクトリ（フォルダ）の共有とポートの転送

ホストとコンテナの間で，ディレクトリを共有したり，ポートを転送したりすると，作業の効率が上がります（**図 2.3**）．

ディレクトリを共有すると，ホストからコンテナ，コンテナからホストへのファイルの転送が簡単になります．コンテナでの作業をその共有ディレクトリで行うようにしていれば，コンテナを削除したときに，コンテナで作ったファイルを間違って消してしまうということがなくなります．

ポートを転送すると，ホストへのアクセスを，コンテナへのアクセスに転送できるようになります．本書で使用するコンテナでは，ポート 8787 で RStudio Server を，ポート 8888 で Jupyter Notebook を使うことになっています．これらはいずれもウェブアプリで，ホスト PC で起動したウェブブラウザからアクセスして使うのですが，アクセスに使う URL は，「http://コンテナの IP アドレス:8787」や「http://コンテナの IP アドレス:8888」ではなく，

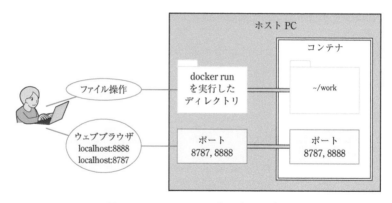

図 2.3　ディレクトリの共有とポートの転送

表 2.5　本書のためのコンテナの設定（一般ユーザについては 2.4.2 項を参照）

用途	Jupyter Notebook	RStudio Server
イメージ	taroyabuki/jupyter	taroyabuki/rstudio
URL	http://localhost:8888	http://localhost:8787
コンテナ名（変更可）	jr	rs
一般ユーザ	jovyan	rstudio
パスワード（変更可）	password	password

http://localhost:8787 や http://localhost:8888 です．localhost は
ホスト PC のことなのですが，ポートを転送するように設定してあるので，こ
の URL でコンテナにアクセスできるのです．

　本書で利用するコンテナの設定を，**表 2.5** にまとめます．

2.3.2.2　Jupyter Notebook 用のコンテナ

Jupyter Notebook 用のコンテナを次のように生成・開始します[*9]．

「\」はコマンドが次の行に
続いていることを表していま
す．これをなくして，1 行で
入力してかまいません．

ターミナル

```
$ docker run \
-d \
-p 8888:8888 \
-v "$(pwd)":/home/jovyan/work \
--name jr \
taroyabuki/jupyter \
start-notebook.sh \
--NotebookApp.token='password'
```

オプションの大部分は表 2.4 にまとめてあります．以下は補足です．

[*9]　このコマンドは https://github.com/taroyabuki/fromzero/blob/master/docker/jupyter.
sh からコピペできます．2.6 節の方法でサンプルコードをダウンロードした後なら，「sh
work/fromzero/docker/jupyter.sh」などとして実行することもできます．

- `taroyabuki/jupyter` はイメージの名前である.
- `start-notebook.sh` はコンテナの中で実行するコマンドである. これにより Jupyter Notebook が起動する.
- 「`--NotebookApp.token='password'`」は `start-notebook.sh` のオプションで, Jupyter Notebook にアクセスするときのパスワードを設定している. 「`password`」の部分は自分の好きな文字列で置き換える.

ブラウザから `http://localhost:8888` にアクセスして Jupyter Notebook を利用します. **図 2.4** のようなページが表示されれば成功です. ここに表示されている `work` が `docker run` を実行したディレクトリになっているので, `work` に移動してから作業を始めるとよいでしょう.

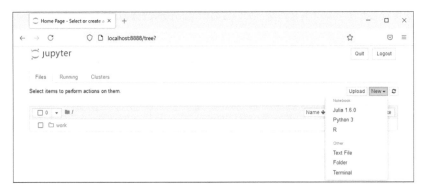

図 2.4　コンテナの Jupyter Notebook にウェブブラウザからアクセスしている様子. New をクリックして R か Python 3 のノートブックを作る（先に work をクリックしてディレクトリを移動することを推奨）. Terminal をクリックすると, シェルコマンドを実行するターミナルが起動する.

2.3.2.3　RStudio 用のコンテナ

RStudio 用のコンテナを次のように生成・開始します[*10].

ターミナル
```
$ docker run \
-d \
-e PASSWORD=password \
-e ROOT=TRUE \
-p 8787:8787 \
-v "$(pwd)":/home/rstudio/work \
--name rs \
taroyabuki/rstudio
```

「\」をなくして, 1 行で入力してかまいません.

[*10]　このコマンドは `https://github.com/taroyabuki/fromzero/blob/master/docker/rstudior.sh` からコピペできます. 2.6 節の方法でサンプルコードをダウンロードした後なら,「sh work/docker/rstudio.sh」などとして実行することもできます.

オプションの大部分は表 2.4 にまとめてあります．以下は補足です．

- 「-e PASSWORD=password」でパスワードを設定している．「password」の部分は自分の好きな文字列で置き換える．
- 「-e ROOT=TRUE」で管理者権限を使えるようにしている．RStudio の Terminal（図 2.7 の左下）で「sudo コマンド」として，管理者権限でコマンドを実行できるようになる．
- taroyabuki/rstudio はイメージの名前である．

　ブラウザから http://localhost:8787 にアクセスして RStudio を利用します（ユーザ名は rstudio，パスワードは password）．**図 2.5** のようなページが表示されれば成功です．右下のペインに表示されている work が docker run を実行したディレクトリになっているので，work に移動してから作業を始めるとよいでしょう．

R: setwd("/home/rstudio/work") です．

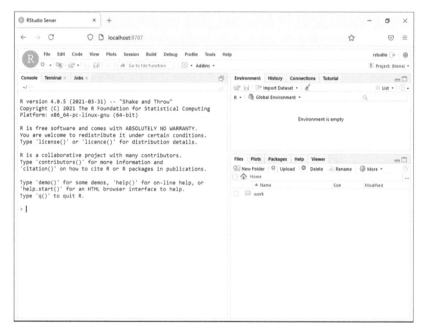

図 2.5　コンテナの RStudio にウェブブラウザからアクセスしている様子．（左のペイン）R のコードの実行．（右上のペイン）使用中の変数の一覧表示．（右下のペイン）ディレクトリやファイルの一覧表示．

2.3.3　コンテナの操作

　図 2.2 で，コンテナの操作手段として，ディレクトリ・ウェブブラウザ・ター

ミナルを挙げました.

　ディレクトリとウェブブラウザについてはすでに説明しました.「docker run」でコンテナを生成するときに,オプション「-v」でディレクトリの対応関係を,オプション「-p」でポートの対応関係を指定します.そうすることで,コンテナとホストでディレクトリを共有し,コンテナが実行するウェブアプリケーションにホストのウェブブラウザでアクセスできるのでした.

　ここでは,ターミナル (CUI のシェル) について説明します.本書の第 2 部「機械学習」は,Jupyter Notebook や RStudio で実践することなので,ターミナルについて詳しくなくても読み進められます.しかし,データサイエンスのさまざまな場面で,ターミナルはとても強力な道具になります.ですから,コンテナをターミナルで操作する方法を知っておきましょう.

　例として,ターミナルからコンテナの bash を起動します[11].

ターミナル （ホスト）

```
$ docker exec -it jr bash # Jupyter Notebook 用のコンテナ
# あるいは
$ docker exec -it rs bash # RStudio 用のコンテナ
```

jr は Jupyter Notebook 用のコンテナ,rs は RStudio 用のコンテナです.

「ls /」を実行し,exit でホストに戻ります.

ターミナル （コンテナ）

```
# ls /
bin   dev   home   lib32   libx32   mnt   proc   run   srv   tmp   var
boot  etc   lib    lib64   media    opt   root   sbin  sys   usr
# exit
exit
```

行頭が「$」ではなく「#」になっているのは,管理者として利用しているからです.この「#」はコメントのことではありません (2.4.2 項を参照).

ここまで試したら,練習のために,コンテナを削除してみてもよいでしょう.

---

[11]　Jupyter Notebook (図 2.4) や RStudio (図 2.7) の中でシェルコマンドを実行することもできます.

2.4

ターミナルの使い方

本節の目標

ターミナルを使ってコンピュータを操作できるようになるための，基本的な知識と技術を身に付けます．

データサイエンスにおいて，ターミナルが重要であることは間違いありません．とはいえ，経験のない人にとっては，ターミナルでの操作はかなり難しいものに見えるかもしれません．そういう場合は，GUI を使ってかまいません．前節で説明したように，`docker run` を実行したディレクトリを，ホストとコンテナで共有しています．このディレクトリで作業をすることにして，どうしてもターミナルが必要な場合以外は，Windows のエクスプローラーや macOS の Finder などの GUI を使えばいいのです．そうしているうちに，手をキーボードからマウスに持って行くのが面倒になる，コマンドを記録しておけば同じ作業はコピペで済ませられるなどということに気付くと，少しずつターミナルを使う頻度が高くなるでしょう．

先に進む前に，ターミナルを便利に使う方法を三つ紹介します．

- カーソルキーの上下でコマンド履歴を呼び出せる．
- Ctrl+r としてからコマンドを入力することでコマンド履歴を検索できる（よくわからなくなったら Ctrl+c を連打する）．
- ディレクトリやファイル名を途中まで入力して，残りを Tab キーで補完できる．

2.4.1 オンラインマニュアル

ウェブで「man ls」を検索すれば同じ文書が見つかります．英語が苦手な人は，日本語のマニュアルを探すか，機械翻訳を活用してください．

g で先頭，G で末尾にジャンプ．q で終了．その他の使い方は h で表示されるヘルプを参照．

ターミナルで使うコマンドのうちで，本書で紹介するものを**表 2.6** にまとめます．

コマンドの使い方を知りたいときは，ターミナルで「man コマンド」とします．たとえば ls の使い方を知りたければ「man ls」です．1 画面ずつ表示されるページを，カーソルキーを押してスクロールしながら読みます．

表 2.6　ターミナルで使うコマンドなど

コマンドなど	解説箇所	機能
ifconfig	1.2.1	IP アドレスの確認
ipconfig	1.2.1	IP アドレスの確認（Windows）
ip a	1.2.2.2	IP アドレスの確認（Ubuntu）
nslookup	1.2.3	名前解決
man	2.4.1	マニュアルの表示
su	2.4.2	ユーザの切り替え
apt-get	2.4.3	パッケージ管理（apt も可）
tree	2.4.4	ディレクトリ構造の表示
cd	2.4.5	カレントディレクトリの変更
pwd	2.4.5	カレントディレクトリの取得
mkdir	2.4.6.1	ディレクトリの作成
touch	2.4.6.1	（空の）ファイルの作成（本来の機能はタイムスタンプの更新）
curl	2.4.6.1	ファイルのダウンロード
wget	2.4.6.1	ファイルのダウンロード
ls	2.4.6.2	ディレクトリ内のファイル一覧の取得
cat	2.4.6.2	ファイルの中身の取得
less	2.4.6.2	ファイルの中身の表示（1 画面ずつ）
grep	2.4.6.3	文字列の検索
vi	2.4.6.4	テキストエディタ（Esc キーを連打してから「:q!」Enter キーで終了）
cp	2.4.6.5	ファイルやディレクトリのコピー
mv	2.4.6.5	ファイルやディレクトリの移動（名前の変更）
rm	2.4.6.5	ファイルやディレクトリの削除
ln -s	2.4.6.6	シンボリックリンクの作成
>	2.4.7	リダイレクト（上書き）
>>	2.4.7	リダイレクト（追加）
|	2.4.7	パイプ
wc -l	2.4.7	行数の取得
echo	2.4.8	文字列の表示
which	2.4.8	コマンドのフルパスの取得
chmod	2.4.10	パーミッションの変更
chown	2.4.10	所有者の変更
git	2.6.2	バージョン管理

ターミナル　（コンテナ）

```
$ man ls
S(1)                           User Commands                           LS(1)

NAME
       ls - list directory contents

SYNOPSIS
       ls [OPTION]... [FILE]...

DESCRIPTION
       List  information  about  the FILEs (the current directory by default).
       Sort entries alphabetically if none of -cftuvSUX nor --sort is  speci-
       fied.
```

```
     Mandatory  arguments  to  long  options are mandatory for short options
     too.

     -a, --all
            do not ignore entries starting with .

Manual page ls(1) line 1 (press h for help or q to quit)
```

2.4.2　管理者と一般ユーザ

OS には，**管理者**として使う状況と，**一般ユーザ**として使う状況があります．OS 自体の設定を変えたり，アプリケーションをインストールするときは，管理者として操作します．アプリケーションを使うときは，一般ユーザとして操作します．

本書で使うコンテナは，何も指定せずに bash を起動すると，管理者になるようにしてあります．

> 管理者・一般ユーザといっても，人間が変わるわけではありません．同じ人間が，通常は「一般ユーザ」として操作し，必要なときだけ「管理者」として操作するということです．もちろん，複数の人間で使うこともでき，そういう場合は「一般ユーザ」を複数個作ります．

ターミナル　（ホスト）
```
$ docker exec -it jr bash # Jupyter Notebook 用のコンテナ
# あるいは
$ docker exec -it rs bash # RStudio 用のコンテナ
```

一般ユーザとしてシェルを使いたい場合は「-u ユーザ名」として，ユーザを明示して bash を起動します．

> コンテナ jr の jovyan，コンテナ rs の rstudio は，あらかじめ用意されている一般ユーザです（表 2.5）．管理者として bash を起動してから「su jovyan」や「su rstudio」として，これらのユーザになることもできます．

ターミナル　（ホスト）
```
$ docker exec -it -u jovyan jr bash  # Jupyter Notebook 用のコンテナ
# あるいは
$ docker exec -it -u rstudio rs bash # RStudio 用のコンテナ
```

コンテナ内で実行するコマンドを掲載するときには，管理者として実行しているのか一般ユーザとして実行しているのかが区別しやすいように，管理者として実行している場合は行頭を#に，一般ユーザとして実行している場合は行頭を$にします．

> 「#」はコメントを意味する記号でもありますが，混乱することはないでしょう．

ターミナル　（コンテナ）
```
# ls # 管理者として実行

$ ls # 一般ユーザとして実行
```

2.4.3 パッケージ管理

　本書で使うコンテナの OS は Linux です．Linux のためのソフトウェアは，パッケージという形で提供されることが多いです．本書を読み進めるために必要なパッケージは，一つ（tree）を除いてコンテナにすべてインストール済みです．tree は，練習用に，あえてインストールしていません．

　パッケージは，パッケージ管理システムを使って管理します．本書で使うコンテナは，パッケージ管理システムとして APT を採用しています．APT は，コマンド apt-get（または apt）で利用します．apt-get を使う例として，コマンド tree が入ったパッケージをインストールします．手順は次のとおりです．

ターミナル　（コンテナ）

```
# apt-get update          # パッケージデータベースの更新
# apt-get install -y tree # パッケージのインストール
```

「-y」を省略すると，インストールしていいかどうかを聞かれるので，「y」と入力してEnter キーを押します．

　パッケージ管理は管理者として行わなければなりません．一般ユーザとして実行しようとするとエラーになります．

ターミナル　（コンテナ）

```
$ apt-get update
Reading package lists... Done
E: Could not open lock file /var/lib/... - open (13: Permission denied)
```

　「Permission denied」がよくあるエラーメッセージです．これを見たら，管理者として実行すべきことを一般ユーザでやろうとしていないか確認してください．

2.4.4 ディレクトリ構造

　Windows では，ユーザのファイルは C:/Users に，アプリケーションは C:/Program Files に格納することになっています．macOS では，ユーザのファイルは/Users に，アプリケーションは/Applications に格納することになっています．

　本書で使うコンテナの OS である Linux でも，何をどのディレクトリに格納するかはだいたい決まっています．その決まりを FHS (Filesystem Hierarchy Standard) といいます．

　Jupyter Notebook 用のコンテナ jr の**ルートディレクトリ**，つまり最上位のディレクトリから，1 階層分のディレクトリ構造を，「tree -L 1 /」で表示

FHS は UNIX 系の OS の多くで採用されています．ma-cOS も UNIX 系だといわれますが，FHS とはかなり違ったディレクトリ構造を採用しています．

します．「-L 1」は 1 階層分表示させるためのオプション，「/」はルートディレクトリを表す引数です．

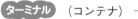（コンテナ）

コメントは筆者によるもので，tree の出力の一部ではありません．

```
$ tree -L 1 /
/
├── bin -> usr/bin        # 基本コマンド（実体は/usr/bin）
├── boot                  # OS の起動に必要なファイルやカーネル
├── dev                   # 基本デバイス
├── etc                   # 設定ファイル
├── home                  # ★一般ユーザのホームディレクトリ
├── lib -> usr/lib        # 基本ライブラリ
├── lib32 -> usr/lib32    # ライブラリ（実体は/usr/lib32）
├── lib64 -> usr/lib64    # ライブラリ（実体は/usr/lib64）
├── libx32 -> usr/libx32  # ライブラリ（実体は/usr/libx32）
├── media                 # DVD などのメディア
├── mnt                   # 一時的なファイルシステム
├── opt                   # 追加的なソフトウェア
├── proc                  # システム情報
├── root                  # ★管理者のホームディレクトリ
├── run                   # 実行時の可変データ
├── sbin -> usr/sbin      # 管理用のコマンド（実体は/usr/sbin）
├── srv                   # サービス用のデータ
├── sys                   # デバイスの情報
├── tmp                   # 一時ファイル
├── usr                   # ユーザ用のコマンドやアプリケーション
└── var                   # 可変ファイル

21 directories, 0 files
```

　★を付けたところが特に重要な，一般ユーザのホームディレクトリを格納する/home と，管理者のホームディレクトリである/root です．**ホームディレクトリ**は，そのユーザ専用のディレクトリのことです．

　/home 以下のディレクトリ構造を表示します．

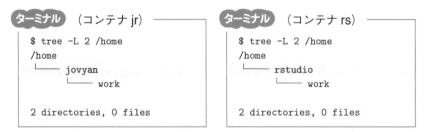

ターミナル（コンテナ jr）

```
$ tree -L 2 /home
/home
└── jovyan
    └── work

2 directories, 0 files
```

ターミナル（コンテナ rs）

```
$ tree -L 2 /home
/home
└── rstudio
    └── work

2 directories, 0 files
```

2.4.5 カレントディレクトリ

ターミナルのコマンドは，カレントディレクトリというディレクトリで実行されます．ですから，ターミナルを使うときには，カレントディレクトリを常に意識しなければなりません．

カレントディレクトリを **cd** で変更します．

ターミナル （コンテナ jr）
```
$ cd /home/jovyan
```

ターミナル （コンテナ rs）
```
$ cd /home/rstudio
```

> 実は，変更先がホームディレクトリなので，cd だけでもかまいません．

カレントディレクトリを **pwd** で確認します．

ターミナル （コンテナ jr）
```
$ pwd
/home/jovyan
```

ターミナル （コンテナ rs）
```
$ pwd
/home/rstudio
```

> 実は pwd は，2.3.2.2 目や 2.3.2.3 目で使っていました．

> 通常は，プロンプト（ここでは単に $ としている部分）に，カレントディレクトリが表示されます．

カレントディレクトリを一つ上のディレクトリ（/home）に変更します．

ターミナル （コンテナ）
```
$ cd /home
# あるいは
$ cd ..
```

> 「..」はカレントディレクトリの一つ上のディレクトリのことです．ちなみに，カレントディレクトリは「.」です．

ホームディレクトリ（/home/jovyan あるいは /home/rstudio）に戻ります．

ターミナル （コンテナ jr）
```
$ cd
# あるいは
$ cd /home/jovyan
# あるいは
$ cd jovyan
```

ターミナル （コンテナ rs）
```
$ cd
# あるいは
$ cd /home/rstudio
# あるいは
$ cd rstudio
```

ディレクトリやファイルを，「/」から始める書き方を**絶対パス**（フルパス），カレントディレクトリを基準にする書き方を**相対パス**といいます．上の例では，「/home」や「/home/jovyan」，「/home/rstudio」は絶対パス，「..」，「rstudio」や「jovyan」は相対パスです．

2.4.6 ファイルとディレクトリの操作

ファイルとディレクトリの操作について説明します．作業は一般ユーザ

（jovyan または rstudio）のホームディレクトリにある work の中で行います.

> **ターミナル**　（コンテナ）
>
> ```
> $ cd ~/work
> ```

操作しているユーザのホームディレクトリは「~」という短縮形で書けます.「~」は, ユーザ jovyan なら /home/jovyan, ユーザ rstudio なら /home/rstudio, 管理者（root）なら /root です.

2.4.6.1　ファイルとディレクトリの作成

空のディレクトリ foo を mkdir で作り, カレントディレクトリをそこに変更し, もう一つ空のディレクトリ bar を作ります.

> **ターミナル**　（コンテナ）
>
> ```
> $ mkdir foo
> $ cd foo
> $ mkdir bar
> ```

空のファイル baz.txt を, touch で作ります.

> **ターミナル**　（コンテナ）
>
> ```
> $ touch baz.txt
> ```

URL は引用符で囲います. この例ではその必要はありませんが, 引用符で囲わないとうまく行かないことがあります.

第 8 章で使うファイル wine.csv を, curl あるいは wget でウェブから取得します.

> **ターミナル**　（コンテナ）
>
> ```
> $ curl -O "https://raw.githubusercontent.com/taroyabuki/fromzero/master/data/wine.csv"
> # あるいは
> $ wget "https://raw.githubusercontent.com/taroyabuki/fromzero/master/data/wine.csv"
> ```

以上の結果を確認します.

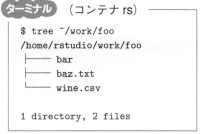

```
ターミナル （コンテナ jr）
$ tree ~/work/foo
/home/jovyan/work/foo
├── bar
├── baz.txt
└── wine.csv

1 directory, 2 files
```

```
ターミナル （コンテナ rs）
$ tree ~/work/foo
/home/rstudio/work/foo
├── bar
├── baz.txt
└── wine.csv

1 directory, 2 files
```

2.4.6.2　ファイルとディレクトリの内容の取得と表示

ディレクトリ内のファイル一覧を，ls で取得します．

```
ターミナル （コンテナ）
$ ls              # 引数なし（カレントディレクトリ）
# あるいは
$ ls ~/work/foo # 引数あり（指定したディレクトリ）

bar   baz.txt   wine.csv
```

オプション「-l」を付けると，詳しい結果が返ります．

```
ターミナル （コンテナ）
$ ls -l
total 8
drwxr-sr-x 2 jovyan users 4096 Jun 11 08:44 bar
-rw-r--r-- 1 jovyan users    0 Jun 11 08:44 baz.txt
-rw-r--r-- 1 jovyan users  741 Jun 11 08:45 wine.csv
```

> オプション「-a」を付けると，名前が「.」から始まるファイルやディレクトリも表示されます．「ls -al」という実行方法もあります．

> bar がディレクトリであることが，「ls -l」の結果の1文字目（d）からわかります．

テキストファイルの中身を，cat で取得します．

```
ターミナル （コンテナ）
$ cat wine.csv
LPRICE2,WRAIN,DEGREES,HRAIN,TIME_SV
-0.99868,600,17.1167,160,31
-0.4544,690,16.7333,80,30
# 以下省略
```

1画面に収まらないサイズのテキストファイルの中身は，less で表示します．less の操作方法は man と同じです．

> g で先頭，G で末尾にジャンプ．q で終了．

　（コンテナ）

```
$ less wine.csv
（結果は割愛）
```

2.4.6.3　文字列の検索

　指定した文字列を含む行を，指定したファイルから，grep で取得します．例として，「30」を含む行を，wine.csv から抽出します．

ターミナル　（コンテナ）

```
$ grep 30 wine.csv
-0.4544,690,16.7333,80,30
-0.80796,502,17.15,130,28
0,830,17.3333,38,22
-1.30031,551,16.7667,112,12
-1.30769,763,15.8167,51,5
```

　grep では**正規表現**を使えます．例として，「30」で終わる行を，wine.csv から抽出します．

ターミナル　（コンテナ）

```
$ grep 30$ wine.csv
-0.4544,690,16.7333,80,30
```

30$は「30 で終わる文字列」を表す正規表現です．正規表現は強力なツールなのですが，詳しい説明は割愛します．文献 [2] を参照してください．

　ファイルの指定には**ワイルドカード**が使えます．例として，「30」で終わる行を，**サブディレクトリ**（下の階層にあるディレクトリ）のものも含むすべてのファイルから取得します．

ターミナル　（コンテナ）

```
$ grep -r 30$ *
wine.csv:-0.4544,690,16.7333,80,30
```

「-r」がサブディレクトリを含めるためのオプションです．「*」がすべてのファイルを表すワイルドカードです．正規表現とワイルドカードは違います．「30$」の代わりに「*30」としても，同じ結果にはなりません．

2.4.6.4　テキストファイルの編集

　ターミナルで使える代表的なテキストエディタに **vi** があります．ターミナル上でテキストファイルを編集したいときはこれを使えばいいのですが，使い方を覚えるのが大変です．ですから，テキストファイルの編集は，ホスト側で行うとよいでしょう．

　間違って vi が起動してしまったときのために，終わらせ方だけ紹介します．Esc キーを連打してから「:q!」Enter キーです．

ホスト側で使うテキストエディタは何でもかまいませんが，使いやすさと拡張性の高さから，Visual Studio Code を勧めます．

2.4.6.5 コピー・移動・名前の変更・削除

ファイルやディレクトリを，cp でコピー，mv で移動，rm で削除します．**表
2.7** に例を挙げます（実行はしません）．以下は補足です．

- コピー元，移動元，削除対象の指定にはワイルドカードが使える．
- 対象を絶対パスで指定することもできる（表 2.7 の例はすべて相対パス）．
- コンテナだからと油断して，安易に「rm -r /」を試してはいけない．このま
  までは動かないが，動くように工夫すると，ホストと共有しているディレクト
  リの中身も消える．

ルートディレクトリ（最上位のディレクトリ）を削除しようとしています．

表 2.7 ファイルやディレクトリのコピー・移動・削除

例	結果と補足
cp baz.txt qux.txt	baz.txt をコピーして qux.txt を作る
cp -r bar quux	ディレクトリ bar をコピーして quux を作る（ディレクトリのコピーには「-r」が必要）
mv baz.txt qux.txt	baz.txt の名前を qux.txt に変える
mv bar quux	ディレクトリ bar の名前を quux に変える
cp baz.txt bar/	baz.txt をディレクトリ bar にコピーする．つまり， bar/baz.txt ができる（最後の/は省略可．/home/jovyan/work/foo/bar/のような絶対パスでの指定も可）
mv baz.txt bar/	baz.txt をディレクトリ bar に移動する
rm baz.txt	baz.txt を削除する
rm -f baz.txt	baz.txt を削除する（存在確認をしない）
rm -r bar	ディレクトリ bar を削除する
rm -rf bar	ディレクトリ bar を削除する（存在確認をしない）

2.4.6.6 シンボリックリンク

2.4.4 項の tree の結果の一部を再掲します．

```
$ tree -L 1 /
├── bin -> usr/bin
├── boot
# 以下省略
```

「bin -> usr/bin」は，/bin の実体が/usr/bin であることを示していま
す．/bin というディレクトリは実在しないのですが，/bin という名前を/us-
r/bin の代わりに使えるのです．このようにして，ディレクトリやファイルに
別名を付けるしくみを**シンボリックリンク**といいます．

シンボリックリンクは，「ln -s 参照先ファイル（ディレクトリ） リンク
名」で作ります．例として，/proc/cpuinfo へのシンボリックリンク（名前は

cpu）を，カレントディレクトリに作ります．

> **ターミナル**　（コンテナ）

```
$ ln -s /proc/cpuinfo cpu

$ ls -l # 結果の確認
total 4
lrwxrwxrwx 1 jovyan users    13 Sep 20 14:11 cpu -> /proc/cpuinfo
drwxr-xr-x 9 jovyan  1000 4096 Sep 18 05:38 work
```

2.4.7　リダイレクトとパイプ

ターミナルで実行されるコマンドの多くは，その結果を**標準出力**に出力します．ここでは，標準出力はターミナルだと考えてかまいません．ターミナルに表示される結果を見て終わりにするのではなく，ファイルに保存したい場合があります．そういう場合には，**リダイレクト**を使います．例を示します．

> **ターミナル**　（コンテナ）

```
$ tree -L 2 > result.txt
# 何も表示されない．
$ cat result.txt # 結果の確認（ファイルの中身の表示）
/
├── bin -> usr/bin
├── boot
# 以下省略
```

この例の「> result.txt」がリダイレクトです．これがなければターミナルに表示されていたはずの結果が，ファイル result.txt に書き出されます．

「>」を使うと，既存のファイルが上書きされます．上書ではなく，既存のファイルに追記したい場合は，「>>」を使います[*12]．

標準出力への出力を，ファイルに書き出すのではなく，別のプログラムへの入力にしたいことがあります．そういう場合には，**パイプ**「|」を使います．

2.4.6.3 目で紹介した，ファイル wine.csv から「30」を含む行を取得する例を使って説明します．結果の件数を知りたいとしましょう．

検索結果をファイルにリダイレクトして，wc -l でその行を数えます（5 行です）．

[*12]　標準出力とは別に，エラーメッセージのための**標準エラー出力**があります．何も指定しなければどちらもターミナルに表示されるので区別できませんが，標準エラー出力への出力をファイルに書き出すためには「>」ではなく「2>」を使います（形式を合わせるなら標準出力は「1>」ですがこれは冗長です）．追記の場合は「2>>」，両方を同じファイルに書き出す場合は「>&」または「&>」です．

> **ターミナル** （コンテナ）
> ```
> $ grep 30 wine.csv > result.txt # リダイレクト
> $ wc -l result.txt              # 行を数える.
> 5 result.txt
> ```

ファイル result.txt に書き出しているのが冗長です．パイプを使って，標準出力への出力を，別のプログラムへの入力とすることで，ファイルへの書き出しを省きます[*13]．

> **ターミナル** （コンテナ）
> ```
> $ grep 30 wine.csv | wc -l
> 5
> ```

日本語キーボードでは，Shift+¥ で「|」を入力します．

ここで使ったコマンド wc は，ファイル名を指定されない場合は，ターミナル（**標準入力**）からデータを入力するようになっていて，パイプはそのための手段の一つというわけです．

2.4.8 環境変数

OS やソフトウェアの動作は，**環境変数**というしくみを使って設定します[*14]．環境変数の一覧を，set で取得します．

> **ターミナル** （コンテナ）
> ```
> $ set | less
> # 結果は割愛. q で終了.
> ```

特に重要な環境変数は PATH です．その値を echo で取得します．

> **ターミナル** （コンテナ）
> ```
> $ echo $PATH
> /opt/conda/bin:/usr/local/sbin:/usr/local/bin:/usr/sbin:/usr/bin:/sbin:/bin
> ```

PATH の値は，複数のディレクトリをコロンで区切って記述したものになっています．ここに記述されたディレクトリにあるコマンドは，そのファイル名だけを使って実行できます．たとえば，ファイルの一覧を取得するコマンド ls

ls の実体が /usr/bin/ls であることは，「which ls」で確認できます．

[*13] grep と wc は並列に動作します．パイプを使うことは，並列処理を実現するための，最も簡単で確実な方法の一つだといえます．

[*14] 動作の設定には，環境変数の他に設定ファイルも使われます．設定ファイルには，ログイン時に実行される~/.bash_profile, bash の起動時に実行される~/.bashrc, /etc に置かれるファイル群などがあります．

1 コンピュータとネットワーク

2 データサイエンスのための環境

3 RとPython

4 統計入門

5 前処理

6 機械学習の目的・手法・データ

の実体は/usr/bin/ls ですが，「/usr/bin/ls」ではなく単に「ls」で実行できます．これは，/usr/bin が PATH に登録されているからです[15]．

2.4.9　シェルスクリプト

複数のコマンドをファイルに書いておいて，まとめて実行する方法を紹介します．

ホストで作業用の空のディレクトリを用意し，次のようなファイル my_script.sh を作ります．これは，2.4.6.1 目の作業をまとめたものです[16]．

```
─ my_script.sh ──────────────────────────
#!/bin/sh
mkdir foo
cd foo
mkdir bar
touch baz.txt
wget "https://raw.githubusercontent.com/taroyabuki/fromzero/master/data/wine.csv"
cd ..
```

このファイルがあるディレクトリでターミナルを起動し，次のようにして実行します．

```
$ bash my_script.sh
```

foo や bar が存在しているとエラーになります．「rm -rf foo bar」で削除してから実行してください．

このようにコマンドをまとめたものを，**シェルスクリプト**といいます．シェルスクリプトを使うことで，複数のコマンドからなる作業を確実に記録し，実行できます．こういうことを GUI で行うのは，かなり面倒です．

2.4.10　オーナーとパーミッション

2.4.6.2 目で行った，ディレクトリ内のファイル一覧の取得結果を再掲します．

---

[15]　~/work にあるコマンドをファイル名だけで実行できるようにしたければ，「export PATH="~/work:$PATH"」として，このディレクトリを PATH に追加します．ただしこの効果は bash が終了するとなくなります．永続化したければ，~/.bash_profile に PATH を変更するコマンドを記述します．

[16]　1 行目はシェバン行という特別な行で，2 行目以降のコマンドを/bin/sh で実行することを示しています．/bin/sh の実体は bash や dash で，環境によります．本文のように「bash my_script.sh」として実行するなら，この行は不要です．スクリプトのパーミッションが実行可能（2.4.10 項）になっているなら「./my_script.sh」で実行できます．さらに，このファイルが PATH に属するディレクトリにあるなら，「my_script.sh」で実行できます．

1 コンピュータとネットワーク

2 データサイエンスのための環境

3 RとPython

4 統計入門

5 前処理

6 機械学習の目的・データ・手法

ターミナル （コンテナ）

```
$ ls -l
total 8
drwxr-sr-x 2 jovyan users 4096 Jun 11 08:44 bar
-rw-r--r-- 1 jovyan users    0 Jun 11 08:44 baz.txt
-rw-r--r-- 1 jovyan users  741 Jun 11 08:45 wine.csv
```

この結果を整理すると**表2.8**のようになります．各列の意味は次のとおりです．

1. ファイルタイプ（-はファイル，dはディレクトリ，lはリンク）
2. 6に記載されたオーナーのパーミッション
3. 7に記載されたグループのパーミッション
4. オーナーとグループ以外のユーザのパーミッション
5. ハードリンク数（説明は割愛）
6. **オーナー**（所有者）
7. **グループ**
8. サイズ
9. 最終更新日時
10. 名前

グループはユーザの集まりです．あるユーザがいくつかのグループに属することもあります．

表2.8 ディレクトリ内のファイル一覧の取得結果

1	2	3	4	5	6	7	8	9	10
d	rwx	r-s	r-x	2	jovyan	users	4096	Jun 11 08:44	bar
-	rw-	r--	r--	1	jovyan	users	0	Jun 11 08:44	baz.txt
-	rw-	r--	r--	1	jovyan	users	741	Jun 11 08:45	wine.csv

パーミッションは権限のことで，rは読み込み，wは書き込み，xはファイルならそれを実行すること，ディレクトリならそこをカレントディレクトリにすることを意味します[17]．

パーミッションはchmod，オーナーやグループはchownで変更できますが，その詳細は割愛します．ファイルやディレクトリを操作できなくて困ったときは，管理者になって操作してください（2.4.2項を参照）．

---

[17] 2列目の3文字目がs（SUIDといいます）になっているファイルは，オーナーの権限で実行されます．3列目の3文字目がs（SGIDといいます）になっているファイルは，グループの権限で実行されます．3列目の3文字目がsになっているディレクトリでは，その中に作られるファイルやディレクトリのオーナーが同じになります．4列目の3文字目がt（スティッキービットといいます）になっているディレクトリでは，ファイルのmvやrmができるのはオーナーだけになります．

R と Python

本節の目標

本書の R や Python のコードは，2.2 節で紹介した Google Colaboratory の他に，Docker コンテナでも実行できます．本節では，その方法を確認します．

Docker コンテナにブラウザからアクセスして R や Python のコードを実行する方法について説明します*18．R と Python のプログラムの実行方法の他に，シェルのコマンドを実行する方法も確認してください．シェルを使いたい場合は，「docker exec -it jr bash」または「docker exec -it rs bash」で bash を起動すればいいのですが，ちょっとした作業であれば，ウェブブラウザ上で実行するのが簡単です．

コマンド docker については 2.4.2 項を参照.

2.5.1 Jupyter Notebook

Jupyter Notebook について説明します．

ホストのターミナルで作業をしたいディレクトリをカレントディレクトリにして，コンテナを起動します．

このコマンドの詳細は 2.3.2.2 目を参照.

ターミナル　（ホスト）

```
$ docker run \
-d \
-p 8888:8888 \
-v "$(pwd)":/home/jovyan/work \
--name jr \
taroyabuki/jupyter \
start-notebook.sh \
--NotebookApp.token='password'
```

パスワードは password にしています.

ブラウザで http://localhost:8888 にアクセスすると，図 2.4 のように

---

*18　R や Python をインタラクティブに使う方法を紹介しています．バッチ処理，つまりファイルに書いておいたプログラムを実行する場合には，ターミナルで「Rscript ファイル名」や「python ファイル名」（あるいは「python3 ファイル名」）とします．

なります．work をクリックして作業ディレクトリに移動し，New をクリックして現れるプルダウンメニューで Python 3 か R を選び，ノートブックを作ります．

ノートブックにはセルを並べます．セルは「＋」のアイコンをクリックして作ります．セルには，プログラムのための Code と，文章のための Markdown[*19] の 2 種類があり，上部に表示されるプルダウンメニューで切り替えられます．

Code セルにコードを入力したら，Shift+Enter かボタン「Run」で実行します．Markdown セルに文章を入力したら，Shift+Enter で確定します．

ノートブック上でシェルコマンド「ls -l」を実行します（結果は割愛）．

コードを途中まで入力して Tab キーで残りを補完する機能が便利です．

Ⓡ Jupyter Notebook

```
print(system("ls -l", intern = TRUE))
```

R: 結果の表示が不要な場合は system("コマンド") だけでかまいません．

Python Jupyter Notebook

```
!ls -l
```

P: Jupyter Notebook (Python) では，通常のシェルコマンドの先頭に「!」を付けるだけです．

2.5.2 RStudio

RStudio について説明します．

ホストのターミナルで作業をしたいディレクトリをカレントディレクトリにして，コンテナを起動します．

ターミナル （ホスト）

```
$ docker run \
-d \
-e PASSWORD=password \
-e ROOT=TRUE \
-p 8787:8787 \
-v "$(pwd)":/home/rstudio/work \
--name rs \
taroyabuki/rstudio
```

このコマンドの詳細は 2.3.2.3 目を参照．

ユーザ名は rstudio，パスワードは password にしています．

ブラウザで http://localhost:8787 にアクセスすると，図 2.5 のようになります．

RStudio で R のプログラムを実行する方法は次の三つです．

- **R Script** ファイル（.R）にコードを書いて，Ctrl+Enter で実行する（**図**

コードを途中まで入力して Ctrl+スペースキーまたは Tab キーで残りを補完する機能が便利です．

[*19] 詳しい説明は割愛しますが，**Markdown** はマークアップ記法（文字列で文章を修飾する方法）の一種です．

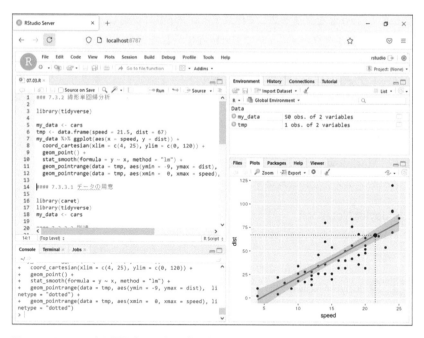

図 2.6　RStudio の実行画面（その 1）．（左上）R Script の編集．（右上）使用中の変数一覧．（左下）コードを実行する Console．（右下）可視化結果．

2.6）．

- **Console**　対話的な環境でコードを実行する（図 2.6 の左下）．
- **R Markdown**　ファイル（.Rmd）にコードを書いて，Ctrl+Enter で実行する（**図 2.7**）．

R Script と Console を使うのが簡単です．R Markdown は，一つの文書に，文章，コード，計算結果をまとめられる，ノートブックと似た形式です[20]．R Markdown のファイルの例が，サポートサイトの **code/Rmd** にあります．

RStudio には「Terminal」というタブがあり，ここでシェルのコマンドを実行できます（図 2.7 の左下）．

R: Terminal タブが表示されていない場合は，メニューの Tools → Terminal → New Terminal.

2.5.3　実行環境の初期化

Jupyter Notebook のメニューで Kernel → Restart，RStudio Server のメニューで Session → Restart R とすると，ノートブックやスクリプトなどはそのままで，裏で動いているシステムが再起動されます．この機能は，メモリ

---

[20]　R: R Markdown の詳しい使い方は，文献 [3] のような資料を参照してください．

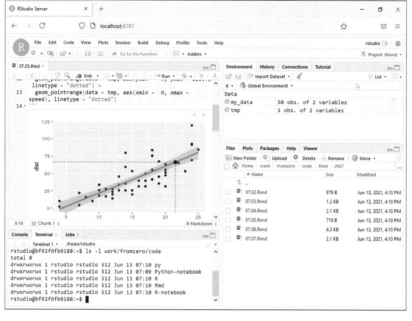

図 2.7　RStudio の実行画面（その 2）．（左上）R Markdown の編集（計算結果が文書に埋め込まれている）．（右上）使用中の変数一覧．（左下）シェルコマンドを実行するターミナル．（右下）ファイルの一覧．

上のデータをすべて削除して最初から始めたい場合に使います*21．

---

*21　3.6 節で紹介する R の install.packages(...) や Python の !pip install ... の結果はコンテナ自体に反映されているので，この方法では初期化されません．コンテナ自体を初期化したい場合は，「docker rm -f ...」（2.3.1 項）としてコンテナを削除するのが簡単ですが，コンテナだけにあるノートブックなどのファイルも削除されるので注意してください．ファイルはホストと共有したディレクトリに作ることをお勧めします．

2.6

サンプルコードの利用

本節の目標

サポートサイトで公開しているサンプルコードの利用方法を確認します.

　本書を読む際には，コードを自分で入力しながら読むことをお勧めします．1
文字ずつ入力することで，本を読むだけでは気付かないことに気付くことが期
待されるからです．とはいえ，入力が面倒な場合や，掲載されているとおりに
入力したはずなのにうまく行かないという場合には，サポートサイト[*22] で公
開している**サンプルコード**を使ってください.

　サンプルコードは，**GitHub** 上に開設しているサポートサイトで公開してい
ます[*23]．配布しているファイルの形式は**表 2.9** のとおりです.

GitHub は，**バージョン管理システム**の一種である **git** を提供するサービスです.

表 2.9　サンプルコードの形式（★は本書の想定環境）

ディレクトリ	形式	実行環境
Python-notebook	ノートブック	★ Google Colaboratory, ★ Jupyter Notebook
R-notebook	ノートブック	★ Google Colaboratory, ★ Jupyter Notebook
R	R のコード	★ RStudio
Rmd	R Markdown	RStudio
py	Python のコード	その他一般の環境

2.6.1　Google Colaboratory での利用

　Google Colaboratory でサンプルコードを使う場合は，R ならサポートサ
イトの code/R-notebook, Python なら code/Python-notebook で，「Open
in Colab」というアイコンをクリックしてください（**図 2.8(a)**）.

　左上の「目次」のアイコンをクリックすると，**図 2.8(b)** のように目次が表示
されます．このままでもコードを実行できますが，「ドライブにコピー」をク
リックしてファイルを Google Drive にコピーすると，実行結果や編集結果を
保存できるようになります.

[*22]　https://github.com/taroyabuki/fromzero
[*23]　https://github.com/taroyabuki/fromzero/tree/master/code/

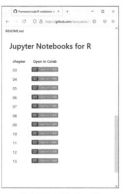

(a) サンプルの一覧

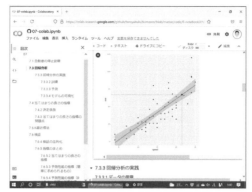

(b) 実行結果

図 2.8 Google Colaboratory で 7.3 節のサンプルコードを実行している様子

Google Colaboratory で Python のコードを実行する際には，本書に掲載している実行結果の一部が表示されないことに注意してください．一つのセル（コードセル）に結果を返すコードが複数あるとき，画面に表示されるのは最後の結果だけです．表示されない結果を見たいときは，print(コード) とするか，セルを分けて実行してください．

R: R のコード（左側）に関しては，このような問題はありません．結果はすべて表示されます．

R

```
1 + 1
#> 2    # 表示される.

print(1 + 2)
#> [1] 3 # 表示される.

1 + 3
#> 4    # 表示される.
```

Python

```
1 + 1
# 2 # これは表示されない.

print(1 + 2)
# 3 # 表示される.

1 + 3
# 4 # 表示される.
```

2.6.2 Docker での利用

Docker でサンプルコードを使う場合は，まず，コマンド git を使って，コンテナの中にリポジトリをコピー（クローン）します．

Jupyter Notebook で New → Terminal（図 2.4 を参照），RStudio では Terminal（図 2.7 の左下）で，次のコマンドを実行します．

git で管理されるファイルの一式をリポジトリといいます．

git は Windows には標準搭載されていません．本書のためのコンテナには入っているので，それを使うのが簡単です．Windows にも自分でインストールすればいいのですが，改行コードの自動変換が初期設定で有効になっているので，そのままクローンすると思わぬトラブルに遭遇する危険があります．

ターミナル

```
git clone https://github.com/taroyabuki/fromzero.git ~/work/fromzero
```

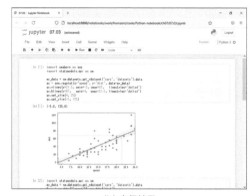

(a) ノートブックの一覧　　　　　　　　　　　　(b) 実行結果

図 2.9　Jupyter Notebook （Python）で 7.3 節のサンプルコードを実行している様子

コピーしたリポジトリのファイルを開きます.

Jupyter Notebook で, R を使う場合は code/R-notebook, Python を使う場合は code/Python-notebook のファイルを使います（**図 2.9(a)**）.

RStudio では, Files タブ（図 2.7 の右下）で, code/R のファイル（.R）または code/Rmd のファイル（.Rmd）を開きます（図 2.6 や図 2.7 を参照）.

Google Colab の場合（2.6.1 項）と違い, Jupyter Notebook で Python のコードを実行する際には, コードセルの途中の結果も表示されます. これは Jupyter Notebook の標準の動作ではなく, そうなるように, コンテナのイメージを作っているからです[24].

---

[24]　/home/jovyan/.ipython/profile_default/ipython_config.py に
　　　c.InteractiveShell.ast_node_interactivity = 'all'
　　　と記述しています.

## 第 3 章

RとPython

本章では，RとPythonについての基本事項を説明します．RもPythonも手続き的なプログラミング言語なので，一方を知っていれば，もう一方のコードも見ただけでだいたい理解できるでしょう．そういう方のために，両者の重要な相違点を**表 3.1** にまとめます．RもPythonも知らない場合は，この表は無視して先に進んでください．

本章の内容

表 3.1　R と Python の重要な相違点

R	Python	説明
y <- x	y = x	割り当てにより，x と y は，R では等価，Python では同一になる（3.3.5 項を参照）．y = x という記法は R でも有効だが，本書では使わない
TRUE	True	真
FALSE	False	偽
&	and	論理積．Python のアレイやシリーズの要素ごとの論理積は「&」
|	or	論理和．Python のアレイやシリーズの要素ごとの論理和は「|」
!	not	否定．Python のアレイやシリーズの要素ごとの否定は「~」
ベクタ	リスト，アレイ，シリーズ	同じ種類のデータを並べて管理する．本書ではこれを 1 次元データという．例：「2, 3, 5, 7」，「"a", "b", "c"」
リスト	辞書	文字列と値のペアを管理する．ペアの例："apple" と "りんご"，"orange" と "みかん"
最初の番号は 1	最初の番号は 0	例：「2, 3, 5, 7」の「5」は，R では 3 番目，Python では 2 番目
負の添字は削除	負の添字は後ろの要素	x が「2, 3, 5, 7」のとき，x[-1] は R では「3, 5, 7」（1 番目が削除される），Python では「7」（後ろから 1 番目）
パッケージ	モジュール	機能をひとまとめにして，読み込んで使えるようにしたもの．Python では「パッケージ」や「ライブラリ」という用語も使われる

入門

本節の目標

R と Python の基本（数値，変数，文字列，論理値，作業ディレクトリ）を確認します．

3.1.1 数値

数の入出力は 10 進数で行います．16 進数で書きたいときは，最初に `0x` を付けます．

> #以降はコメントです．画面に現れる結果を#>の後に記載します．

R
```
0x10
#> [1] 16
```

Python
```
0x10
#> 16
```

> R: 出力の [1] は，RStudio でのものです．Jupyter Notebook では表示されません．

数の後に「e 整数」または「E 整数」を付けると，数 $\times 10^{整数}$ になります．

> 1.23e5 のような記法を**指数表記**といいます．

R
```
1.23e5
#> [1] 123000
```

Python
```
1.23e5
#> 123000.0
```

簡単な計算を試します．加算（足し算）は「+」，減算（引き算）は「-」，乗算（かけ算）は「*」です．記号の前後のスペースは見やすさのためのものです．なくてもかまいません．

R
```
2 * 3
#> [1] 6
```

Python
```
2 * 3
#> 6
```

除算（割り算）は「/」です[*1].

R
```
10 / 3
#> [1] 3.333333
```

Python
```
10 / 3
#> 3.333333333333335
```

商と余りを求めます.

R
```
10 %/% 3 # 商
#> [1] 3

10 %% 3  # 余り
#> [1] 1
```

Python
```
10 // 3 # 商
#> 3

10 % 3  # 余り
#> 1
```

3.1.2　変数

「2 に x を割り当てる」といいます.「x に 2 を代入する」や「x に 2 を割り当てる」ということもあります.

データには名前を付けられます[*2]. 2 という数に x, 3 という数に y という名前を付け, 名前を使って乗算をします[*3].

R
```
x <- 2
y <- 3
x * y
#> [1] 6

library(keras)
c(x, y) %<-% c(20, 30) # まとめて名付け
x * y
#> [1] 600
```

Python
```
x = 2
y = 3
x * y
#> 6

x, y = 20, 30 # まとめて名付け
x * y
#> 600
```

この例の x や y を変数といいます. 上のような書き捨ての計算ではいいので

[*1]　多くの言語では, 整数同士の除算を整数の範囲内で行います. たとえば C 言語では, 10 / 3 の結果は 3 です. Python もバージョン 2 ではそうでした. しかし, R と Python バージョン 3 以降はそうではありません（実は, R で整数同士の除算は 10L / 3L なのですが, それでも結果は同じで 3.333333 です）.

[*2]　変数は「箱」だと説明されることがありますが, そういう解釈では 3.3.5 項を理解できません（そこでは「名前を付ける」も曖昧で役に立たないのですが）. また,「左 <- 右」や「左 = 右」の左の部分に書けるのは, 変数（名前）だけではありません. たとえば,「x[2] <- "BAR"」や「x[2] = 'BAR'」という記述が 3.3.1 項で登場します.

[*3]　R: R でも x = 2 としてかまわないのですが, 本書ではこの記法は使いません. 名前の割り当てには「<-」を使うことにしておけば, 関数の引数（3.2 節）やデータフレームの記述（3.4.1 項）の「=」と区別できるからです. 3.3.5 項で説明する, R と Python の違いを思い出すのにも, 役立つかもしれません.

すが，何度も使ったり，他人と共有するプログラムを書いたりする場合には，変数の名前（変数名）はわかりやすいものにしましょう．ただし，すでに使われている名前を別のものに割り当てないように注意してください．たとえば，「print <- 10」や「print = 10」はやめましょう．print が割り当てられた機能が使えなくなってしまうからです．とはいえ，print が機能に割り当てられていることを初学者は知りませんから，「すでに割り当てられている名前は使わない」という原則は採用しづらいです．そこで本書では，x, y, tmp のような，変数だと明らかにわかるもの以外の変数名は「my_」で始めることにします．

> tmp は一時的な（temporal）変数の名前としてよく使われます．

計算結果に名前を付けたときには，計算結果自体は表示されません．結果を確認するためには，その名前そのものを評価します[4]．

R
```
x <- 1 + 1
# この段階では結果は表示されない

x # 変数名を評価する
#> [1] 2
```

Python
```
x = 1 + 1
# この段階では結果は表示されない

x # 変数名を評価する
#> 2
```

> R: (x <- 1 + 1) のように，全体を丸括弧で囲うと，その場で結果を確認できます．これは便利な記法ですが，本書では使いません．

3.1.3 文字列

0 個以上の文字の並びを**文字列**といいます．文字列は，「"」または「'」で囲んで表現します．どちらを使ってもかまいませんが，前後は同じでなければなりません．

> 本書では，R の文字列には「"」，Python の文字列には「'」を使います．

R
```
my_s <- "abcde"
```

Python
```
my_s = 'abcde'
```

文字列の長さ（文字数）を数えます．

R
```
nchar(my_s)
#> [1] 5
```

Python
```
len(my_s)
#> 5
```

文字列を連結して，新しい文字列を作ります．

---

[4] この方法が有効なのは，R や Python をインタラクティブに使っているときだけです．たとえば，この方法は関数の中では使えません．関数の中で行われる割り当ての結果を確認したいときは，print(x) などとしてください．

R
```
library(tidyverse)
str_c("This is ", "a", " pen.")
#> [1] "This is a pen."
```

Python
```
'This is' ' a' ' pen.'
# あるいは
'This is ' + 'a' + ' pen.'
#> 'This is a pen.'
```

R: `library(tidyverse)` については 3.6.1 項を参照.

　文字列の一部のことを, **部分文字列** (substring) といいます.「abcde」の部分文字列の例として,「bcd」を取り出します. R では番号は 1 から数えるので, 2 から 4 文字目を取り出すことになります. Python では番号は 0 から数えるので, 1 から 3 文字目を取り出すことになります.

R
```
substr(x = my_s, start = 2, stop = 4)
#> [1] "bcd"
```

Python
```
my_s[1:4]
#> 'bcd'
```

　穴埋めのテンプレートを埋めて文字列を作ります.“(　) is (　).” の 1 番目の穴に “This”, 2 番目の穴に “a pen” を埋め込みます.

R
```
tmp <- "%s is %s."
sprintf(tmp, "This", "a pen")
#> [1] "This is a pen."
```

Python
```
tmp = "{} is {}."
tmp.format('This', 'a pen')
#> 'This is a pen.'
```

3.1.4　論理値と条件演算

　真偽のいずれかだけを表すものを**論理値**といいます. 真偽は, R では TRUE と FALSE, Python では True と False です.

R
```
1 <= 2
#> [1] TRUE

1 < 0
#> [1] FALSE
```

Python
```
1 <= 2
#> True

1 < 0
#> False
```

R: T と F は, 初期値が TRUE と FALSE の変数です. 値が変えられるので, TRUE と FALSE の代わりに使うのはお勧めしません.

等号 (=) は==, 等号否定 (≠) は!=, ≤ は<=, ≥ は>=と記述します.

　数値の比較では少し注意が必要です. 整数型同士の比較なら問題ないのですが[*5], そうでない場合は「==」で比較することはできません. 厳密な比較は難

[*5]　「整数型」というのは, 数学的な整数ではなく, R や Python における整数です. 3.8.2 項の方法で調べると R では integer, Python では int になります (2.0 は数学的には整数ですが, 整数型ではありません).

しいので，次に示す近似的な比較をしてください．

R
```
0.1 + 0.1 + 0.1 == 0.3
#> [1] FALSE

all.equal(0.1 + 0.1 + 0.1, 0.3)
#> [1] TRUE
```

Python
```
0.1 + 0.1 + 0.1 == 0.3
#> False

import math
math.isclose(0.1 + 0.1 + 0.1, 0.3)
#> True
```

P: import math については 3.6.2 項を参照

論理値の演算（**論理演算**）を行います．

R
```
TRUE & FALSE # 論理積（かつ）
#> [1] FALSE

TRUE | FALSE # 論理和（または）
#> [1] TRUE

!TRUE        # 否定（でない）
#> [1] FALSE
```

Python
```
True and False # 論理積（かつ）
#> False

True or False  # 論理和（または）
#> True

not True       # 否定（でない）
#> False
```

条件演算子は，論理値によって結果を切り替える演算子です．例として，「$3 < 5$」の評価結果が真なら 0，偽なら 10 となるような式を示します．

条件演算子を三項演算子ということもあります．曖昧な名前に見えますが，項が三つの演算子は条件演算子だけなので，誤解される危険はないでしょう．

R
```
ifelse(3 < 5, 0, 10)
#> 0
```

Python
```
0 if 3 < 5 else 10
#> 0
```

3.1.5 作業ディレクトリ

データをファイルから読み込んだり，データの処理結果をファイルに書き出したりする際には，ディレクトリを意識しなければなりません．自分が作業しているディレクトリを，**作業ディレクトリ**といいます．作業ディレクトリのファイルには，パスを書かずに，ファイル名だけでアクセスできます．ターミナルでの作業における，カレントディレクトリ（2.4.5 項）と同じです．

Jupyter Notebook の場合は，そのノートブックを作ったディレクトリが作業ディレクトリになります．2.3.2.2 目の方法で Jupyter Notebook を起動して，work に移動してからノートブックを作り，作業ディレクトリを確認します．

この work が 2.5 節で「docker run...」を実行したディレクトリになっています．ここにあるファイルは，ホストからもコンテナからも直接アクセスできます．

R

```
getwd()
#> '/home/jovyan/work'
```

Python

```
import os
os.getcwd()
#> '/home/jovyan/work'
```

作業ディレクトリを指定します．指定には，絶対パスと相対パスのどちらを使ってもかまいません．

R

```
setwd("..")
getwd()
#> '/home/jovyan'
```

Python

```
os.chdir('..')
os.getcwd()
#> '/home/jovyan'
```

R: RStudio の Files タブでディレクトリを開いて，More → Set As Working Directory として作業ディレクトリを設定することもできます．

P: Jupyter Notebook（Python）では，%pwd で作業ディレクトリを確認し，「%cd 名前」で作業ディレクトリを変更できます．

関数

本節の目標

関数（一つ以上の処理をひとかたまりにするしくみ）の使い方と作り方を学びます．

3.2.1 関数の利用

関数[6]は，関数名（引数 1，引数 2，...）という形式で呼び出して使います．例として，4 の非負の平方根を求めます．

> 非負の平方根は「数の 0.5乗」でも求められます．R なら 4 ^ 0.5 または 4**0.5,Python なら 4**0.5 です．このほうが入力文字数が少ないです．

R
```
sqrt(4)
#> [1] 2
```

Python
```
import math
math.sqrt(4)
#> 2.0
```

R では sqrt，Python では math.sqrt が関数名です．いずれも 4 が引数です．

引数が複数になる例として，$\log_{10} 100$，つまり 10 を何乗すると 100 になるかを求めます．

> P: import math については3.6.2 項を参照．
>
> P: math. まで入力して TABキーを押すと入力補完が行われるので便利です．

R
```
log(100, 10)
#> [1] 2
```

Python
```
math.log(100, 10)
#> 2.0
```

R では log，Python では math.log が関数名です．いずれも 100 が引数1，10 が引数 2 です．

引数 2 は省略できて，省略すると，ネイピア数 e を底とする対数（自然対数）

> 定義の確認方法は 3.8.2 項を参照．

---

[6] 本文の定義に合うものとして，関数の他に**メソッド**があるのですが，本書では関数とメソッドを区別しません．また，数学で x の関数 $f(x)$ といえば x が決まると何らかの値が決まるものですが，Rや Python の関数は，一連の処理をひとまとめにしただけのものであり，結果がいつも同じとは限らないものや，結果が返らないものもあります．

になります（省略しない場合のコードも示します）.

R

```
log(100)        # 自然対数
# あるいは
log(100, exp(1)) # 省略しない場合

#> [1] 4.60517
```

Python

```
math.log(100)        # 自然対数
# あるいは
math.log(100, math.e) # 省略しない場合

#> 4.605170185988092
```

底が 10 の対数（常用対数）や底が 2 の対数を計算する専用の関数もあります.

R

```
log10(100) # 常用対数
#> [1] 2

log2(1024) # 底が 2の対数
#> [1] 10
```

Python

```
math.log10(100) # 常用対数
#> 2.0

math.log2(1024) # 底が 2の対数
#> 10.0
```

R: R で $\log_{10} 100$ を計算するコードの書き方には次のようなものがあります.

1. `log(100, 10)`
2. `log(x = 100, base = 10)`
3. `log(base = 10, x = 100)`

1 番目が先に紹介したものです.

2 番目や 3 番目のように書くと，引数の意味がわかりやすいでしょう．関数 log は `log(x, base = exp(1))` と定義されています．ですから，この定義の順番どおりなら，1 番目のように「x = 」，「base = 」を省略して書けるのです．引数名は区別できるだけ書けば十分で，ここで扱っている例なら，`log(b = 10, x = 100)` でも大丈夫です.

また，定義が「base = exp(1)」となっているので，`log(x = 100)` のように，base = ... を省略したものは，`log(x = 100, base = exp(1))` と見なされます．本書では，このように引数が一つだけで，省略しても結果が変わらない場合は，「x = 」のような引数名を省略し，`log(100)` のようにしています.

P:　Python の関数 math.log は，1 番目の引数が x，2 番目の引数が base として定義されています．これらは括弧の中に順番に書くだけの引数で，「位置のみ引数」といいます．つまり，`math.log(100, 10)` という書き方だけが有効で，`math.log(x=100)`，`math.log(x=100, base=10)`，`math.log(base=10, x=100)` などの書き方は無効です.

3.2.1.1　パイプ（R のみ）

R: 2.4.7 項で紹介したシェルのパイプと似ていますが別物です.

R:　関数 sqrt に 4 を与えて呼び出す方法は通常 sqrt(4) ですが，次のようにも書けます．%>% を**パイプ**といいます.

```
R
library(tidyverse)
4 %>% sqrt
```

パイプを使うと，少しずつ結果を確かめながらプログラムを書くのが簡単になります．log と exp を順番に使う場合で比較します．

```
R
exp(log(5))          # 通常の書き方
# あるいは
5 %>% log %>% exp # パイプを使う書き方

#> 5
```

3.2.2 関数の定義

関数定義の方法を説明します．例として，引数 a, b を与えると $a - b$ を返す関数 f(a, b) を定義します．

書き捨ての関数の名前には，f, g をよく使います．

```
R
f <- function(a, b) {
  a - b
}
```

```
Python
def f(a, b):
    return a - b
```

R: R では，プログラムの構造を波括弧{}で表現することになっています．

P: Python では，プログラムの構造をインデント（字下げ）で表現することになっています．ですから，関数定義の 2 行目のインデントは必須です．

関数を呼び出して，結果を確認します．

R:「a - b」の代わりに「return(a - b)」としてもかまいません．本書では return は省略しています．

P: 本体が 1 行だけの場合は，「:」の後で改行せずに，そのまま書いてもかまいません．

```
R
f(3, 5)
#> [1] -2
```

```
Python
f(3, 5)
#> -2
```

3.2.2.1 デフォルト引数

引数のデフォルト値を設定しておくと，呼び出すときにその引数を省略できます．デフォルト値のある引数を**デフォルト引数**といいます．

```r
f <- function(a, b = 5) {
  a - b
}

f(3) # f(3, 5)と同じこと
#> [1] -2
```

```python
def f(a, b=5):
    return a - b

f(3) # f(3, 5)と同じこと
#> -2
```

3.2.2.2　無名関数

　関数は，名前を付けずに定義して使うこともできます．引数 a, b を与えると $a - b$ を返す関数を，名前を付けずに定義して使います．このような関数を**無名関数**といいます．

```r
(function(a, b) { a - b })(3, 5)
#> [1] -2
```

```python
(lambda a, b: a - b)(3, 5)
#> -2
```

R: 関数に名前を付けて定義する場合とほとんど同じ構文です．

P: このように関数を定義する記法をラムダ式といいます．構文は「lambda 引数: 式」です．

3.3

コレクション

本節の目標

　データをひとまとめにするものを**コレクション**といいます．コレクションの例として，R のベクタ／リスト，Python のリスト／アレイ／シリーズ／辞書の使い方を確認します．

コレクションを「コンテナ」ということもあります．2.3節で紹介した Docker のコンテナとは別物です．

データフレームというコレクションを，3.4 節で別に紹介します．

3.3.1　1次元データ

　同じ種類（型）のデータをひとまとめにしたものを，R では**ベクタ**（ベクトル），Python では**リスト**といいます．名前を使い分けるのは面倒なので，これらをまとめて本書では**1次元データ**といいます．例として，"foo"，"bar"，"baz"という 3 個の文字列をひとまとめにして，名前を付けます．R では c()，Python では [] の中に要素を並べます．

ここで想定しているのは，計算機科学では**ベクタ**といわれるコレクションです．

P: リストには型の異なるデータを入れられます（3.3.3 項を参照）．

foo, bar, baz というのは，仮の名前としてよく使われる語です．

R
```
x <- c("foo", "bar", "baz")
```

Python
```
x = ['foo', 'bar', 'baz']
```

R では length，Python では len で要素数を得ます．

R
```
length(x)
#> [1] 3
```

Python
```
len(x)
#> 3
```

　角括弧を使って，指定した番号の要素を取り出します．番号は，R では 1 から，Python では 0 から数えることに注意してください．例として，"bar"を取り出します．

R
```
x[2]
#> [1] "bar"
```

Python
```
x[1]
#> 'bar'
```

角括弧を使って要素を更新します.

R

```
x[2] <- "BAR"
x # 結果の確認
#> [1] "foo" "BAR" "baz"

x[2] <- "bar" # 元に戻す.
```

Python

```
x[1] = 'BAR'
x # 結果の確認
#> ['foo', 'BAR', 'baz']

x[1] = 'bar' # 元に戻す.
```

角括弧の中が負の場合, R では指定した要素を削除した結果のベクタ, Python ではその分だけ後ろから数えたところにある要素が返ります.

R

```
x[-2]
#> [1] "foo" "baz"
```

Python

```
x[-2]
#> 'bar'
```

新しい要素を追加して新しい 1 次元データを作ります (元の 1 次元データは変わりません).

R

```
c(x, "qux")
#> [1] "foo" "bar" "baz" "qux"
```

Python

```
x + ['qux']
#> ['foo', 'bar', 'baz', 'qux']
```

元の 1 次元データを更新します.

R

```
x <- c(x, "qux")
x # 結果の確認
#> [1] "foo" "bar" "baz" "qux"
```

Python

```
x = x + ['qux']
# あるいは
#x.append('qux')

x # 結果の確認
#> ['foo', 'bar', 'baz', 'qux']
```

3.3.1.1　等間隔の数値からなる 1 次元データ

等間隔の数値からなる 1 次元データを作ります. 次の例では, R では 1 から 5, Python では 0 から 4 の整数からなる 1 次元データができます. R と Python でそろっていないのがまぎらわしいと思うかもしれませんが, R は番号を 1 から, Python は番号を 0 から数えることになっているので, 実用上はこれでいいのです.

```R
1:5
#> [1] 1 2 3 4 5
```

```Python
list(range(5))
#> [0, 1, 2, 3, 4]
```

0 以上 10 以下（11 未満）の偶数の 1 次元データを作ります．

P: わかりやすさのために range の結果をリストに変換しています．リストに変換しなくてもリストと同じように使える場面が多いです．

```R
seq(from = 0, to = 10, by = 2)
#> [1]  0  2  4  6  8 10
```

```Python
list(range(0, 11, 2))
#> [0, 2, 4, 6, 8, 10]
```

0 から 1 まで間隔 0.5 の 1 次元データを作ります．

P: range の 2 番目の引数は結果に属さないことに注意．

```R
seq(from = 0, to = 1, by = 0.5)
#> [1] 0.0 0.5 1.0
```

```Python
import numpy as np
np.arange(0, 1.1, 0.5)
#> array([0. , 0.5, 1. ])
```

0 から 100 までを分割し，5 個の数値からなる 1 次元データを作ります．

P: 引数が整数でない場合は np.arange を使います．

```R
seq(from = 0, to = 100, length.out = 5)
#> [1]   0  25  50  75 100
```

```Python
np.linspace(0, 100, 5)
#> array([  0.,  25.,  50.,  75., 100.])
```

同じ値を複数個並べたい場合は，次のようにするのが簡単です．

```R
rep(x = 10, times = 5)
#> [1] 10 10 10 10 10
```

```Python
[10] * 5
#> [10, 10, 10, 10, 10]
```

3.3.1.2 ファクタ（R のみ）

R: ベクタの要素を限定したいときに**ファクタ**を使います．

要素が"グー"，"チョキ"，"パー"のいずれかしかないベクタを x 作ります．この"グー"，"パー"のような値のことを**水準**といいます．水準のベクタがファクタです．

P: Python では列挙型（enum）がこれに近いです．

```R
tmp <- c("グー", "パー", "グー", "パー")
x <- factor(tmp, levels = c("グー", "チョキ", "パー"))
x
```

R: 順番の概念が不要かつ元のベクタにすべての水準が属しているなら，levels=... はなくてもかまいません．

```
#> [1] グー パー グー パー
#> Levels: グー チョキ パー
```

3.3.2　1次元データの演算

前項で紹介した1次元データは，同じ種類のデータをひとまとめにするもので
した．

ひとまとめにすることの意義がわかりやすいのは，データが数値のときです．
たとえば，2, 3, 5, 7 という4個の数値をすべて10倍して20, 30, 50, 70 を得
たいというときに，乗算のコードを4回書くのは面倒です．数値をひとまとめ
にしておけば，乗算のコードは1個で済みます．

例を示します．

まずは，全要素に同じ数を足したりかけたりしてみます．

P: ここではアレイ（np.array）を使っていますが，シリーズ（pd.Series）も同じように使えます．リストはこのような用途には使えません．

R
```
x <- c(2, 3, 5, 7)

x + 10 # 加算
#> [1] 12 13 15 17

x * 10 # 乗算
#> [1] 20 30 50 70
```

Python
```
import numpy as np
x = np.array([2, 3, 5, 7])

x + 10 # 加算
#> array([12, 13, 15, 17])

x * 10 # 乗算
#> array([20, 30, 50, 70])
```

P: import numpy as np については 3.6.2 項を参照．アレイは，np.array(リスト) で作ります．

対応している関数であれば，全要素にまとめて作用させられます．

R
```
x <- c(2, 3)
sin(x)
#> [1] 0.9092974 0.1411200
```

Python
```
x = [2, 3]
np.sin(x)
#> array([0.90929743, 0.14112001])
```

P: math.sin ではなく np.sin です．

要素数が同じ1次元データ同士の加算・乗算は，位置が同じ要素ごとの加算・
乗算になります．

R

```r
x <- c(2,  3,   5,    7)
y <- c(1, 10, 100, 1000)
x + y
#> [1]    3   13   105 1007

x * y
#> [1]    2   30   500 7000
```

Python

```python
x = np.array([2,  3,   5,    7])
y = np.array([1, 10, 100, 1000])
x + y
#> array([   3,   13,  105, 1007])

x * y
#> array([   2,   30,  500, 7000])
```

位置が同じ要素ごとに乗算した結果の合計，つまり内積を計算します．

R

```r
sum(x * y)
#> [1] 7532
```

Python

```python
np.dot(x, y)
# あるいは
x @ y

#> 7532
```

要素ごとの論理演算を行います．

R: my_v %*% my_w でもほぼ
同じ結果を得ます．

R

```r
x <- c(TRUE, FALSE)
y <- c(TRUE, TRUE)
x & y
#> [1]  TRUE FALSE
```

Python

```python
x = np.array([True, False])
y = np.array([True, True])
x & y
#> array([ True, False])
```

二つの1次元データ（要素数は同じ）を比較します．

P: 要素ごとの論理演算は
「&」，「|」，「~」で行い
ます．and, or, not ではあ
りません．

R

```r
u <- c(1, 2, 3)
v <- c(1, 2, 3)
w <- c(1, 2, 4)

identical(u, v) # 全体の比較
#> [1] TRUE

identical(u, w) # 全体の比較
#> [1] FALSE

u == v          # 要素ごとの比較
#> [1] TRUE TRUE TRUE

u == w          # 要素ごとの比較
#> [1]  TRUE  TRUE FALSE
```

Python

```python
u = np.array([1, 2, 3])
v = np.array([1, 2, 3])
w = np.array([1, 2, 4])

all(u == v) # 全体の比較
#> True

all(u == w) # 全体の比較
#> False

u == v       # 要素ごとの比較
#> array([ True,  True,  True])

u == w       # 要素ごとの比較
#> array([ True,  True, False])
```

真と偽を数値にすると1と0になることを利用して，同じ要素の数や，同じ

sum で合計，mean で平均を　　要素の割合を求めます．
求めます．

<table>
<tr><td>

R

```
sum(u == w)  # 同じ要素の数
#> [1] 2

mean(u == w) # 同じ要素の割合
#> [1] 0.6666667
```
</td><td>

Python

```
(u == w).sum()  # 同じ要素の数
#> 2

(u == w).mean() # 同じ要素の割合
#> [1] 0.6666667
```
</td></tr>
</table>

3.3.3　複数種類のデータをひとまとめにする

文字列と数値のように，種類（型）の異なるデータをひとまとめにするときは，リストを使います．

<table>
<tr><td>

R

```
x <- list(1, "two")
```
</td><td>

Python

```
x = [1, "two"]
```
</td></tr>
</table>

P: ここで紹介するリストは，
3.3.1 項のものと同じです．

指定した番号の要素を取り出します．

<table>
<tr><td>

R

```
x[[2]]
#> [1] "two"
```
</td><td>

Python

```
x[1]
#> 'two'
```
</td></tr>
</table>

R: 2 重の角括弧 [[]] を使
います．

要素の数え方（R では length，Python では len），データの追加方法は
3.3.1 項と同じなので割愛します．

3.3.4　文字列と値のペアのコレクション

文字列と値のペア（組）を管理するのに，R では**リスト**，Python では**辞書**を
使います[7]．文字列と値のペアの例として，"apple" と "りんご"，"orange"
と "みかん" という二つのペアをひとまとめにします．

R: ここで紹介するリストは
3.3.3 項のものと本質的には
同じですが，使い方が違い
ます．

<table>
<tr><td>

R

```
x <- list("apple"  = "りんご",
          "orange" = "みかん")
```
</td><td>

Python

```
x = {'apple' : 'りんご',
     'orange': 'みかん'}
```
</td></tr>
</table>

文字列と値のペアを新たに追加します．

---

*7　　P: Python の辞書は，文字列以外の（可変でない）ものと値のペアも管理できます．

1 コンピュータとネットワーク

2 データサイエンスのための環境

3 RとPython

4 統計入門

5 前処理

6 機械学習の目的・データ・手法

```R
R
x[["grape"]] <- "ぶどう"
```

```Python
Python
x['grape'] = 'ぶどう'
```

文字列（例：“apple”）を指定して，それに対応する値を取り出します．

```R
R
x$apple
# あるいは
x$"apple"
# あるいは
x[["apple"]]
# あるいは
tmp <- "apple"
x[[tmp]]

#> [1] "りんご"
```

```Python
Python
x['apple']
# あるいは
tmp = 'apple'
x[tmp]

#> 'りんご'
```

3.3.5 補足：コピーと参照

Rの「y <- x」とPythonの「y = x」は，どちらも**割り当て**です．しかし，そこで起こることはかなり違っていて，Rではyはxのコピーになる一方で，Pythonではyはxと同じものになります．

```R
R
x <- c("foo", "bar", "baz")
y <- x
y[2] <- "BAR" # y を更新する
y
#> [1] "foo" "BAR" "baz"

x               # x は変わらない
#> [1] "foo" "bar" "baz"
```

```Python
Python
x = ['foo', 'bar', 'baz']
y = x
y[1] = 'BAR' # y を更新する
y
#> ['foo', 'BAR', 'baz']

x               # x も変わる
#> ['foo', 'BAR', 'baz']
```

RとPythonの違いを**図3.1**に示します．

Rで「y <- x」とすると，xの指す対象がコピーされ，それをyが指すようになります[*8]．xとyは**等価**（内容が同じ）ですが別物なので，yを更新してもxは変わりません．

Pythonで「y = x」とすると，xとyが**同一**（同じもの）になります．xと

[*8]　R: 厳密には，コピーが行われるのは「y <- x」のときではなく，「y[2] <- "BAR"」のときです．このことは，「y[2] <- "BAR"」の前後で c(pryr::address(x), pryr::address(y)) を実行し，xとyの参照先を比べることでわかります．

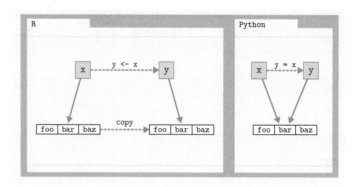

図 3.1　R と Python での「割り当て」の違い

y は同じものなので，y を更新するのと x を更新するのは同じことです[*9]．

　P: Python でも R のように x をコピーして y とする方法を紹介します．コピーなので，「x == y」の結果は True（等価），「x is y」の結果は False（同一ではない）になります．

Python

```
x = ['foo', 'bar', 'baz']
y = x.copy()              # 「y = x」とせずに，コピーする
x == y, x is y
#> (True, False)          # x と y は，等価（内容は同じ）だが同一ではない

y[1] = 'BAR'              # y を更新しても
x
#> ['foo', 'bar', 'baz'] # x は変化しない
```

3.4

データフレーム

本節の目標

表形式でデータを管理するコレクションに**データフレーム**があります．
ここではこのデータフレームの使い方を学びます．

name	english	math	gender
A	60	70	f
B	90	80	m
C	70	90	m
D	90	100	f

データフレームに関する用語を**表 3.2** にまとめます．

「観測値」という用語を「インスタンス」の意味で使う文献もあります．

表 3.2　データフレームに関する用語（`my_df` は「本節の目標」のデータフレームのこと）

用語	説明
サンプル（sample）	データフレームの全体．標本，データセットともいう
サンプルサイズ（sample size）	データフレームの行数．「標本の大きさ」ともいう．例：`my_df` のサンプルサイズは 4（A, B, C, D の 4 行）
インスタンス（instance）	データフレームの 1 行．レコード（record）ともいう．例：`my_df` の最初のインスタンスは「A, 60, 70, f」
変数（variable）	データフレームの列．特徴（feature），属性（attribute）ともいう．例：`my_df` の変数 english は「60, 90, 70, 90」
観測値（observed value）	特定のインスタンスの変数の値．例：`my_df` の A の english の観測値は「60」

「行（row）」と「列（column）」という用語を，日常会話より狭い意味で使います．「本節の目標」に掲載したのは，A，B，C，D の 4 行，name，english，math，gender の 4 列からなる，4 行 4 列の表です．

「サンプルサイズ」のつもりで，「サンプル数（the number of samples）」，「標本数」，「母数（parameter）」という用語を使わないように注意してください．「サンプル数が 4」や「標本数が 4」では，「本節の目標」の表のようなデータが 4 セットあることになります．

データが便利な用語で，表 3.2 のサンプル，インスタンス，変数，観測値のすべての代わりに使えます．意味は文脈から判断することになりますが，

母数は，確率分布を特定するための定数のことです．広辞苑第 7 版に掲載されている「統計学で，母集団の数」という語釈は誤りです．母数の例：二項分布（4.3.3 項）における「確率」，正規分布（4.3.4 項）における「平均」と「標準偏差」．

data は datum の複数形ですが，本書では単数のものもデータといいます．

3.4.1　データフレームの作成

データフレームを使うための準備をします．本節では最後までこれが有効であることを仮定します．

この設定については 3.6 節を参照.

R
```
library(tidyverse)
```

Python
```
import pandas as pd
```

3.4.1.1　データを列ごとに記述する方法

データを列ごとに記述して，データフレームを作ります．

R
```
my_df <- data.frame(
    name    = c("A", "B", "C", "D"),
    english = c( 60,  90,  70,  90),
    math    = c( 70,  80,  90, 100),
    gender  = c("f", "m", "m", "f"))
```

Python
```
my_df = pd.DataFrame({
    'name':    ['A', 'B', 'C', 'D'],
    'english': [ 60,  90,  70,  90],
    'math':    [ 70,  80,  90, 100],
    'gender':  ['f', 'm', 'm', 'f']})
```

3.4.1.2　データを見た目のとおりに記述する方法

データを行ごとに記述して，データフレームを作ります[10]．

R
```
my_df <- tribble(
    ~name, ~english, ~math, ~gender,
    "A",         60,    70,     "f",
    "B",         90,    80,     "m",
    "C",         70,    90,     "m",
    "D",         90,   100,     "f")
```

Python
```
my_df = pd.DataFrame([
    ['A', 60,  70, 'f'],
    ['B', 90,  80, 'm'],
    ['C', 70,  90, 'm'],
    ['D', 90, 100, 'f']],
    columns=['name', 'english',
             'math', 'gender'])
```

データフレームの確認には head を使います．デフォルトでは，R では最初の 6 件まで，Python では最初の 5 件までが表示されます．

---

[10]　R: 3.4.1.1 目と 3.4.1.2 目では，結果が少し違います．前者は R の標準のデータフレーム，後者はそれを拡張した tibble です．結果を同じにしたい場合は，3.4.1.1 目の data.frame の部分を tibble にしてください．本書ではこれらを特に区別しません．

R
```
head(my_df)
# 結果は割愛
```

Python
```
my_df.head()
# 結果は割愛
```

3.4.1.3 データフレームのサイズ

データフレームのサイズを確認します.

R
```
dim(my_df)  # 行数と列数
#> [1] 4 4

nrow(my_df) # 行数
#> [1] 4

ncol(my_df) # 列数
#> [1] 4
```

Python
```
r, c = my_df.shape # 行数と列数
r, c
#> (4, 4)

r # 行数 (len(my_df)も可)
#> 4

c # 列数
#> 4
```

3.4.1.4 組合せ

X が 1, 2, 3 のいずれか, Y が 10, 100 のいずれかとします. X と Y のすべ
ての**組合せ**をデータフレームにします.

R
```
my_df2 <- expand.grid(
  X = c(1, 2, 3),
  Y = c(10, 100))
my_df2
#>   X   Y
#> 1 1  10
#> 2 2  10
#> 3 3  10
#> 4 1 100
#> 5 2 100
#> 6 3 100
```

Python
```
from itertools import product
my_df2 = pd.DataFrame(
    product([1, 2, 3],
            [10, 100]),
    columns=['X', 'Y'])
my_df2
#>    X    Y
#> 0  1   10
#> 1  1  100
#> 2  2   10
#> 3  2  100
#> 4  3   10
#> 5  3  100
```

1 コンピュータと ネットワーク

2 データサイエンス のための環境

3 R と Python

4 統計入門

5 前処理

6 機械学習の目的・ データ・手法

3.4.1.5　列と行の名前

データフレームの列の名前を取り出します.

R
```
colnames(my_df2)
#> [1] "X" "Y"
```

Python
```
my_df2.columns
#> Index(['X', 'Y'], dtype='object')
```

列の名前を変更します.

R
```
colnames(my_df2) <- c("P", "Q")
my_df2
#>   P  Q
#> 1 1  10
#> 2 2  10
# 以下省略
```

Python
```
my_df2.columns = ['P', 'Q']
my_df2
#>    P    Q
#> 0  1   10
#> 1  1  100
# 以下省略
```

このデータフレームの各行には番号が振られています (R では 1 から, Python は 0 から).

R
```
row.names(my_df)
#> [1] "1" "2" "3" "4"
```

Python
```
list(my_df.index)
#> [0, 1, 2, 3]
```

P: 結果をわかりやすくするために, list(...) としてリストに変換しています.

この番号で行を識別できるので, これは行の名前だといえます. しかし, もう少しわかりやすい名前を付けておきたいこともあるでしょう. そういう場合には, 次のように行の名前を設定します[11].

R
```
row.names(my_df2) <-
  c("a", "b", "c", "d", "e", "f")
my_df2
#>   P  Q
#> a 1  10
#> b 2  10
#> c 3  10
# 以下省略
```

Python
```
my_df2.index = [
  'a', 'b', 'c', 'd', 'e', 'f']
my_df2
#>    P    Q
#> a  1   10
#> b  1  100
#> c  2   10
# 以下省略
```

データフレームを作るときに行の名前を設定することもできます.

---

[11]　R: tibble では, 行に名前を付けることは非推奨とされています. しかし, 行にわかりやすい名前が付いていると, 可視化の際の手間が減ることがあります (実例が第 13 章にあります). ですから, 本書では, 便利だと思うところでは行に名前を付けています.

R

```
my_df3 <- data.frame(
  english = c( 60,  90,  70,  90),
  math    = c( 70,  80,  90, 100),
  gender  = c("f", "m", "m", "f"),
  row.names = c("A", "B", "C", "D"))
my_df3
#>   english math gender
#> A      60   70      f
#> B      90   80      m
#> C      70   90      m
#> D      90  100      f
```

Python

```
my_df3 = pd.DataFrame({
    'english': [ 60,  90,  70,  90],
    'math':    [ 70,  80,  90, 100],
    'gender':  ['f', 'm', 'm', 'f']},
    index=     ['A', 'B', 'C', 'D'])
my_df3
#>   english  math gender
#> A      60    70      f
#> B      90    80      m
#> C      70    90      m
#> D      90   100      f
```

3.4.2 データの追加

データフレームに行や列を追加する方法を紹介します.

3.4.2.1 行の追加（データフレームの結合）

元のデータフレーム（my_df）　⟹　新しいデータフレーム

name	english	math	gender
A	60	70	f
B	90	80	m
C	70	90	m
D	90	100	f

name	english	math	gender
A	60	70	f
B	90	80	m
C	70	90	m
D	90	100	f
E	80	80	m

この方法を多用するとプログラムが遅くなります. 大きなデータフレームを作ったり, 複雑な処理をしたりする場合は, 「3.7 反復処理」や「4.1.2 データフレームの統計処理」の方法を使ってください.

「新しいデータフレーム」は元のデータフレームとは別物です. 元のデータフレーム（my_df）を更新する場合は, 結果に my_df を割り当てます.

データフレーム（my_df）に新しい行を追加して, 新しいデータフレームを作ります[*12].

R

```
tmp <- data.frame(
  name    = "E",
  english = 80,
  math    = 80,
  gender  = "m")
my_df2 <- rbind(my_df, tmp)
```

Python

```
tmp = pd.DataFrame({
    'name'   : ['E'],
    'english': [80],
    'math'   : [80],
    'gender' : ['m']})
my_df2 = my_df.append(tmp)
```

[*12]　P: リストで「.append」を使うと, そのリストが更新されます（3.3.1 項）. これに対して, データフレームで「.append」を使うと, 新しいデータフレームが作られます.

1 コンピュータとネットワーク

2 データサイエンスのための環境

3 RとPython

4 統計入門

5 前処理

6 機械学習の目的・データ・手法

3.4.2.2　列の追加

name	english	math	gender		name	english	math	gender	id
A	60	70	f		A	60	70	f	1
B	90	80	m		B	90	80	m	2
C	70	90	m		C	70	90	m	3
D	90	100	f		D	90	100	f	4

元のデータフレーム（my_df）　⟹　新しいデータフレーム

データフレーム（my_df）に新しい列を追加して，新しいデータフレームを作ります．

R

```
my_df2 <- my_df %>%
  mutate(id = c(1, 2, 3, 4))
```

Python

```
my_df2 = my_df.assign(id=[1, 2, 3, 4])
```

新しいデータフレームを作らずに，元のデータフレームを直接更新することもあります．ここでは，先の話に影響しないように，コピーしたデータフレーム（my_df3）で，その方法を確認します．

R

```
my_df3 <- my_df            # コピー
my_df3["id"] <- c(1, 2, 3, 4) # 更新
my_df3 # 結果の確認（割愛）
```

Python

```
my_df3 = my_df.copy()       # コピー
my_df3['id'] = [1, 2, 3, 4] # 更新
my_df3 # 結果の確認（割愛）
```

P: my_df3 = my_df とすると，my_df と my_df3 は同一になってしまうので注意してください（3.3.5 項を参照）．

3.4.3　データの取り出し

データフレームからデータを取り出す方法を紹介します[13]．

本項では，取り出した結果に x という名前を付ける場合，特に必要でなければ，その内容の確認は割愛します．

---

[13]　P: 取り出した結果（x）が元のデータフレーム（my_df）の一部と同一になることがあります．その場合，x を更新すると my_df も更新されます（3.3.5 項を参照）．本書では，元のデータフレームを意図せず更新することがないように，次の 2 点を原則にしています．
- 取り出した結果を更新しない．
- 更新したい場合は，元のデータフレームを直接更新するか，新しいデータフレームを別に作ってそれを更新する．

3.4.3.1　観測値の取り出し

行と列を番号で指定して，観測値を取り出します．Aのenglishの値を取り出すなら次のとおりです．

```
my_df[1, 2]
#> [1] 60
```

Python

```
my_df.iloc[0, 1]
#> 60
```

3.4.3.2　1列の取り出し（結果は1次元データ）

元のデータフレーム（`my_df`）　⟹　　1次元データ

name	english	math	gender
A	60	70	f
B	90	80	m
C	70	90	m
D	90	100	f

60	90	70	90

データフレーム（`my_df`）の1列を，1次元データ（Rのベクタ，Pythonのシリーズ）として取り出します．

最後の例では，取り出す列の名前が変数の値になっています．

R

```
x <- my_df[, 2]
# あるいは
x <- my_df$english
# あるいは
x <- my_df$"english"
# あるいは
x <- my_df[["english"]]
# あるいは
tmp <- "english"
x <- my_df[[tmp]]

x # 結果の確認（割愛）
```

Python

```
x = my_df.iloc[:, 1]
# あるいは
x = my_df['english']
# あるいは
x = my_df.english
# あるいは
tmp = 'english'
x = my_df[tmp]

x # 結果の確認（割愛）
```

R: リストから値を取り出すのと同じです（3.3.3項を参照）．

Rの`my_df$english`や，Pythonの`my_df.english`のような記法が便利なのですが，名前に空白が含まれていたり，名前が機能に割り当てられていたりすると，使えません．

3.4.3.3　複数列の取り出し（結果はデータフレーム）

元のデータフレーム（my_df）				⟹	データフレーム	
name	english	math	gender		name	math
A	60	70	f		A	70
B	90	80	m		B	80
C	70	90	m		C	90
D	90	100	f		D	100

1 列だけの場合も，データフ
レームとして取り出したい場
合はこの方法を使います．

データフレーム（my_df）から複数列を，データフレームとして取り出します．

R
```
x <- my_df %>% select(name, math)
```

Python
```
x = my_df[['name', 'math']]
# あるいは
x = my_df.loc[:, ['name', 'math']]
```

列の番号を指定して取り出します．

R
```
x <- my_df[, c(1, 3)]
```

R:[, c(...)] や [, -c(...)]
は，結果が 1 列の場合は
データフレームではなく 1
次元データが返るので注意
してください．常にデータ
フレームにしたい場合は
「drop=FALSE」という引数
を追加するか，select を使
います．

Python
```
x = my_df.take([0, 2], axis=1)
# あるいは
x = my_df.iloc[:, [0, 2]]
```

不要な列を取り除くという書き方で同じ結果を得ます．

R
```
x <- my_df %>%
  select(-c(english, gender))
# あるいは
x <- my_df[, -c(2, 4)]
```

Python
```
x = my_df.drop(
    columns=['english', 'gender'])
# あるいは
x = my_df.drop(
    columns=my_df.columns[[1, 3]])
```

3.4.3.4　複数行の取り出し（結果はデータフレーム）

元のデータフレーム（`my_df`）　⟹　データフレーム

name	english	math	gender
A	60	70	f
B	90	80	m
C	70	90	m
D	90	100	f

name	english	math	gender
A	60	70	f
C	70	90	m

データフレーム（`my_df`）から複数行を，データフレームとして取り出します．

R
```
x <- my_df[c(1, 3), ]
```

Python
```
x = my_df.take([0, 2])
# あるいは
x = my_df.iloc[[0, 2], :]
```

不要な行を取り除くという書き方で同じ結果を得ます．

R
```
x <- my_df[-c(2, 4), ]
```

Python
```
x = my_df.drop([1, 3])
```

3.4.3.5　検索

データフレーム（`my_df`）から，条件に合う行を，データフレームとして取り出します．

元のデータフレーム（`my_df`）　⟹　データフレーム

name	english	math	gender
A	60	70	f
B	90	80	m
C	70	90	m
D	90	100	f

name	english	math	gender
B	90	80	m
C	70	90	m

R
```
x <- my_df[my_df$gender == "m", ]
# あるいは
x <- my_df %>% filter(gender == "m")
```

Python
```
x = my_df[my_df['gender'] == 'm']
# あるいは
x = my_df.query('gender == "m"')
```

条件が複数あるときは，論理演算を使います．

	元のデータフレーム (my_df)			⟹	データフレーム

name	english	math	gender
A	60	70	f
B	90	80	m
C	70	90	m
D	90	100	f

name	english	math	gender
B	90	80	m

R

```
x <- my_df[my_df$english > 80 & my_df$gender == "m", ]
# あるいは
x <- my_df %>% filter(english > 80 & gender == "m")
```

Python

P: 1 次元データの要素同士
の論理積なので, and では
なく「&」を使います (3.3.2
項). 「&」は優先順位が高
い演算子なので, ここでの目
的のためには各条件を括弧で
囲わなければなりません.

```
x = my_df[(my_df['english'] > 80) & (my_df['gender'] == "m")]
# あるいは
x = my_df.query('english > 80 and gender == "m"')
```

　列の値はその場で計算して指定してもかまいません. 例として, 英語で最高
点をとった学生を取り出します.

R

```
x <- my_df[my_df$english == max(my_df$english), ]
# あるいは
x <- my_df %>% filter(english == max(my_df$english))
```

Python

```
x = my_df[my_df['english'] == my_df['english'].max()]
# あるいは
tmp = my_df['english'].max()
x = my_df.query('english == @tmp')
```

　検索を応用して, データフレームの, 条件に合う部分だけを更新します. 例
として, gender の m を M にします. この先の話に影響しないように, my_df
をコピーしたデータフレーム my_df2 で試します.

R

```
my_df2 <- my_df # コピー
my_df2[my_df$gender == "m", ]$gender <- "M"
```

1 コンピュータとネットワーク

2 データサイエンスのための環境

3 RとPython

4 統計入門

5 前処理

6 機械学習の目的・データ・手法

Python

```
my_df2 = my_df.copy() # コピー
my_df2.loc[my_df['gender'] == 'm', 'gender'] = 'M'
```

結果を確認します.

R

```
my_df2
#>   name english math gender
#> 1    A      60   70      f
#> 2    B      90   80      M
#> 3    C      70   90      M
#> 4    D      90  100      f
```

Python

```
my_df2
#>   name english math gender
#> 0    A      60   70      f
#> 1    B      90   80      M
#> 2    C      70   90      M
#> 3    D      90  100      f
```

3.4.3.6 並べ替え

元のデータフレーム（my_df）			
name	english	math	gender
A	60	70	f
B	90	80	m
C	70	90	m
D	90	100	f

⟹

新しいデータフレーム			
name	english	math	gender
A	60	70	f
C	70	90	m
B	90	80	m
D	90	100	f

データフレーム（my_df）を英語の点数の昇順（小さい順）に並べ替えて，新しいデータフレームを作ります.

R

```
x <- my_df %>% arrange(english)
```

Python

```
x = my_df.sort_values('english')
```

英語の点数の降順（大きい順）に並べ替えるなら次のとおりです.

R

```
x <- my_df %>% arrange(-english)
```

Python

```
x = my_df.sort_values('english',
    ascending=False)
```

3.4.4 補足：行列

機械学習のアルゴリズムでは**行列**（数を長方形に並べたもの）をよく使いま

す. そこで, ここでは行列の作り方と簡単な使い方を紹介します*14.

3.4.4.1 行列の生成

12 個の数値 (1 次元データ) から, 次の 3 行 4 列の行列 A を作ります.

$$A = \begin{pmatrix} 2 & 3 & 5 & 7 \\ 11 & 13 & 17 & 19 \\ 23 & 29 & 31 & 37 \end{pmatrix}$$

R

```r
x <- c(2, 3, 5, 7, 11, 13, 17, 19, 23,
       29, 31, 37)
A <- matrix(
  data = x,        # 1次元データ
  nrow = 3,        # 行数
  byrow = TRUE) # 行ごとの生成
A
#>      [,1] [,2] [,3] [,4]
#> [1,]    2    3    5    7
#> [2,]   11   13   17   19
#> [3,]   23   29   31   37
```

Python

```python
import numpy as np
x = [2, 3, 5, 7, 11, 13, 17, 19, 23,
     29, 31, 37]
A = np.array(x).reshape(3, 4)
A
#> array([[ 2,  3,  5,  7],
#>        [11, 13, 17, 19],
#>        [23, 29, 31, 37]])
```

P: 行か列の一方が決ま
ればもう一方も決まるの
で, reshape(3, 4) は
reshape(3,-1) や reshape
(-1, 4) でもかまいません
(「-1」の部分は自動的に決
まります).

3.4.4.2 データフレームと行列

| データフレーム (my_df) | | | | $\Longrightarrow$ | 行列 |

name	english	math	gender
A	60	70	f
B	90	80	m
C	70	90	m
D	90	100	f

$$\begin{pmatrix} 60 & 70 \\ 90 & 80 \\ 70 & 90 \\ 90 & 100 \end{pmatrix}$$

行列は, 要素が長方形に並ん
でいるという点ではデータフ
レームと同じですが, 要素が
すべて数だという点でデータ
フレームとは違います.

データフレームの数値の部分だけを取り出して行列にします.

R

```r
A <- my_df[, c(2, 3)] %>% as.matrix
A
#>      english math
#> [1,]      60   70
#> [2,]      90   80
#> [3,]      70   90
#> [4,]      90  100
```

Python

```python
A = my_df.iloc[:, [1, 2]].values
A
#> array([[ 60,  70],
#>        [ 90,  80],
#>        [ 70,  90],
#>        [ 90, 100]])
```

---

*14 本書では, 行列の応用例として, 線形回帰分析 (8.2.2 項) や主成分分析 (13.1.3 項) を紹介してい
ます.

行列からデータフレームを作ります.

R

```
as.data.frame(A)
#>   english math
#> 1      60   70
#> 2      90   80
#> 3      70   90
#> 4      90  100
```

Python

```
pd.DataFrame(A)
#>    0    1
#> 0  60   70
#> 1  90   80
#> 2  70   90
#> 3  90  100
```

3.4.4.3 行列の変形

A の転置行列 $A^\top$ を求めます[15].

R

```
t(A)
#>          [,1] [,2] [,3] [,4]
#> english   60   90   70   90
#> math      70   80   90  100
```

Python

```
A.T
#> array([[ 60,  90,  70,  90],
#>        [ 70,  80,  90, 100]])
```

3.4.4.4 行列の積

行列の積 $A^\top A$ を計算します.

> 行列の積は「*」ではないことに注意してください.

R

```
t(A) %*% A
#>         english  math
#> english   24700 26700
#> math      26700 29400
```

Python

```
A.T @ A
#> array([[24700, 26700],
#>        [26700, 29400]])
```

3.4.5 横型と縦型

データをデータフレームで表現する形式には,**横型**(wider)と**縦型**(longer)があります.

横型は,これまで紹介してきた形式です.**表3.3**がその例で,1行に1件のインスタンスがあり,各行には観測値が1個以上あります.

> 縦型のデータフレームは**整然データ**(tidy data)ともいいます.

---

[15] 転置以外の変形は,R では as.vector で 1 次元データに戻してから行列にすることで,Python では reshape で実現できます.

表 3.3　横型のデータフレーム

day	min	max
25	20	24
26	21	27
27	15	21

表 3.4　縦型のデータフレーム

day	name	value
25	min	20
25	max	24
26	min	21
26	max	27
27	min	15
27	max	21

3 日間（25, 26, 27）の最低気温と最高気温の記録です.

縦型は，1 行に観測値が 1 個だけの形式です．**表 3.4** がその例で，6 個の観測値（20, 24, 21, 27, 15, 21）を 6 行で表現しています．

横型を縦型に，縦型を横型に変換する方法を紹介します．横型から始めます．

R

```
my_wider <- data.frame(
    day = c(25, 26, 27),
    min = c(20, 21, 15),
    max = c(24, 27, 21))
```

Python

```
my_df = pd.DataFrame({
    'day': [25, 26, 27],
    'min': [20, 21, 15],
    'max': [24, 27, 21]})
```

縦型に変形します[16][17].

R

```
my_longer <- my_wider %>%
  pivot_longer(-day)
my_longer
#> # A tibble: 6 x 3
#>     day name  value
#>   <dbl> <chr> <dbl>
#> 1    25 min      20
#> 2    25 max      24
#> 3    26 min      21
#> 4    26 max      27
#> 5    27 min      15
#> 6    27 max      21
```

Python

```
my_longer = my_df.melt(id_vars='day')
my_longer
#>    day variable  value
#> 0   25      min     20
#> 1   26      min     21
#> 2   27      min     15
#> 3   25      max     24
#> 4   26      max     27
#> 5   27      max     21
```

P: day が行の名前（index）になります．ここではこれでいいのですが， day をふつうの列にしたければ，my_wider.reset_index() とします.

縦型のデータフレームを横型に変形します[18].

---

[16]　R: 列の名前の指定 names_to = "name"と values_to = "value"を省略しています.

[17]　P: 列の名前の指定 var_name='variable' と value_name='value' を省略しています.

[18]　R: 列の名前の指定 names_from = "name"と values_from = "value"を省略しています.

R

```
my_longer %>% pivot_wider()
#> # A tibble: 3 x 3
#>     day   min   max
#>   <dbl> <dbl> <dbl>
#> 1    25    20    24
#> 2    26    21    27
#> 3    27    15    21
```

Python

```
my_wider = my_longer.pivot(
    index='day',
    columns='variable',
    values='value')
my_wider
#> variable  max  min
#> day
#> 25        24   20
#> 26        27   21
#> 27        21   15
```

本書では，可視化の際に，縦型と横型の使い分けが重要になります．R の ggplot2 では，縦型のデータフレームが可視化しやすいです．その一方で，Python では，横型のデータフレームが可視化しやすいです．例として，ここで扱っているデータを可視化します．

可視化については 4.2 節で改めて解説するので，ここでは参考程度でかまいません．

R

```
my_longer %>%
  ggplot(aes(x = day, y = value,
             color = name)) +
  geom_point() +
  geom_line() +
  ylab("temperature") + # y 軸ラベル
  scale_x_continuous(
    breaks = my_longer$day) # x 軸目盛り
```

Python

```
my_wider.plot(
    style='o-',
    xticks=my_wider.index, # x 軸目盛り
    ylabel='temperature')  # y 軸ラベル
```

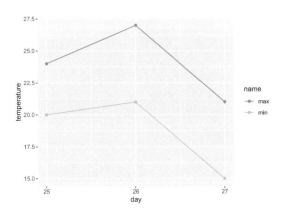

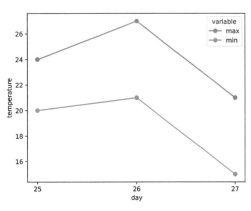

3.5

1次元データの（非）類似度

本節の目標

　三つの1次元データ $A(3, 4, 5)$, $B(3, 4, 29)$, $C(9, -18, 8)$ があります．A に似ているのは B と C のどちらでしょうか．このような疑問に答えるために，**類似度（非類似度）** を測る指標を導入します．本書では，要素数が同じ場合（この例では3）だけを扱います．

　四つの指標を紹介します（**表 3.5**）[19][20]．ここで扱う例の A, B, C は，要素数が3なので，3次元空間における座標と見なすことで，相互の（非）類似度に図形的な意味づけができます．しかし，それは必須ではありません．要素数が4以上になると図形的な理解は難しくなりますが，ここで紹介する指標はそういう場合でも使われます．

表 3.5　$x = (x_1, x_2, \ldots, x_n)$ と $y = (y_1, y_2, \ldots, y_n)$ の（非）類似度

名称	指標	定義
ユークリッド距離	非類似度	$\lvert x - y \rvert = \sqrt{\sum(x_i - y_i)^2}$
マンハッタン距離	非類似度	$\sum \lvert x_i - y_i \rvert$
コサイン類似度	類似度	$\dfrac{x \cdot y}{\lvert x \rvert \lvert y \rvert} = \dfrac{\sum x_i y_i}{\sqrt{\sum x_i^2}\sqrt{\sum y_i^2}}$
相関係数	類似度	$\dfrac{\sum(x_i - \bar{x})(y_i - \bar{y})}{\sqrt{\sum(x_i - \bar{x})^2}\sqrt{\sum(y_i - \bar{y})^2}}$

3.5.1　ユークリッド距離

　A, B, C を3次元平面上の点と見なし，ピタゴラスの定理を使って，距離（**ユークリッド距離**）を求めます．(x_1, y_1, z_1) と (x_2, y_2, z_2) の距離は $\sqrt{(x_1 - x_2)^2 + (y_1 - y_2)^2 + (z_1 - z_2)^2}$ ですが，この式のように成分を書い

---

[19]　1次元データの非類似度として，本書では他に RMSE（7.4.1 項），決定係数（7.4.2 項），正解率（9.3 節）を使います．

[20]　P: 他の指標については https://docs.scipy.org/doc/scipy/reference/spatial.distance.html を参照．

て計算する必要はありません.

R

```
A <- c(3,    4,   5)
B <- c(3,    4,  29)
C <- c(9, -18,   8)
AB <- B - A
AC <- C - A

sum(AB^2)^0.5
#> [1] 24

sum(AC^2)^0.5
#> [1] 23
```

Python

```
import numpy as np
from scipy.spatial import distance
from scipy.stats import pearsonr

A = np.array([3,    4,   5])
B = np.array([3,    4,  29])
C = np.array([9, -18,   8])

distance.euclidean(A, B)
#> 24.0

distance.euclidean(A, C)
#> 23.0
```

A と B の距離が 24, A と C の距離が 23 なので, この指標で測るなら, A に似ているのは C です.

3.5.2 マンハッタン距離

x, y, z 軸に平行にしか移動できないと考えて測る距離を**マンハッタン距離**といいます. (x_1, y_1, z_1) と (x_2, y_2, z_2) の距離は $|x_1 - x_2| + |y_1 - y_2| + |z_1 - z_2|$ ですが, この場合もやはり, この式のように成分を書いて計算する必要はありません.

R

```
sum(abs(AB))
#> [1] 24

sum(abs(AC))
#> [1] 31
```

Python

```
distance.cityblock(A, B)
#> 24

distance.cityblock(A, C)
#> 31
```

A と B の距離が 24, A と C の距離が 31 なので, この指標で測るなら, A に似ているのは B です.

3.5.3 コサイン類似度

二つの1次元データの**コサイン類似度**を表 3.5 のように定義します. コサイン類似度は, 二つの1次元データ（ベクトル）のなす角 θ の余弦 $(\cos\theta)$ です. 一般に $-1 \leq \cos\theta \leq 1$ で, 二つのベクトルが同じ向きなら $\cos\theta = 1$, 反対向

$\cos\theta$ の計算方法は高校数学の教科書や文献 [4] のような参考書を参照.

きなら $\cos\theta = -1$ になります.

P: `distance.cosine` は $(1-\cos\theta)$ を返します[21]. その結果を 1 から引くとコサイン類似度になります.

R
```
sum(A * B) /
  sum(A * A)^0.5 / sum(B * B)^0.5
#> [1] 0.8169679

sum(A * C) /
  sum(A * A)^0.5 / sum(C * C)^0.5
#> [1] -0.03265116
```

Python
```
1 - distance.cosine(A, B)
#> 0.8169678632647616

1 - distance.cosine(A, C)
#> -0.032651157422416865
```

A と B のコサイン類似度が約 0.82, A と C のコサイン類似度が約 -0.03 なので, この指標で測るなら, A に似ているのは B です.

3.5.4　相関係数

二つの 1 次元データの**相関係数** (correlation coefficient) を表 3.5 のように定義します. 相関係数は, 二つの 1 次元データの直線的な関係の指標で, 一般に -1 以上 1 以下です. 1 に近くなるのは (x_i, y_i) の散布図が正の傾きの直線に近くなるときで, -1 に近くなるのは (x_i, y_i) の散布図が負の傾きの直線に近くなるときです. 絶対値が小さいときは, 散布図は直線に近くはなりません.

相関係数についての詳細は文献 [5,6] のような統計学の教科書を参照.

P: `distance.correlation` は $(1-$ 相関係数$)$ を返します[22]. その結果を 1 から引くと, 相関係数になります.

R
```
cor(A, B)
#> [1] 0.8824975

cor(A, C)
#> [1] -0.03266277
```

Python
```
1 - distance.correlation(A, B)
# あるいは
pearsonr(A, B)[0]
#> 0.8824975032927698

1 - distance.correlation(A, C)
# あるいは
pearsonr(A, C)[0]
#> -0.032662766723200676
```

---

[21]　これをコサイン距離ということがあります. **距離**は通常**三角不等式** ($AC \leq AB + BC$) を満たすものです. しかし, 本文で扱っている例は,
```
distance.cosine(A, C) <= distance.cosine(A, B) + distance.cosine(B, C)
#> False
```
となって, 三角不等式を満たしません. ですから, $(1-\cos\theta)$ を非類似度と考えるのはかまいませんが, 距離とは考えないほうがよいでしょう. 距離は非類似度と見なせますが, 非類似度は必ずしも距離とは見なせません.

[22]　これを相関距離ということがありますが, 脚註 21 と同様の理由で, 距離とは思わないほうがよいでしょう (A, B, C が三角不等式を満たさない実例になっています).

　A と B の相関係数が約 0.88，A と C の相関係数が約 -0.03 なので，この指標で測るなら，A に似ているのは B です．

3.5.5　データフレームを使う方法

　データフレームを使って，A, B, C すべての組合せの（非）類似度をまとめて計算します[*23]．

R: この手法は 13.2 節「クラスタ分析」で使います．

R

```r
library(tidyverse)


my_df <- data.frame(
  x = c(3,   3,   9),
  y = c(4,   4, -18),
  z = c(5,  29,   8),
  row.names = c("A", "B", "C"))

# ユークリッド距離
my_df %>% proxy::dist("Euclidean")
#>    A  B
#> B 24
#> C 23 31


# マンハッタン距離
my_df %>% proxy::dist("Manhattan")
#>    A  B
#> B 24
#> C 31 49


# コサイン類似度
my_df %>% proxy::simil("cosine")
#>            A          B
#> B  0.81696786
#> C -0.03265116  0.29342441
```

Python

```python
# 小数点以下は 3桁表示
np.set_printoptions(precision=3)
import pandas as pd

my_df = pd.DataFrame({
    'x': [3,   3,   9],
    'y': [4,   4, -18],
    'z': [5,  29,   8]},
    index=['A', 'B', 'C'])

# ユークリッド距離
distance.cdist(my_df, my_df,
               metric='euclidean')
#> array([[ 0., 24., 23.],
#>        [24.,  0., 31.],
#>        [23., 31.,  0.]])

# マンハッタン距離
distance.cdist(my_df, my_df,
               metric='cityblock')
#> array([[ 0., 24., 31.],
#>        [24.,  0., 49.],
#>        [31., 49.,  0.]])

# コサイン類似度
1 - distance.cdist(my_df, my_df,
    metric='cosine')
#> array([[ 1.   ,  0.817, -0.033],
#>        [ 0.817,  1.   ,  0.293],
#>        [-0.033,  0.293,  1.   ]])
```

[*23]　R: `proxy::dist` がサポートする（非）類似度は，`summary(pr_DB)` で確認できます．Python の「コサイン距離」に相当するように見える `proxy::dist("cosine")` もありますが，これが計算するのは（1−｜コサイン類似度｜）であり，「コサイン距離」ではありません．`proxy::dist("correlation")` も同様です．

```
# 相関係数
my_df %>% proxy::simil("correlation")
#>              A          B
#> B  0.88249750
#> C -0.03266277  0.44124132
```

```
# 相関係数
1 - distance.cdist(my_df, my_df,
    metric='correlation')
#> array([[ 1.   ,  0.882, -0.033],
#>        [ 0.882,  1.   ,  0.441],
#>        [-0.033,  0.441,  1.   ]])
```

Rのパッケージ，Pythonのモジュール

本節の目標

　言語自体には含まれておらず，呼び出して初めて使えるようになる機能があります．そういう機能は，Rのパッケージや Python のモジュールとしてまとめられています．それらの使い方を確認します．

3.6.1　Rのパッケージ

R: 3.1.3 項に次のようなコードがありました．

```
library(tidyverse)
```

　これは，tidyverse というパッケージを呼び出すためのコードです．Rでは，library(パッケージ名) でパッケージを呼び出します．

　もし，"there is no package called …"（… という名前のパッケージはありません）というエラーメッセージが出たら，install.packages("パッケージ名") でパッケージをインストールしてからもう一度パッケージを呼び出します*24.

3.6.2　Pythonのモジュール

P: これまでに，次のようなコードを説明なしに使ってきました．

R: パッケージを集めたものがライブラリだと考えてください．関数 library を使って，ライブラリからパッケージを呼び出すのです．

R: パッケージを呼び出さずに，「パッケージ名::関数名」という形式で，そのパッケージ内の関数を呼び出すこともできます（例：psych::describe(データフレーム)）．

---

*24　R: install.packages(c("パッケージ A", "パッケージ B")) のようにして，複数のパッケージをまとめてインストールすることもできます．パッケージは R の配布元である CRAN からダウンロードされます．CRAN にない，または CRAN にあるものより新しいバージョンのパッケージが必要な場合に，devtools::install_github で，GitHub で公開されているパッケージをインストールすることがあります．インストール済みのパッケージは「update.packages(ask = FALSE)」で更新します．

```Python
import math
import numpy as np
import pandas as pd
```

これらは，モジュールやパッケージを呼び出すためのコードです．モジュールやパッケージはいずれも Python のプログラムで，モジュールの集合がパッケージです．モジュールやパッケージは，一般的にはライブラリといいます．

本書で用いるライブラリには，Python に標準で付属する標準ライブラリと，数値計算のための NumPy，科学計算のための SciPy，可視化のための matplotlib，データ解析のための pandas，機械学習のための scikit-learn などがあります[25]．

例として，NumPy のアレイを使う方法を四つ紹介します．

第 1 の方法：「import 名前」という形式を使います．

```Python
import numpy
numpy.array([1, 2, 3, 4])
```

第 2 の方法：「import 名前 as 別名」という形式を使います．

```Python
import numpy as np
np.array([1, 2, 3, 4])
```

第 3 の方法：「from 名前 import 要素名」という形式を使います．

```Python
from numpy import array
array([1, 2, 3, 4])
```

第 4 の方法：「from 名前 import *」という形式を使います．これにより，アレイだけでなく，その名前のモジュールに属するすべてのものを，そのまま使えるようになります．ただし，具体的に何を呼び出しているのかがわかりにくくなるので，この記法はお勧めできません．チームでの開発や公開するコードでは避けたほうがよいでしょう．本書では，ここ以外ではこの記法は使いません．

---

[25]　P: 文献 [7] で主要なライブラリの関係が解説されています．

Python

```
from numpy import *
array([1, 2, 3, 4])
```

以上のどの方法を使ってもいいのですが，NumPy の場合は慣習的に第 2 の方法が使われます．その際に付ける別名は慣習的に np です（同様に，Pandas は pd）．書籍やウェブのコードではこの方法が最もよく使われているので，これに合わせておくと，コードを再利用しやすくなります．

モジュールやパッケージを使おうとしたときに，ModuleNotFoundError というエラーが発生したら，パッケージをインストールします．本書で採用している環境では，ターミナルで「pip install パッケージ名」を実行するか，Jupyter Notebook で「!pip install パッケージ名」（頭に「!」を付ける）を実行します．

反復処理

本節の目標

　コレクションに属する要素に対して，同一の処理を施し，その結果をコレクションにまとめます．そういう**反復処理**の方法を，パターンに分けて確認します．

　コレクションに対する反復処理の方法を，**表 3.6** の四つのパターンに分けて紹介します[26]．他の言語に慣れていると，for 文が頭に浮かぶかもしれませんが，本書で扱うような題材では，for 文の必要性は低いです．

　準備をしてから先に進みます．

R

```
library(tidyverse)
```

Python

```
import numpy as np
import pandas as pd
```

表 3.6　反復処理のパターン

パターン	R での実現方法	Python での実現方法
指定した回数→ 1 次元データ	replicate(回数，式)	内包表記
1 次元データ→ 1 次元データ	入力 %>% map_dbl(関数)	入力.apply(関数)
1 次元データ→データフレーム	入力 %>% map_dfr(関数)	入力.apply(関数)
データフレーム→データフレーム	入力 %>% pmap_dfr(関数)	入力.apply(関数)

3.7.1　指定した回数→ 1 次元データ

指定した回数（3）　⟹　　　　　　　1 次元データ

f1(10)	f1(10)	f1(10)

乱数については 4.3 節で詳しく説明します．ここでは runif(個数) やnp.random.random(個数) で指定した数の乱数を作れると思ってください．

　例として，0 以上 1 未満の一様乱数 x 個の平均を求める，x の関数 f1(x) を定義して使います．

---

[26]　「データフレーム→ 1 次元データ」が必要なら，3.7.4 項の方法で作ったデータフレームから，3.4.3.2 目の方法で 1 列取り出してください．直接的な方法もありますが，それで十分でしょう．

<table>
<tr><td>

R

```r
f1 <- function(x) {
  tmp <- runif(x)
  mean(tmp)
}

f1(10)              # 動作確認
#> [1] 0.5776604 # 結果の例
```

</td><td>

Python

```python
def f1(x):
    tmp = np.random.random(x)
    return np.mean(tmp)

f1(10)                    # 動作確認
#> 0.5427033207230424 # 結果の例
```

</td></tr>
</table>

f1(10) を 3 回計算し，その結果を 1 次元データにまとめます．

<table>
<tr><td>

R

```r
replicate(n = 3, expr = f1(10))
#> [1] 0.4672766 0.4712016 0.5579449
```

</td><td>

Python

```python
[f1(10) for i in range(3)]
#> [0.4864425069985622,
#>  0.4290935578857099,
#>  0.535206509631883]
```

</td></tr>
</table>

P: [i の式 for i in 入力リスト] という記法を**内包表記**といいます．入力リストの各要素を i という名前で取り出し，「i の式」を要素とする新たなリストを作っています．入力リストの部分は，アレイやシリーズでもかまいません．

P: 元の英語は「comprehension」なので「表記」は余計な気がしますが，慣習に合わせて「内包表記」としています．

3.3.1.1 目で紹介した方法ではうまく行かないことに注意してください（同じ数値が並んでしまいます）．

<table>
<tr><td>

R

```r
rep(x = f1(10), times = 3)
#> [1] 0.481329 0.481329 0.481329
```

</td><td>

Python

```python
[f1(10)] * 3
#> [0.43725641184595576,
#>  0.43725641184595576,
#>  0.43725641184595576]
```

</td></tr>
</table>

3.7.2　1 次元データ→1 次元データ

1 次元データ (v)			⟹	1 次元データ		
5	10	100		f1(5)	f1(10)	f1(100)

1 次元データ v の各要素に f1 を作用させ，結果を 1 次元データにまとめます[*27]．

[*27]　3.3.2 項で紹介したように，R でも Python でも，対応している関数であれば，そのまま 1 次元データの全要素に作用させられます．たとえば，v の全要素の sin を計算するなら，R なら v %>% map_dbl(sin) より sin(v) が，Python なら v.apply(math.sin) より np.sin(v) が短くてよいです．

R
```
v <- c(5, 10, 100)
v %>% map_dbl(f1)
#> [1] 0.4857329 0.5322183 0.5084124
```

Python
```
v = [5, 10, 100]
[f1(x) for x in v] # 方法 1
#> [0.454, 0.419, 0.552]


# あるいは

v = pd.Series([5, 10, 100])
v.apply(f1)        # 方法 2
#> 0    0.394206
#> 1    0.503949
#> 2    0.532698
#> dtype: float64
```

P: 方法 1 は先に紹介した内包表記です．方法 2 はシリーズでしか使えませんが，この後で紹介する方法との統一感があります．

前項の処理を，本項の方法で実行します[28]．

R
```
rep(x = 10, times = 3) %>% map_dbl(f1)
# 結果は割愛
```

Python
```
pd.Series([10] * 3).apply(f1)
# 結果は割愛
```

3.7.3　1次元データ→データフレーム

実用上は，列の名前 x, p, q を n, mean, sd などとしたほうがわかりやすいです．

1 次元データ（v）　⟹　データフレーム

| 5 | 10 | 100 |

x	p	q
5	平均	標準偏差
10	平均	標準偏差
100	平均	標準偏差

標準偏差については 4.1.1 項を参照．

例として，0 以上 1 未満の一様乱数 x 個の平均 p と標準偏差 q を求める，x の関数 f2(x) を定義します．

---

[28]　並列化する場合には本項の方法が便利です（3.7.5 項を参照）．

R

```r
f2 <- function(n) {
  tmp <- runif(n)
  list(x = n,
       p = mean(tmp),
       q = sd(tmp))
}

f2(10) # 動作確認
#> $x
#> [1] 10
#>
#> $p
#> [1] 0.6840032   （平均の例）
#>
#> $q
#> [1] 0.3750788   （標準偏差の例）
```

Python

```python
def f2(n):
    tmp = np.random.random(n)
    return pd.Series([
        n,
        tmp.mean(),
        tmp.std(ddof=1)],
        index=['x', 'p', 'q'])

f2(10) # 動作確認
#> x    10.000000
#> p     0.405898   （平均の例）
#> q     0.317374   （標準偏差の例）
#> dtype: float64
```

1次元データ v の各要素に f2 を作用させ，結果をデータフレームにまとめます．

R

```r
v <- c(5, 10, 100)
v %>% map_dfr(f2)
#>       x     p     q
#>   <dbl> <dbl> <dbl>
#> 1     5 0.560 0.320
#> 2    10 0.559 0.271
#> 3   100 0.507 0.283
```

Python

```python
v = pd.Series([5, 10, 100])
v.apply(f2)
#>        x         p         q
#> 0    5.0  0.507798  0.207970
#> 1   10.0  0.687198  0.264427
#> 2  100.0  0.487872  0.280743
```

3.7.4 データフレーム→データフレーム

データフレーム (my_df)		$\Longrightarrow$	データフレーム			

x	y
5	6
10	6
100	6
5	12
10	12
100	12

x	y	p	q
5	6	平均	標準偏差
10	6	平均	標準偏差
100	6	平均	標準偏差
5	12	平均	標準偏差
10	12	平均	標準偏差
100	12	平均	標準偏差

例として，0 以上 y 以下の整数の一様乱数 x 個の平均 p と標準偏差 q を求める，x と y の関数 f3(x, y) を定義します．

R

```
f3 <- function(x, y) {
  tmp <- runif(x, min = 1,
               max = y + 1) %>%
    as.integer
  list(x = x,
       y = y,
       p = mean(tmp),
       q = sd(tmp))
}

f3(x = 10, y = 6) # 動作確認
#> $x
#> [1] 10
#>
#> $y
#> [1] 6
#>
#> $p
#> [1] 3.2   （平均の例）
#>
#> $q
#> [1] 1.316561   （標準偏差の例）
```

Python

```
def f3(x, y):
    tmp = np.random.random(x) * y
    return pd.Series([
        x,
        y,
        tmp.mean(),
        tmp.std(ddof=1)],
        index=['x', 'y', 'p', 'q'])

f3(10, 6) # 動作確認
#> x    10.000000
#> y     6.000000
#> p     2.136413   （平均の例）
#> q     1.798755   （標準偏差の例）
#> dtype: float64
```

データフレーム（my_df）の各行に f3 を作用させ，結果をデータフレームにまとめます．

R

```
my_df <- data.frame(
  x = c(5, 10, 100,  5, 10, 100),
  y = c(6,  6,   6, 12, 12,  12))

my_df %>% pmap_dfr(f3)
#>       x     y     p     q
#>   <dbl> <dbl> <dbl> <dbl>
#> 1     5     6     3  1.41
#> 2    10     6     3  1.49
#> 3   100     6  3.57  1.78
#> 4     5    12   7.6  5.22
#> 5    10    12   5.7  3.77
#> 6   100    12  6.36  3.59
```

Python

```
my_df = pd.DataFrame({
    'x': [5, 10, 100,  5, 10, 100],
    'y': [6,  6,   6, 12, 12,  12]})

my_df.apply(
  lambda row: f3(row['x'], row['y']),
  axis=1)
# あるいは
my_df.apply(lambda row:
            f3(*row), axis=1)

#>          x      y     p     q
#> 0     5.00   6.00  3.37  1.96
#> 1    10.00   6.00  1.92  0.95
#> 2   100.00   6.00  2.90  1.73
#> 3     5.00  12.00  6.82  3.00
#> 4    10.00  12.00  7.05  2.42
#> 5   100.00  12.00  5.90  3.54
```

3.7.5 補足：反復処理の並列化

本節で紹介している反復処理の個々の処理は独立しています．つまり，ある処理の実行が別の処理に影響しません．こういう場合には，処理を簡単に**並列化**できます．

例として，3.7.2 項の処理を並列化します．

R: 表 3.6 の関数名の先頭に `future_` を付けた名前の関数を使います．

P: `apply` の代わりに `parallel_apply` を使います．

R: 引数「`.options`」は乱数についての警告への備えです．

R

```
library(furrr)
plan(multisession) # 準備

v <- c(5, 10, 100)
v %>% future_map_dbl(f1, .options =
  furrr_options(seed = TRUE))
# 結果は割愛
```

Python

```
from pandarallel import pandarallel
pandarallel.initialize() # 準備

v = pd.Series([5, 10, 100])
v.parallel_apply(f1)
# 結果は割愛
```

その他

本節の目標

R や Python について知っておくといいこと，①エラーへの対処方法，
②変数・関数についての調査方法，③欠損値の表現方法を確認します．

3.8.1 よく遭遇するエラーとその対処方法

本書に登場するコードを試す際によく遭遇すると思われるエラーと，その対
処方法を紹介します．ここで紹介するものに限らず，うまく行かない原因がわ
からないときは，エラーメッセージを必ず読みましょう．読んでもよくわから
ないときは，ウェブで検索してみるとよいでしょう．

まずはスペルが間違っていないことを確認しましょう．大文字小文字の区別も大切です．

英語がよくわからない場合はDeepL や Google 翻訳などで翻訳して読みましょう．ウェブで検索するときは，「R "エラーメッセージ"」のように，システム名と二重引用符で囲んだエラーメッセージで検索するとよいでしょう．

R: 本書の第 2 部で caret というパッケージの関数 train を使います．何の準備もせず
に「my_model <- train(form = dist ~ ., data = cars, method = "lm")」
とすると，

```
could not find function "train"
```

というエラーになります．「train という関数がない」ということです．このような
エラーが起きたら，「train」という名前が間違っていないか，あるいは「train の
ためのパッケージを読み込み忘れていないかを確認します．

train はパッケージ caret に含まれているので，このパッケージを読み込むために
「library(caret)」とすると，

```
Error in library(caret): there is no package called 'caret'
```

というエラーになるかもしれません．「caret というパッケージはない」つまり，パッ
ケージがインストールされていないということです．このエラーを解決するためには，
「install.packages("caret")」を実行します．

P: 9.4.2 項で XGBClassifier を使います．何の準備もせずに「my_model =
xgboost.XGBClassifier()」とすると，

```
NameError: name 'xgboost' is not defined
```

というエラーになります．「xgboost が定義されていない」ということです．この
ようなエラーが起きたら，「xgboost」という名前が間違っていないか，あるいは
「xgboost」というモジュールを読み込み忘れていないかを確認します．

モジュールを読み込むために「import xgboost」とすると，

```
ModuleNotFoundError: No module named 'xgboost'
```
というエラーになるかもしれません．「xgboost というモジュールはない」つまり，モジュールがインストールされていないということです．このエラーを解決するためには，ターミナルで「pip install xgboost」を実行します．Jupyter Notebook なら，頭に「!」を付けて実行できます．

3.8.2 変数や関数についての調査

R では typeof，Python では type で変数の型を確認します[*29]．

R
```
x <- 123
typeof(x)
#> [1] "double"
```

Python
```
x = 123
type(x)
#> int
```

P: Jupyter Notebook（Python）には，使用中の変数を一覧表示する機能（%whos）があります．本項のここまでのコードを実行した後でこれを試すと，次のようになります．

R: RStudio では，右上の Environment タブに使用中の変数の一覧が常に表示されています（図 2.6, 2.7 を参照）．

Python
```
%whos
#> Variable   Type       Data/Info
#> ------------------------------
#> x          int        123
```

関数について調べたいときは，次のようにして解説を表示させます．

R
```
?log
# あるいは
help(log)
```

Python
```
import math
?math.log
# あるいは
help(math.log)
```

P: 3.4.5 項で紹介した my_wider.plot(...) について調べたい場合は，「?plot」ではなく，「?my_wider.plot」です．

3.8.3 R の NA，Python の nan

データが欠損していることを，R では NA，Python では np.nan で表現しま

[*29] R: 他の言語を知っていると，typeof(123) の結果が double（浮動小数点数）なのを不思議に思うかもしれません．R では「123」は浮動小数点数です．整数にしたければ「123L」とします．ただし，本書ではこの記法が必要な場面はありません．

す*30. 本書では，これらを**欠損値**といいます．

R

```
v <- c(1, NA, 3)
v
#> [1]  1 NA  3
```

Python

```
import numpy as np
v = [1, np.nan, 3]
v
#> [1, nan, 3]
```

欠損値かどうかは，専用の方法で確認します．等号（==）で比較しないように注意してください．

R

```
is.na(v[2])
#> [1] TRUE

v[2] == NA # 誤り
#> [1] NA
```

Python

```
np.isnan(v[1])
#> True

v[1] == np.nan # 誤り
#> False
```

---

*30　Python の np.nan には，欠損値と非数という二つの意味があります（非数の例：np.inf - np.inf）．R では，欠損値は NA（not available），非数は NaN（not a number）と区別しています．

第  章

統計入門

　本章では，本書を読み進めるのに必要な，最低限の統計の知識を確認します．

　ある集団の構成員の身長を知りたいとしましょう．全員の身長を測るのは大変なので，なるべく偏りがないように注意しながら，数人だけ抽出して身長を測ります．抽出された人たちや，測定された数値のセットを**標本（サンプル）**といいます．標本を整理・要約する技術を総称して，**記述統計**（descriptive statistics）といいます．

　標本を抽出した元の集団のことを**母集団**（population）といいます．標本に基づいて，母集団について推測することを**統計的推測**（statistical inference）といいます．

　本章では，4.1 節で記述統計を，4.4 節で統計的推測を扱います．途中の 4.2 節で，記述統計で有用な「可視化」を，4.3 節で統計的推測やシミュレーションで有用な「乱数」を紹介します．

本章の内容

記述統計

本節の目標

　5人の身長のデータ $x = \{165, 170, 175, 180, 185\}$ があります．この
データの統計量（平均・分散・標準偏差など）を計算します．

　「本節の目標」の標本を1個の数値で表現するなら，平均か中央値を使うの
がよいでしょう．インスタンス（個々のメンバー）が，平均のまわりにどの程
度ばらついているかを1個の数値で表現するなら，標準偏差（後述）を使うと
よいでしょう．今，平均が 170 cm だとして，標準偏差が 1 cm なら，5人全
員に立って並んでもらったら，ほとんどみんな同じ高さに見えるでしょう．標
準偏差が 10 cm なら，かなりでこぼこになるはずです．このように，データを
整理・要約することを試みるのが記述統計です．

4.1.1　基本統計量

4.1.1.1　平均・分散・標準偏差

P: 簡単な統計計算は標準モジュール statistics でもサポートされていますが，ここで紹介する NumPy のほうが機能が充実しています．

5人の身長 $x = \{165, 170, 175, 180, 185\}$ を例に説明します．
平均（mean）を求めます．

R

```
x <- c(165, 170, 175, 180, 185)
mean(x) # 平均
#> [1] 175
```

Python

```
import numpy as np
import pandas as pd

x = [165, 170, 175, 180, 185]
np.mean(x) # リストの場合
#> 175.0

x = np.array( # アレイ
    [165, 170, 175, 180, 185])
x.mean() # np.mean(x)も可
#> 175.0

x = pd.Series( # シリーズ
    [165, 170, 175, 180, 185])
x.mean() # np.mean(x)も可
#> 175.0
```

P: 以下では，x がリスト／アレイ／シリーズのいずれの場合も使える np.mean(x) のような記法を主に使いますが，x がアレイかシリーズであることがわかっているなら x.mean() のような記法に置き換えてもかまいません（このほうが 2 文字少ないです）．

平均の定義どおりに，合計をサンプルサイズで割って求めるなら次のとおりです．

R

```
n <- length(x) # サンプルサイズ
sum(x) / n
#> [1] 175
```

Python

```
n = len(x) # サンプルサイズ
sum(x) / n
#> 175.0
```

別の標本（身長は $y = \{173, 174, 175, 176, 177\}$）で計算してみます．

サンプル数（標本数）は 2 (x と y)，サンプルサイズ（標本の大きさ）は x と y いずれも 5 です．

R

```
y <- c(173, 174, 175, 176, 177)
mean(y)
#> [1] 175
```

Python

```
y = [173, 174, 175, 176, 177]
np.mean(y)
#> 175.0
```

標本 x と標本 y の平均は同じです．しかし，x は y よりばらつきが大きいように見えます．

ばらつきの大きさを比較するための指標である**分散**（variance）を計算すると，標本 x のほうが，標本 y よりも，ばらついていることがわかります．

R
```
var(x) # x の分散
#> [1] 62.5

var(y) # y の分散
#> [1] 2.5
```

Python
```
np.var(x, ddof=1) # x の分散
#> 62.5

np.var(y, ddof=1) # y の分散
#> 2.5
```

P:　「ddof=1」については
4.1.1.2 目を参照.

分散は，各観測値と平均との差の 2 乗の和を，$n-1$（n はサンプルサイズ）で割った値です．この定義どおりに計算します．

R
```
sum((x - mean(x))^2) / (n - 1)
#> [1] 62.5
```

Python
```
sum((x - np.mean(x))**2) / (n - 1)
#> 62.5
```

ここで計算している分散の単位は cm^2 です．観測値と同じ単位（ここでは cm）でばらつきを知りたい場合は，**標準偏差**（standard deviation）を使います．

R
```
sd(x) # x の標準偏差
#> [1] 7.905694

sd(y) # y の標準偏差
#> [1] 1.581139
```

Python
```
np.std(x, ddof=1) # x の標準偏差
#> 7.905694150420948

np.std(y, ddof=1) # y の標準偏差
#> 1.5811388300841898
```

標準偏差は分散の非負の平方根です．この定義どおりに計算します．

R
```
var(x)**0.5 # x の標準偏差
#> [1] 7.905694
```

Python
```
np.var(x, ddof=1)**0.5 # x の標準偏差
#> 7.905694150420948
```

平均や標準偏差などの基本的な統計量は，次のようにまとめて計算できます．

```R
psych::describe(x)
#>    vars n mean   sd ...
#> X1    1 5  175 7.91 ...

# あるいは

pastecs::stat.desc(x)
#>     nbr.val ...   std.dev ...
#>   5.0000000 ... 7.9056942 ...
```

```Python
s = pd.Series(x)
s.describe()
#> count      5.000000  （データ数）
#> mean     175.000000  （平均）
#> std        7.905694  （標準偏差）
#> min      165.000000  （最小値）
#> 25%      170.000000  （第1四分位数）
#> 50%      175.000000  （中央値）
#> 75%      180.000000  （第3四分位数）
#> max      185.000000  （最大値）
#> dtype: float64
```

データのばらつきを表現するために，五数要約という五つの数値（最小値，第1四分位数，第2四分位数，第3四分位数，最大値）を使うこともあります．小さいほうから25％のところが第1四分位数，50％のところが第2四分位数（中央値），75％のところが第3四分位数です．

第2四分位数は中央値です．第3四分位数と第1四分位数の差を**四分位範囲**（interquartile range, IQR），その半分を**四分位偏差**（quartile deviation）といいます．

```R
quantile(x)
#>   0%  25%  50%  75% 100%
#>  165  170  175  180  185
```

```Python
# s.describe()で計算済み
```

4.1.1.2　不偏分散とその非負の平方根

分散と標準偏差にはそれぞれ2種類あります．サンプルサイズ n が大きくなれば両者はほとんど同じになるので，両者を区別せずに「分散」，「標準偏差」ということが多いです．しかし，「参考書と同じ結果にならない」とか「RとPythonで結果が違う理由がわからない」というようなことの解決に時間をかける危険を避けるために，両者の違いをまとめます（**表4.1**, **4.2**）．

表4.1　2種類の分散（データ X を $x_1, x_2, \ldots, x_n$，その平均を $\bar{x}$ とする）

	$\dfrac{1}{n-1}\displaystyle\sum_{i=1}^{n}(x_i-\bar{x})^2$	$\dfrac{1}{n}\displaystyle\sum_{i=1}^{n}(x_i-\bar{x})^2$
誤解のない表記	不偏分散	不偏分散の $\frac{n-1}{n}$ 倍
本書での表記	不偏分散	標本分散
区別しない場合の表記	分散	分散
R	var(X)	var(X) * (n - 1) / n
Python	np.var(X, ddof=1)	np.var(X, ddof=0)

R の var は，各観測値と平均との差の2乗の和を「$n-1$」で割ったものを計算します．これを**不偏分散**といいます．

表 4.2　2 種類の標準偏差（データ X を $x_1, x_2, \ldots, x_n$, その平均を $\bar{x}$ とする）

	$\sqrt{\dfrac{1}{n-1}\sum_{i=1}^{n}(x_i - \bar{x})^2}$	$\sqrt{\dfrac{1}{n}\sum_{i=1}^{n}(x_i - \bar{x})^2}$
誤解のない表記	不偏分散の非負の平方根	不偏分散の $\frac{n-1}{n}$ 倍の非負の平方根
本書での表記	$\sqrt{\text{不偏分散}}$	$\sqrt{\text{標本分散}}$
区別しない場合の表記	標準偏差	標準偏差
R	sd(X)	sd(X) * sqrt((n - 1) / n)
Python	np.std(X, ddof=1)	np.std(X, ddof=0)

　Python の np.var は，「ddof=0」とすると各観測値と平均との差の 2 乗の和を「n」で割ったものを計算します．本書ではこれを**標本分散**と表記します．標本分散という用語の意味は文献によるので注意してください[*1]．R のように不偏分散を計算するためには，引数 ddof=1 が必要です．

R

```
x <- c(165, 170, 175, 180, 185)

var(x)                  # 不偏分散
#> [1] 62.5

mean((x - mean(x))^2) # 標本分散
# あるいは
n <- length(x)
var(x) * (n - 1) / n  # 標本分散
#> [1] 50
```

Python

```
x = [165, 170, 175, 180, 185]

np.var(x, ddof=1) # 不偏分散
#> 62.5

np.var(x, ddof=0) # 標本分散
#> 50.0
```

　不偏分散は，母集団の分散の**不偏推定量**（unbiased estimator）です．大ざっぱにいえば，「標本を抽出して不偏分散を求める」という作業を複数回行って，得られた不偏分散を平均すると，母集団の分散に近くなるということです．このことの証明は割愛しますが，具体例を 4.3.4.1 目で紹介します．

証明は文献 [5,6,8] のような，統計学の教科書を参照.

　分散の非負の平方根である標準偏差も，不偏分散に基づくものと，標本分散に基づくものがあります．本書では，区別する必要がない場合は，単に「標準偏差」と表記します．区別する必要がある場合は，不偏分散に基づくものを $\sqrt{\text{不偏分散}}$，標本分散に基づくものを $\sqrt{\text{標本分散}}$ と表記します[*2]．

[*1] 　文献 [5] では，標本分散の意味は本書と同じです（n で割ったもの）．文献 [6] や JIS 規格「統計—用語及び記号—第 1 部：一般統計用語及び確率で用いられる用語」（JIS Z 8101-1:2015）では，「標本分散」は不偏分散のことです（「$n-1$」で割ったもの）．「母分散」という用語を使うこともあるようですが，この語は母集団の分散（文献 [5]）の意味で使われるので，避けたほうがよいでしょう．

[*2] 　$\sqrt{\text{不偏分散}}$ は母集団の標準偏差の不偏推定量ではないので，これを「不偏標準偏差」というのは不適切です（4.3.4.1 目を参照）．ちなみに，JIS Z 8101-1:2015 の「標本標準偏差」は本書の $\sqrt{\text{不偏分散}}$ のことです．

R

```
sd(x)                    # √不偏分散
#> [1] 7.905694

mean((x - mean(x))^2)^0.5 # √標本分散
# あるいは
sd(x) * sqrt((n - 1) / n) # √標本分散
#> [1] 7.071068
```

Python

```
np.std(x, ddof=1) # √不偏分散
#> 7.905694150420949

np.std(x, ddof=0) # √標本分散
#> 7.0710678118654755
```

R: R では，「分散」は不偏分散，「標準偏差」は $\sqrt{不偏分散}$ のことだと思ってよいでしょう[*3]．

P: Python では， ddof という引数で，不偏分散と標本分散のどちらを使うかを指定できることが多いです（ddof=1 なら不偏分散や $\sqrt{不偏分散}$， ddof=0 なら標本分散や $\sqrt{標本分散}$）．ただし，そのデフォルト値が関数によって違うので注意が必要です（表 **4.3**）．

特に注意が必要なのは，データフレームの列の分散や標準偏差を求める場合です．データフレームの列（x とする）はシリーズなので， x.var() は不偏分散， x.std() は $\sqrt{不偏分散}$ です．その一方で， np.var(x) は標本分散， np.std(x) は $\sqrt{標本分散}$ です．Python に慣れていないとこの違いには気付かないので，区別が必要な場面では引数 ddof を省略しないようにしましょう．

表 4.3　関数などが対応する分散（Python）

分散	関数など
不偏分散がデフォルト	シリーズ（pd.Series）の.var と.sd
標本分散がデフォルト	アレイ（np.ndarray）の.var と.sd， scipy.stats. zscore
不偏分散のみ	データフレーム（pd.DataFrame）の.describe
標本分散のみ	sklearn.preprocessing.StandardScaler, sklearn.preprocessing.scale, pca.pca(normalize=True)

標準偏差を $\sqrt{サンプルサイズ}$ で割ったものを（平均の）**標準誤差**（standard error）といいます．サンプルサイズが大きくなると「平均」のばらつきは小さくなるはずで，標準誤差はその目安になります[*4]．

標準偏差は，サンプルサイズを大きくしても減らないので，平均のばらつきの目安にはなりません．

R

```
sd(x) / length(x)**0.5
#> [1] 3.535534
```

Python

```
np.std(x, ddof=1) / len(x)**0.5
#> 3.5355339059327373
```

[*3]　R: 8.6 節で使う glmnet は例外で， $\sqrt{標本分散}$ を使った標準化を行います．

[*4]　標準誤差が平均のばらつきの目安になることについては，文献 [6] のような統計学の教科書を参照してください．

I　コンピュータとネットワーク

2　データサイエンスのための環境

3　R と Python

4　統計入門

5　前処理

6　標準学習の目的・データ・手法

4.1.2　データフレームの統計処理

　ここまでは，主に 1 次元データについての記述統計を紹介してきました．ここでは，1 次元データの集まりである，データフレームについての記述統計を紹介します．

　データフレームを作ってから先に進みます．

R

```
library(tidyverse)

my_df <- data.frame(
  name    = c("A", "B", "C", "D"),
  english = c( 60,  90,  70,  90),
  math    = c( 70,  80,  90, 100),
  gender  = c("f", "m", "m", "f"))
```

Python

```
import numpy as np
import pandas as pd

my_df = pd.DataFrame({
    'name':    ['A', 'B', 'C', 'D'],
    'english': [ 60,  90,  70,  90],
    'math':    [ 70,  80,  90, 100],
    'gender':  ['f', 'm', 'm', 'f']})
```

4.1.2.1　列ごとの集計

　列を 1 次元データとして取り出せば，後はこれまでと同じです．例として，english の不偏分散を求めます．

R

```
var(my_df$english)
#> [1] 225
```

Python

```
my_df['english'].var(ddof=1)
# あるいは
np.var(my_df['english'], ddof=1)

#> 225.0
```

　複数の列をまとめて集計する例として，english と math の $\sqrt{不偏分散}$ を求めます[*5][*6]．

[*5]　R:「function(x) { var(x) }」は「~var(.)」と簡略化できます．

[*6]　P: apply() の中に関数を書くのが汎用的です．数値のみに対応する関数を使う場合は，数値の列だけ事前に取り出す必要があります．文字列 count, mean, var, std, min, max, sum, sem（標準誤差）を書く場合は，その処理を省けます．

R

```r
# 結果はベクタ
my_df[, c(2, 3)] %>% sapply(var)
#> english     math
#> 225.0000 166.6667

# 結果はリスト
my_df[, c(2, 3)] %>% lapply(var)
#> $english
#> [1] 225
#>
#> $math
#> [1] 166.6667

# 結果はデータフレーム
my_df[, c(2, 3)] %>% # 2, 3列目
  summarize(across(  # の
    everything(),    # すべての
    var))            # 不偏分散
# あるいは
my_df %>%              # データフレーム
  summarize(across(    # の
    where(is.numeric), # 数値の列の
    var))              # 不偏分散
# あるいは
my_df %>%              # データフレーム
  summarize(across(    # の
    where(is.numeric), # 数値の列の
    function(x) { var(x) })) # 不偏分散

#>   english     math
#> 1     225 166.6667
```

Python

```python
my_df.var()
# あるいは
my_df.apply('var')
# あるいは
my_df.iloc[:, [1, 2]].apply(
    lambda x: np.var(x, ddof=1))

#> english    225.000000
#> math       166.666667
#> dtype: float64
```

1次元データについての統計量をまとめて計算する手法が，データフレームでも使えます．

R: summarize（米語）を summarise（英語）としてもかまいません．

R: psych::describe と pastecs::stat.desc では，結果の行と列が逆です．用途に応じて使い分けるとよいでしょう．

Ⓡ

```
psych::describe(my_df)
#>         vars n mean    sd ...
#> name*     1 4  2.5  1.29 ...
#> english   2 4 77.5 15.00 ...
#> math      3 4 85.0 12.91 ...
#> gender*   4 4  1.5  0.58 ...

# あるいは

pastecs::stat.desc(my_df)
#>            name     english ...
#> nbr.val      NA   4.0000000 ...
#> nbr.null     NA   0.0000000 ...
#> nbr.na       NA   0.0000000 ...
#> min          NA  60.0000000 ...
#> max          NA  90.0000000 ...
# 以下省略
```

Python

```
my_df.describe()
#>        english        math
#> count      4.0    4.000000
#> mean      77.5   85.000000
#> std       15.0   12.909944
#> min       60.0   70.000000
#> 25%       67.5   77.500000
#> 50%       80.0   85.000000
#> 75%       90.0   92.500000
#> max       90.0  100.000000
```

4.1.2.2　分割表とグループごとの集計

gender の値ごとに人数を数えます.

Ⓡ

```
table(my_df$gender)

#> f m
#> 2 2
```

Python

```
from collections import Counter
Counter(my_df.gender)
#> Counter({'f': 2, 'm': 2})

# あるいは

my_df.groupby('gender').apply(len)
#> gender
#> f    2
#> m    2
#> dtype: int64
```

値が質的データであるような変数について, 値ごとにサンプルサイズを数えて作った表を**分割表**(contingency table) といいます. 例として, 「math が 80 以上かどうか」を記録した列 excel を作り, gender と excel の値を集計した結果の分割表を作ります.

分割表はモザイクプロットで可視化します (4.2.5 項).

R

```r
my_df2 <- data.frame(
  gender = my_df$gender,
  excel = my_df$math >= 80)
table(my_df2)

#>       excel
#> gender FALSE TRUE
#>     f     1    1
#>     m     0    2
```

Python

```python
my_df2 = my_df.assign(
    excel=my_df.math >= 80)
pd.crosstab(my_df2.gender,
            my_df2.excel)
#> excel   False  True
#> gender
#> f           1     1
#> m           0     2
```

データを gender でグループ分けし，グループごとに english と math の平均を求めます．

R

```r
my_df %>% group_by(gender) %>%
  summarize(across(
    where(is.numeric), mean),
    .groups = "drop") # グループ化解除

#> # A tibble: 2 x 3
#>   gender english  math
#>   <chr>    <dbl> <dbl>
#> 1 f           75    85
#> 2 m           80    85
```

Python

```python
my_df.groupby('gender').mean()
# あるいは
my_df.groupby('gender').agg('mean')
# あるいは
my_df.groupby('gender').agg(np.mean)

#>         english  math
#> gender
#> f          75.0  85.0
#> m          80.0  85.0
```

R: 複数の列でグループ分けする場合は，ラベルをコンマで区切って並記します．

P: グループが index になります．その必要がない場合は引数 as_index=False を与えます．複数の列でグループ分けする場合は，groupby の引数をリストにします．

データの可視化

本節の目標

　次のようなデータフレームのデータの，ヒストグラム・散布図・箱ひげ図などを描きます（コードを簡潔にするために，軸のラベルの設定を省略することがあります）．

Sepal.Length	Sepal.Width	Petal.Length	Petal.Width	Species
5.1	3.5	1.4	0.2	setosa
4.9	3.0	1.4	0.2	setosa
4.7	3.2	1.3	0.2	setosa
⋮	⋮	⋮	⋮⋮	

　平均や標準偏差などの統計量を見るだけでなく，可視化することによって，そのデータへの理解が深まります．ここでは，データサイエンスでよく使われる，ヒストグラム，箱ひげ図，散布図などの描き方を紹介します．統計とは直接関係ありませんが，$y = f(x)$ のような，関数のグラフを描く方法も紹介します．

　R: R の可視化の方法は，大きく分けて次の二つがあります．

1. 標準で用意されている関数を使う方法
2. ggplot2 を使う方法

　統一的な方法で見栄えのよい可視化ができるという点で 2 を推奨します．ただし，「ちょっと確認したい」というときには 1 のほうが手軽なことも多いです．
　ここでは，1 を最初に紹介し，後でまとめて 2 を紹介します．
　P: Python での（matplotlib を使う）可視化の方法には，大きく分けて次の三つがあります．

1. データフレーム.XXX を使う方法（XXX には hist, boxplot, plot などが入る）[*7]
2. plt.XXX を使う方法（plt は慣習的な名前．XXX には hist, boxplot, plot

[*7] P: 使っているのは pandas.DataFrame.plot ですが，細かい設定は matplotlib.pyplot.plot のドキュメント（https://matplotlib.org/stable/api/_as_gen/matplotlib.pyplot.plot.html）を参照してください．

などが入る）

3. fig と ax を使う方法（fig と ax は慣習的な名前）

　本書ではデータフレームを使うことが多いため，可視化はできるだけ 1 の方法で行います．データフレームでないデータ（例：1 次元データ）を可視化する場合は，まずデータフレームにしてから 1 を使うか，2 を使います（簡単なほうを採用します）．1 と 2 ではうまく行かない場合に 3 を使います．

　アヤメのデータを使います．

アヤメのデータについては 6.2.2 項を参照.

Ⓡ

```
head(iris)
#>   Sepal.Length Sepal.Width Petal.Length Petal.Width Species
#> 1          5.1         3.5          1.4         0.2  setosa
#> 2          4.9         3.0          1.4         0.2  setosa
#> 3          4.7         3.2          1.3         0.2  setosa
#> 4          4.6         3.1          1.5         0.2  setosa
#> 5          5.0         3.6          1.4         0.2  setosa
#> 6          5.4         3.9          1.7         0.4  setosa
```

Python

```
import numpy as np
import pandas as pd
import statsmodels.api as sm
iris = sm.datasets.get_rdataset('iris', 'datasets').data
iris.head()
#>   Sepal.Length Sepal.Width Petal.Length Petal.Width Species
#> 0          5.1         3.5          1.4         0.2  setosa
#> 1          4.9         3.0          1.4         0.2  setosa
#> 2          4.7         3.2          1.3         0.2  setosa
#> 3          4.6         3.1          1.5         0.2  setosa
#> 4          5.0         3.6          1.4         0.2  setosa
```

4.2.1　ヒストグラム

　1 次元データの可視化では，**ヒストグラム**（histogram）がよく使われます．例として，アヤメの Sepal.Length のヒストグラムを描きます．

Ⓡ

```
hist(iris$Sepal.Length)
```

Python

```
iris.hist('Sepal.Length')
```

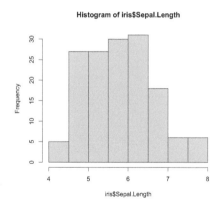

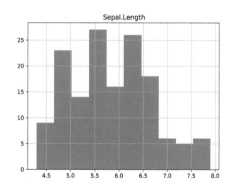

　R と Python で結果が違う理由は三つあります.

1. R の階級は右端が閉じているのに対して, Python の階級は左端が閉じている.
2. R の階級数が 8 なのに対して, Python の階級数は 10 である.
3. R の階級は 4 以上 8 以下の領域を分割したものであるのに対して, Python の階級は 4.3 以上 7.9 以下の領域を分割したものである（4.3 はデータの最小値, 7.9 はデータの最大値）.

　理由 1 を理解するための例として, $\{10, 20, 30\}$ というデータセットのヒストグラムを, 階級数を 2 として描きます.

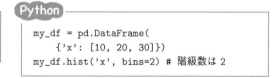

R

```
x <- c(10, 20, 30)
hist(x, breaks = 2) # 階級数は 2
```

Python

```
my_df = pd.DataFrame(
    {'x': [10, 20, 30]})
my_df.hist('x', bins=2) # 階級数は 2
```

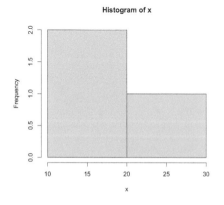

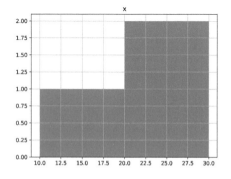

　「20」は, R では左側の階級に入りますが, Python では右側の階級に入り

ます．R で「20」を右側の階級に入れるためには，引数 right = FALSE を与えます（コードと結果は割愛）．

　理由 2 について補足します．R のヒストグラムの階級数は，指定しなければサンプルサイズに応じて**スタージェスの公式**[8] で決められます．それに対して，Python のヒストグラムの階級数は，指定しなければいつも 10 です．階級数の指定には，R では引数 breaks，Python では引数 bins を使います．Python で bins='sturges' とすると，階級数がスタージェスの公式で決まるようになります（この例では，階級数は 9 になります）．

　理由 3 があるので，R と Python のヒストグラムは，階級数を指定するだけでは，同じになりません．そこで，ここでは Python に合わせて，4.3 以上 7.9 以下の領域を 9 分割してできる階級を明示し，ヒストグラムを描きます[9]．

> 3.3.1.1 目で紹介した方法で等間隔の数値を作っています．

R

```
x <- iris$Sepal.Length
tmp <- seq(min(x), max(x),
           length.out = 10)
hist(x, breaks = tmp, right = FALSE)
```

Python

```
x = iris['Sepal.Length']
tmp = np.linspace(min(x), max(x), 10)
iris.hist('Sepal.Length',
          bins=tmp.round(2))
```

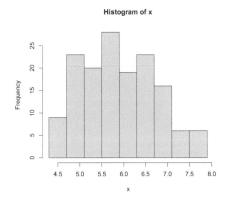

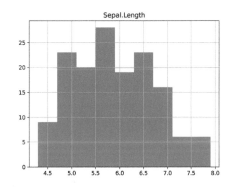

4.2.2　散布図

　データが 2 次元の場合は**散布図**（scatter plot）で可視化します．例として，アヤメの Sepal.Length と Sepal.Width の関係を散布図で描きます．

> 「2 次元」の「次元」は，空間の次元のことではなく，変数つまりデータフレームの列の数のことです．

---

[8]　サンプルサイズが n のときの階級数の目安を $1 + \log_2 n$ とします．

[9]　P: bins='sturges', bins=9, bins=np.linspace(4.3, 7.9, 10) として描くヒストグラムはすべて同じです．np.linspace(4.3, 7.9, 10) の結果は [4.3, 4.7, 5.1, 5.5, 5.9, 6.3, 6.7, 7.1, 7.5, 7.9] から少しずれます．R も同様なのですが，R ではそのずれを丸めて消してから数を数えます．ここでは，Python でもそうなるように，round で数値を丸めています．

R

```
plot(iris$Sepal.Length,
     iris$Sepal.Width)
```

Python

```
iris.plot('Sepal.Length',
          'Sepal.Width',
          kind='scatter')
```

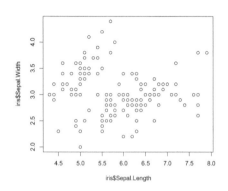

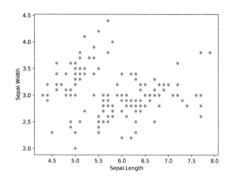

4.2.3　箱ひげ図

各変数の範囲が大きく異なる場合は，箱ひげ図はあまり役に立ちません.

通常箱ひげ図には平均は描きませんが，平均を描く例を 8.3 節で紹介します.

　　データが 3 次元以上の場合，すべての変数のヒストグラムや，2 組の変数のすべての組合せの散布図を描いてもかまいません. しかし，そこまでしなくても，**箱ひげ図**（box plot）を使えば，データの様子を 1 枚のグラフで確認できます.

　　アヤメのデータの列ごとの箱ひげ図を描きます.

R

```
boxplot(iris[, -5])
```

Python

```
iris.boxplot()
```

R：5 列目（Species）を除外して描いています.

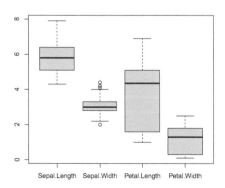

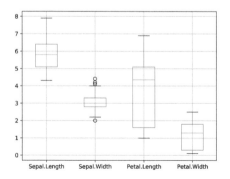

箱ひげ図では，一つの箱がデータの第 1 四分位数・中央値・第 3 四分位数を表します．ひげは，四分位範囲の 1.5 倍以内にあるデータの最小値と最大値を表します．四分位範囲の 1.5 倍以内にないデータは個別に描きます．先の結果では，Sepal.Width の四分位範囲は狭い一方で，四分位範囲の 1.5 倍以内に入らないデータがいくつかあることがわかります．

ひげが最大値と最小値を表すこともあります．

4.2.4　棒グラフとエラーバー

各変数の平均，標準偏差，標準誤差を求めます．

R: 本項では後で紹介する ggplot2 を使います（エラーバーの付け方がわかりやすいため）．

R
```
library(tidyverse)
my_df <- psych::describe(iris[, -5])
my_df %>% select(mean, sd, se)
#>               mean   sd   se
#> Sepal.Length 5.84 0.83 0.07
#> Sepal.Width  3.06 0.44 0.04
#> Petal.Length 3.76 1.77 0.14
#> Petal.Width  1.20 0.76 0.06
```

Python
```
pd.options.display.float_format = (
    '{:.2f}'.format)
my_df = (iris.describe().transpose()
         [['mean', 'std']])
my_df['se'] = (my_df['std'] /
               len(iris)**0.5)
my_df
#>               mean  std   se
#> Sepal.Length 5.84 0.83 0.07
#> Sepal.Width  3.06 0.44 0.04
#> Petal.Length 3.76 1.77 0.14
#> Petal.Width  1.20 0.76 0.06
```

各変数の平均を**棒グラフ**（bar chart）で可視化します．標準誤差を表すエラーバーを付けます．

P: 紙面を節約するために，小数点以下 2 桁までを表示しています．

R
```
tmp <- rownames(my_df)
my_df %>% ggplot(aes(x = factor(tmp, levels = tmp), y = mean)) +
  geom_col() +
  geom_errorbar(aes(ymin = mean - se, ymax = mean + se)) +
  xlab(NULL)
```

R: 順番を気にしないなら，x = rownames(my_df) でかまいません．

Python
```
my_df.plot(y='mean', kind='bar', yerr='se', capsize=10)
```

P: capsize でエラーバーの横幅を指定しています．

121

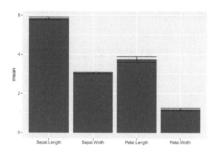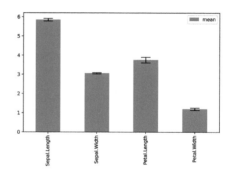

品種ごとにグループ分けし，各変数の標準誤差を求めます．

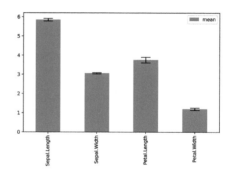

```r
my_group <- iris %>% group_by(Species)          # 品種ごとに

my_df <- my_group %>%                           # 各変数の，平均と
  summarize(across(everything(), mean)) %>%
  pivot_longer(-Species)

tmp <- my_group %>%                             # 標準誤差を求める
  summarize(across(everything(), ~ sd(.) / length(.)**0.5)) %>%
  pivot_longer(-Species)

my_df$se <- tmp$value
head(my_df)
#> # A tibble: 6 x 4
#>   Species    name        value      se
#>   <fct>      <chr>       <dbl>   <dbl>
#> 1 setosa     Sepal.Length 5.01  0.0498
#> 2 setosa     Sepal.Width  3.43  0.0536
#> 3 setosa     Petal.Length 1.46  0.0246
#> 4 setosa     Petal.Width  0.246 0.0149
#> 5 versicolor Sepal.Length 5.94  0.0730
#> 6 versicolor Sepal.Width  2.77  0.0444
```

```python
my_group = iris.groupby('Species')                       # 品種ごとに
my_df = my_group.agg('mean')                             # 各変数の，平均と
my_se = my_group.agg(lambda x: x.std() / len(x)**0.5)    # 標準誤差を求める
my_se
#>             Sepal.Length  Sepal.Width  Petal.Length  Petal.Width
#> Species
#> setosa           0.05         0.05         0.02         0.01
#> versicolor       0.07         0.04         0.07         0.03
#> virginica        0.09         0.05         0.08         0.04
```

棒グラフを描きます.

R

```
my_df %>%
  ggplot(aes(x = Species, y = value, fill = name)) +
  geom_col(position = "dodge") +
  geom_errorbar(aes(ymin = value - se, ymax = value + se), position = "dodge")
```

Python

```
my_group.agg('mean').plot(kind='bar', yerr=my_se, capsize=5)
```

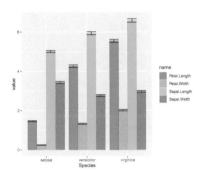
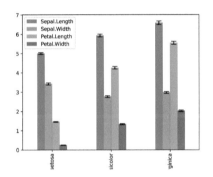

R: ggplot2 の描画中に集計することもできます (結果は同じなので割愛). 数値の確認には使えませんが, 描画結果の確認には使えます.

R: 数値を自分で計算して描いた結果と自分で計算せずに描いた結果が同じになると安心できます.

R

```
# 各変数の平均
iris %>% pivot_longer(-Species) %>%
  ggplot(aes(x = name, y = value)) +
  geom_bar(stat = "summary", fun = mean) +
  stat_summary(geom = "errorbar", fun.data = mean_se) +
  xlab(NULL)

# 各変数の平均 (品種ごと)
iris %>% pivot_longer(-Species) %>%
  ggplot(aes(x = Species, y = value, fill = name)) +
  geom_bar(stat = "summary", fun = mean, position = "dodge") +
  stat_summary(geom = "errorbar", fun.data = mean_se, position = "dodge")
```

4.2.5 モザイクプロット

分割表 (4.1.2.2 目) を**モザイクプロット** (mosaic plot) で可視化します.

モザイクプロットは，長方形の面積がサンプルサイズに比例するという点で，積み上げ棒グラフとは違います．

例として，「Sepal.Width が 3 より大きいかどうか」を記録した変数 w_Sepal と Species の分割表を作り，可視化します．

```r
my_df <- data.frame(
  Species = iris$Species,
  w_Sepal = iris$Sepal.Width > 3)
table(my_df) # 分割表
#>            w_Sepal
#> Species     FALSE TRUE
#>   setosa        8   42
#>   versicolor   42    8
#>   virginica    33   17

mosaicplot(
  formula = ~ Species + w_Sepal,
  data = my_df)
```

```python
from statsmodels.graphics.mosaicplot \
    import mosaic

my_df = pd.DataFrame({
    'Species': iris.Species,
    'w_Sepal': iris['Sepal.Width'] > 3})

my_table = pd.crosstab( # 分割表
    my_df['Species'],
    my_df['w_Sepal'])
my_table
#> w_Sepal     False  True
#> Species
#> setosa          8    42
#> versicolor     42     8
#> virginica      33    17

mosaic(my_df,
       index=['Species', 'w_Sepal'])
```

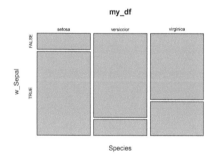

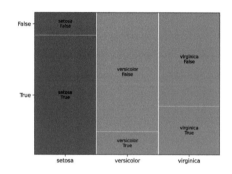

参考までに，長方形内にサンプルサイズを表示する方法を紹介します（結果は割愛）．

```r
library(vcd)
vcd::mosaic(formula = ~w_Sepal + Species, data = my_df,
            labeling = labeling_values)
```

1 コンピュータとネットワーク

2 データサイエンスのための環境

3 R と Python

4 統計入門

5 前処理

6 機械学習の目的・データ・手法

Python
```python
my_table.columns = [str(x) for x in my_table.columns]
my_table.index   = [str(x) for x in my_table.index]
mosaic(my_df, index=['Species', 'w_Sepal'], labelizer=lambda k: my_table.loc[k])
```

4.2.6 関数のグラフ

統計とは直接関係しませんが，$y = f(x)$ のような関数を可視化，つまり関数のグラフを描きたいことがよくあるので，その方法を紹介します．

例として $y = x^3 - x$ のグラフを $-2 \leq x \leq 2$ の範囲で描きます．

R
```r
curve(x^3 - x, -2, 2)
```

Python
```python
import matplotlib.pyplot as plt
import numpy as np

x = np.linspace(-2, 2, 100)
y = x**3 - x
plt.plot(x, y)
```

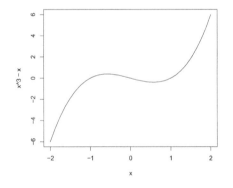

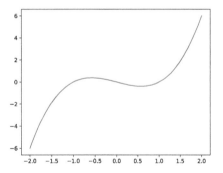

4.2.7 ggplot2 (R)

R: パッケージ **ggplot2** を使うと，統一的な手法による可視化が可能になります[*10]．できあがりの見栄えもよいので，他人に見せるための可視化には，ggplot2 を使うのがよいでしょう．ただし，標準で用意されている関数（hist，boxplot，plot，curve）で簡単にできることが，ggplot2 だと面倒になる場合もあります．

ggplot2 の基本的な使い方は次のとおりです（描画要素の一部を**表 4.4** に掲載）．

R: library(tidyverse) で ggplot2 が使えるようになります．

[*10]　R: ggplot2 については文献 [9, 10, 11] がよい**参考資料**です．https://www.rstudio.org/links/data_visualization_cheat_sheet で公開されているチートシートも便利です．

表 4.4　ggplot2 の描画要素

用途	ggplot2 の関数	標準関数
ヒストグラム	geom_histogram	hist
散布図	geom_point	plot
折れ線グラフ	geom_line	plot
箱ひげ図	geom_boxplot	boxplot
棒グラフ（サンプルサイズ）	geom_col	barplot
棒グラフ（数値）	geom_bar	barplot
モザイクプロット	geom_mosaic	mosaicplot
関数のグラフ	stat_function	curve
エラーバー（直接指定）	geom_errorbar	
エラーバー（統計処理の結果）	stat_summary(geom = "errorbar")	
線分	geom_linerange	
水平線	geom_hline	
描画領域の設定	coord_cartesian	
横軸ラベル	xlab	
縦軸ラベル	ylab	
その他の設定（凡例など）	theme	

R: 列の名前の部分に 1 次元データを与えることもできます．複数のデータフレームを使う場合は，描画要素のオプションで「data = データフレーム名」とします．

R ggplot の使い方

```
データフレーム %>%
  ggplot(aes(x = 横軸に使う列の名前，y = 縦軸に使う列の名前，その他)) +
  描画要素 1(オプション) +
  描画要素 2(オプション) + ...
```

R: geom_histogram は階級数を自動調整しません．引数 bins や breaks を使って調整します．

本節でこれまで描いてきた図を，ggplot2 で再現します．
ヒストグラムを描きます．

```
x <- iris$Sepal.Length
tmp <- seq(min(x), max(x),
          length.out = 10)
iris %>%
  ggplot(aes(x = Sepal.Length)) +
  geom_histogram(breaks = tmp,
                 closed = "left")
```

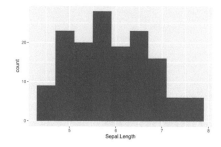

散布図を描きます．

```R
iris %>%
  ggplot(aes(x = Sepal.Length,
             y = Sepal.Width)) +
  geom_point()
```

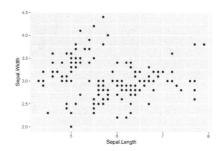

箱ひげ図を描きます.

```R
iris %>%
  pivot_longer(-Species) %>%
  ggplot(aes(
    x = factor(name,
               levels = names(iris)),
    y = value)) +
  geom_boxplot() +
  xlab(NULL)
```

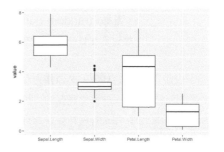

モザイクプロットを描きます.　R: 変数の順番を 4.2.3 項に
合わせています. 順番を気に
しないなら aes(x = name,
y = value) です.

```R
library(ggmosaic)
my_df <- data.frame(
  Species = iris$Species,
  w_Sepal = iris$Sepal.Width > 3)
my_df %>%
  ggplot() +
  geom_mosaic(
    aes(x = product(w_Sepal, Species)))
```

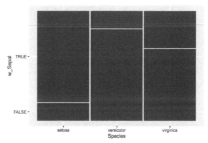

関数のグラフを描きます.

```R
f <- function(x) { x^3 - x }
data.frame(x = c(-2, 2)) %>%
  ggplot(aes(x = x)) +
  stat_function(fun = f)
```

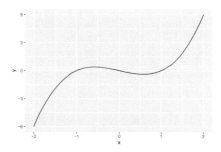

4.3

乱数

本節の目標

　乱数（random number）の作り方を学びます．それを応用して，簡単なシミュレーションを試します．

　コンピュータの強力な用途の一つにシミュレーションがあります．事象をコンピュータで疑似的に再現して調査する手法です．本書でもさまざまなところでシミュレーションを行っています．

　シミュレーションのためには乱数が不可欠です．そこで，本節では乱数の作り方をまとめます．乱数は本来予測不可能なものですが，ここでの乱数はプログラムで作るので，予測可能です．ですから，本当は疑似乱数というべきなのですが，本書では単に乱数といいます．

　本節で紹介する乱数は**表 4.5** の 4 種類です．準備をしてから，順番に紹介します．

Python

```
import matplotlib.pyplot as plt
import numpy as np
rng = np.random.default_rng()
```

P: 表 4.5 のその 1 とその 2 では，その 2 が比較的新しく，推奨される方法です．

表 4.5　本書で紹介する乱数

R: R の関数名は，sample を除いて，乱数（random）の r と，それが従う分布，一様（uniform），二項（binomial），正規（normal）の最初の数文字を合わせたものになっています．

乱数	R	Python（その 1）	Python（その 2）
一様乱数（整数）	sample	np.random.randint	rng.integers
一様乱数（連続）	runif	np.random.random	rng.random
二項乱数	rbinom	np.random.binomial	rng.binomial
正規乱数	rnorm	np.random.normal	rng.normal

4.3.1　一様乱数（離散）

　一様乱数（離散）を生成する例として，（6 面体の）さいころを 1 万回投げて，

128

出た目のヒストグラムを描きます[11].

R
```r
x <- sample(x = 1:6,         # 範囲
            size = 10000,    # 乱数の数
            replace = TRUE)  # 重複あり
hist(x, breaks = 0:6) # ヒストグラム
```

Python
```python
x = np.random.choice(
    a=range(1, 7), # 1から6
    size=10000,    # 乱数の数
    replace=True)  # 重複あり
# あるいは
x = np.random.randint(
# あるいは
#x = rng.integers(
    low=1,         # 最小
    high=7,        # 最大+1
    size=10000) # 乱数の数

plt.hist(x, bins=6) # ヒストグラム
```

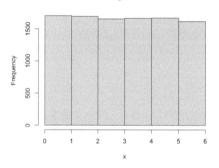

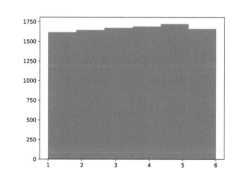

4.3.2 一様乱数（連続）

一様乱数（連続）を生成する例として，0から1の乱数を1,000個作り，ヒストグラムを描きます[12].

R:「min = 0, max = 1」は省略できます.

---

[11] P: `random.randint(1, 6)` として乱数を作ることもできます（「import random」が必要です. 範囲の指定方法に注意）.

[12] 連続といっても浮動小数点数で作るので，得られる乱数の種類は高々 10^{64} 程度です.

1 コンピュータとネットワーク

2 データサイエンスのための環境

3 RとPython

4 統計入門

5 前処理

6 機械学習の目的・データ・手法

R

```
x <- runif(min = 0,   # 最小
            max = 1,   # 最大
            n = 1000) # 乱数の数
hist(x)
```

Python

```
x = np.random.random(size=1000)
# あるいは
x = rng.random(size=1000)
# あるいは
x = np.random.uniform(
    low=0,       # 最小
    high=1,      # 最大
    size=1000) # 乱数の数
plt.hist(x)
```

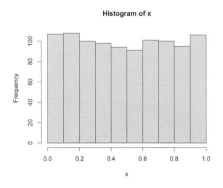

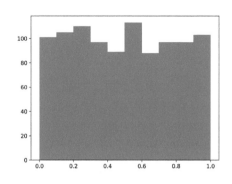

この方法を応用して，先に紹介したさいころのシミュレーションをすることもできます．一様乱数（連続）の整数部分を使えばいいのです．

R

```
x <- as.integer(        # 整数に変換
  runif(min = 1,        # 最小
        max = 7,        # 最大 + 1
        n = 1000))     # 乱数の数
hist(x, breaks = 0:6) # 結果は割愛
```

Python

```
tmp = np.random.uniform(
    low=1,       # 最小
    high=7,      # 最大 + 1
    size=1000) # 乱数の数
x = [int(k) for k in tmp]
plt.hist(x, bins=6) # 結果は割愛
```

4.3.3　二項乱数

（確率 0.5 で表が出る）歪みのないコインを一定回数投げて表が出る回数を数えるような実験を，**二項乱数**，つまり**二項分布**（binomial distribution）に従う乱数を使ってシミュレートします[13]．

---

[13]　成功確率が p であるような試行を n 回行って成功回数を数えた結果は二項分布 $Bi(n, p)$ に従います．コインの表が出る確率を p，コインを投げる回数を n と考えれば，コイン投げを二項分布でシミュレートできることがわかります．

　「コインを100回投げて表が出た回数を数える」という実験を1万回行って，結果のヒストグラムを描きます．

RとPythonで引数 n と size の意味が反対になっていることに注意してください．

R

```
n <- 100
p <- 0.5
r <- 10000
x <- rbinom(size = n, # 試行回数
            prob = p, # 確率
            n = r)    # 乱数の数
hist(x, breaks = max(x) - min(x))
```

Python

```
n = 100
p = 0.5
r = 10000
x = np.random.binomial(
# あるいは
#x = rng.binomial(
    n=n,     # 試行回数
    p=p,     # 確率
    size=r)  # 乱数の数
plt.hist(x, bins=max(x) - min(x))
```

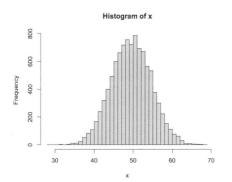

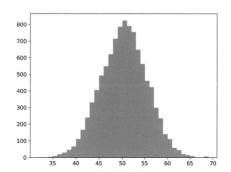

4.3.4　正規乱数

　正規乱数つまり**正規分布**（normal distribution）に従う乱数を生成します．正規分布は，平均と標準偏差を与えれば一意に決まる分布で，さまざまな場面で登場します．例として，平均が50，標準偏差が5の正規分布の母集団（正規母集団）から，1万個をランダムに抽出したとして，結果のヒストグラムを描きます．

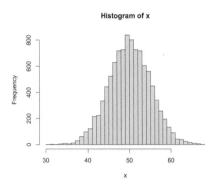

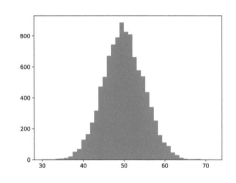

このように，正規分布に従う乱数のヒストグラムは，平均を中心にして左右
対称の釣鐘型になります．4.3.3 項で紹介した二項乱数のヒストグラムがこの
形に似ていたのは，コインを投げるという確率的な試行の結果（同一の分布に
基づく標本）を足し合わせたものは，数が多くなると正規分布に近づくからで
す[*14]．このことは一般に成り立ち，**中心極限定理**という定理になっています．

釣鐘型といっても，日本の寺
によくある鐘の ∩ のような
形ではなく，裾の広がった形
です．

4.3.4.1　補足：不偏性の具体例

4.1.1.2 目で紹介した，不偏分散と標本分散の違いを，乱数を使って確認しま
す[*15]．

関数 f を定義します．この関数は，「正規分布（平均 0，標準偏差 3，分散 9）
に従う母集団から k 個の標本を抽出し，その統計量 g を計算する」という作業
を 1 万回繰り返し，1 万個の結果の平均と標準誤差を求めます．

---

*14　二項分布は，n が大きいときは，正規分布（平均は np，標準偏差は $\sqrt{np(1-p)}$）で近似できます．
　　　ここで作った正規分布は，4.3.3 項の二項分布（$n=100$, $p=0.5$）の近似になっています．

*15　ここでは正規分布を使っていますが，不偏分散が不偏推定量であることは，分布によりません（文
　　　献 [5]）．

1 コンピュータと
ネットワーク

2 データサイエンス
のための環境

3 RとPython

4 統計入門

5 前処理

6 標準学習の目的・
データ・手法

R

```r
library(tidyverse)

f <- function(k) {
  n <- 10000
  tmp <- replicate(n = n, expr = g(rnorm(n =  k, sd = 3)))
  list(k = k,
       mean = mean(tmp),        # 平均
       se = sd(tmp) / sqrt(n)) # 標準誤差
}
```

Python

```python
import numpy as np
import pandas as pd

def f(k):
    n = 10000
    tmp = [g(np.random.normal(size=k, scale=3)) for _ in range(n)]
    return pd.Series([k,
                      np.mean(tmp),                    # 平均
                      np.std(tmp, ddof=1) / n**0.5], # 標準誤差
                     index=['k', 'mean', 'se'])
```

g を不偏分散として，k が 10, 20, 30 の場合を調べます．

3.7.3 項の方法で，結果をデータフレームにまとめます．

R

```r
g <- var
c(10, 20, 30) %>% map_dfr(f)
#> # A tibble: 3 x 3
#>       k  mean     se
#>   <dbl> <dbl>  <dbl>
#> 1    10  8.98 0.0427
#> 2    20  8.97 0.0288
#> 3    30  9.03 0.0233
```

Python

```python
def g(x):
    return np.var(x, ddof=1)
pd.Series([10, 20, 30]).apply(f)
#>       k      mean        se
#> 0  10.0  9.025140  0.042690
#> 1  20.0  9.022280  0.029525
#> 2  30.0  8.983166  0.023584
```

サンプルサイズ k によらず，不偏分散の平均は，母集団の分散 (9) とほぼ同じになっています．「不偏」というのはこういうことです．

次に，$\sqrt{不偏分散}$ について調べます．

R

```r
g <- sd
c(5, 10, 15, 20) %>% map_dfr(f)
#> # A tibble: 3 x 3
#>       k  mean      se
#>   <dbl> <dbl>   <dbl>
#> 1    10  2.92 0.00701
#> 2    20  2.95 0.00481
#> 3    30  2.97 0.00394
```

Python

```python
def g(x):
    return np.std(x, ddof=1)
pd.Series([10, 20, 30]).apply(f)
#>       k      mean        se
#> 0  10.0  2.923114  0.006983
#> 1  20.0  2.961450  0.004811
#> 2  30.0  2.968328  0.003977
```

サンプルサイズが小さいときは，$\sqrt{不偏分散}$ の平均は，母集団の標準偏差 (3) から離れています．つまり，$\sqrt{不偏分散}$ は母集団の標準偏差の不偏推定量ではないのです．ですから，$\sqrt{不偏分散}$ を「不偏標準偏差」というのは不適切です．

母集団の分散と異なり，母集団の標準偏差の，一般的な不偏推定量はありません．しかし，正規母集団の場合に限定すれば，次のような不偏推定量があります（文献 [12]）．

n が大きくなると $\sqrt{不偏分散}$ は 3 に近づきます．このような性質を一致性といいます．$\sqrt{不偏分散}$ と $\sqrt{標本分散}$ はどちらも，母集団の標準偏差の一致推定量（consistent estimator）です．

R

```r
g <- function(x) {
  n <- length(x)
  sd(x) *
    sqrt((n - 1) / 2) *
    gamma((n - 1) / 2) /
    gamma(n / 2)
}
c(10, 20, 30) %>% map_dfr(f)
#> # A tibble: 3 x 3
#>       k  mean      se
#>   <dbl> <dbl>   <dbl>
#> 1    10  3.00 0.00717
#> 2    20  2.99 0.00488
#> 3    30  3.00 0.00396
```

Python

```python
from math import gamma

def g(x):
    n = len(x)
    return (np.std(x, ddof=1) *
            (np.sqrt((n - 1) / 2) *
            gamma((n - 1) / 2) /
            gamma(n / 2)))
pd.Series([10, 20, 30]).apply(f)
#>       k      mean        se
#> 0  10.0  3.005788  0.007121
#> 1  20.0  3.001857  0.004894
#> 2  30.0  2.995965  0.003925
```

サンプルサイズが小さいときも，平均は母集団の標準偏差 (3) になっていて，ここで使った統計量が不偏推定量であることがわかります．

4.4

統計的推測

本節の目標

東京と大阪の最高気温のデータ 15 日分があります．両者の平均の差は
どのくらいかを推定し，差があるといえるかどうかを検定します．

統計的推測の目的は，データに基づいて推測することです．データに基づく
推測には，「検定」や「推定」という枠組みがあります．本節では，それらがど
ういうものなのかを説明します．

4.4.1 検定

「当たる確率 θ が 4/10 といわれるくじを 15 回引いたら当たりが 2 回だっ
た」という事例で説明します．当たる確率が 4/10 だという主張を検定します．
また，当たる確率がどの程度のものなのかを推定します．

当たる確率が本当に 4/10 だとしても，15 回中 2 回しか当たらないことはあ
り得ます．ですから，まず，どういう事態を「珍しい」と見なすかを決めましょ
う．この基準値を**有意水準**といいます．慣習的に，後で説明する p 値という確
率が $\alpha = 5\%$ 以下のことが実際に起こると，「珍しいことが起こった」と見なす
ことが多いので，ここでもこの基準を使います．つまり，有意水準 α を 5% と
します．

検定します[*16]．

確率は文字 p で表すのが一般
的ですが，後で出てくる p 値
とまぎらわしいので，ここで
は文字 θ で表します．

alternative については脚
註 17 を参照．

R: このコードを実行すると図
が 1 枚描かれます．その図は
4.4.2 項で使います．

R: tsmethod については脚
註 17，信頼係数については
4.4.2 項を参照．

R: Python のように p 値
だけを得たいなら，結果に
名前を付けておいて，名前
$p.value とします．

Ⓡ
```
library(exactci)
library(tidyverse)

a <- 0.05                    # 有意水準
binom.exact(x = 2,           # 当たった回数
            n = 15,          # くじを引いた回数
            p = 4 / 10,      # 当たる確率（仮説）
```

[*16]　P: scipy.stats.binom_test でも同じ結果を得ます．

```
                plot = TRUE,                # p 値の描画（結果は次項に掲載）
                conf.level = 1 - a,         # 信頼係数（デフォルト）
                tsmethod = "minlike",       # p 値の定義
                alternative = "two.sided")  # 両側検定（デフォルト）
                                            # 左片側検定なら'less'
                                            # 右片側検定なら'greater'

#>      Exact two-sided binomial test (central method)
#>
#> data:  2 and 15
#> number of successes = 2, number of trials = 15,
#> p-value = 0.03646
#> alternative hypothesis: true probability of success is not equal
#>    to 0.4
#> 95 percent confidence interval:
#>  0.0242 0.3967
#> sample estimates:
#> probability of success
#>              0.1333333
```

Python

```python
from statsmodels.stats.proportion import binom_test, proportion_
    confint

binom_test(count=2,                    # 当たった回数
           nobs=15,                    # くじを引いた回数
           prop=4 / 10,                # 当たる確率（仮説）
           alternative='two-sided')    # 両側検定（デフォルト）
                                       # 左片側検定なら'smaller'
                                       # 右片側検定なら'larger'
#> 0.03646166155263999
```

　この結果（R の場合は p-value の値）約 0.036 は，当たる確率が宣言どお
り（$\theta = 4/10$）という仮説（**帰無仮説**．以下，H_0 と書く）の下で，実現値（当
たりが 2 回）以上に珍しいことが起こる確率です．この確率を **p 値**あるいは**有
意確率**といいます．それが有意水準（5%）より小さいので，何か珍しいことが
起きたと考え，もともとの仮説 H_0 を棄却します．

　以上の手続きを**仮説検定**といいます．仮説検定の手順は次のようにまとめら
れます．

わざわざ H_0 を決めるのが
面倒だと思うかもしれません
が，こういう具体的な仮説を
立てないと，確率（p 値）を
計算できません．

1. 有意水準を決める（ここでは 5% とする）．
2. 帰無仮説を $H_0 : \theta = 4/10$，対立仮説を $H_1 : \theta \neq 4/10$ とする．
3. H_0 の下で p 値を求める（約 0.036 である）．
4. p 値が有意水準より小さければ仮説 H_0 を棄却する．小さくなければ棄却しな
   い（p 値は 0.036（< 0.05）だから棄却する．つまり，$\theta = 4/10$ とはいえ

ない）．

4.4.1.1　補足：p値とは何か

H_0 の下での，当たる回数の確率分布，つまり当たる回数 0 から 15 の，それぞれの発生確率を求めます．求めた発生確率の中で，それが実現値（当たりが 2 回）の発生確率以下のものに注目します．

> このコードは説明に用いる図を描くためのものです．理解せずに先に進んでかまいません．

R

```r
t <- 4 / 10                # 当たる確率
n <- 15                    # くじを引いた回数
x <- 0:n                   # 当たった回数
my_pr  <- dbinom(x, n, t) # x 回当たる確率
my_pr2 <- dbinom(2, n, t) # 2回当たる確率

my_data <- data.frame(x = x,
                      probability = my_pr,
                      color = my_pr <= my_pr2) # 当たる確率が，2回当たる確率以下

my_data %>% ggplot(aes(x = x, y = probability, color = color)) +
  geom_point(size = 3) +
  geom_linerange(aes(ymin = 0, ymax = probability), ) + # 垂直線
  geom_hline(yintercept = my_pr2) +                      # 水平線
  theme(legend.position = "none")                        # 凡例を表示しない
```

Python

```python
import numpy as np
import pandas as pd
from scipy import stats

t = 4 / 10                     # 当たる確率
n = 15                         # くじを引いた回数
x = np.array(range(0, n + 1))  # 当たった回数
my_pr  = stats.binom.pmf(x, n, t) # x 回当たる確率
my_pr2 = stats.binom.pmf(2, n, t) # 2回当たる確率

my_data = pd.DataFrame({'x': x, 'y1': my_pr, 'y2': my_pr})
my_data.loc[my_pr >  my_pr2, 'y1'] = np.nan # 当たる確率が，2回当たる確率超過
my_data.loc[my_pr <= my_pr2, 'y2'] = np.nan # 当たる確率が，2回当たる確率以下
ax = my_data.plot(x='x', style='o', ylabel='probability',
                  legend=False)          # 凡例を表示しない
ax.hlines(y=my_pr2, xmin=0, xmax=15)     # 水平線
ax.vlines(x=x,      ymin=0, ymax=my_pr)  # 垂直線
```

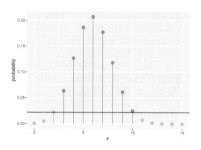 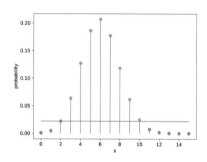

　実現値（当たりが 2 回）の確率（約 0.22）のところに水平線を引いています．起こる確率がこれ以下のところ，つまり実現値以上に珍しいところを青にしています．この青い部分の確率の和が p 値です[17]．

　p 値を次のように解釈するのは誤りなので，注意してください．

- （誤）仮説（$H_0 : \theta = 4/10$）が正しい確率が p 値である．
- （誤）実現値（当たりが 2 回）を得る確率が p 値である．

4.4.2　推定

　前項では，くじを 15 回引いたら当たりが 2 回だったという状況で，当たる確率 θ が $4/10$ だという仮説を検定しました．この状況で θ の値を推定するなら，$2/15$ になります．このように，1 個の数値を推定することを**点推定**といいます．

　本項では，当たる確率としてあり得る値の区間，**信頼区間**（confidence interval）を推定します．

R

```
# 前項の結果（再掲）
#> 95 percent confidence interval:
#>  0.0242 0.3967
```

R: 信頼区間は 4.4.1 項で binom.exact で求めているので，ここでは結果だけを再掲します．Python のように信頼区間だけを得たいなら，結果に名前を付けておいて，名前$conf.int[1:2] とします．

P: method='binom_test' は，前項で行った binom_test による検定の結果と信頼区間を整合させるためのオプションです．

Python

```
a = 0.05
proportion_confint(
    count=2, # 当たった回数
    nobs=15, # くじを引いた回数
    alpha=a, # 有意水準（省略可）
    method='binom_test')
#> (0.024225732468536626,
#>  0.3967139842509865)
```

---

[17]　当たる確率が $4/10$ より小さいと疑って，H_1 を $\theta < 4/10$ とすることもあります．その場合は，当たりが 2 回以下になる確率を p 値とします．この p 値を片側 p 値といいます．H_1 が $\theta \neq 4/10$ の場合を**両側検定**，H_1 が $\theta < 4/10$ の場合を**左片側検定**といいます．H_1 が $\theta > 4/10$ なら**右片側検定**です．左右を区別しない場合は**片側検定**といいます．両側検定では，本文で紹介したものではなく，片側 p 値の 2 倍を p 値とすることもあります（R の binom.exact で tsmethod = "central" とします）．

　信頼係数（後述）を 95％として当たる確率を推定すると，θ の信頼区間は $[0.0242, 0.3967]$ となります．$0.0242 \leq \theta \leq 0.3967$ ということです．このような推定を，**区間推定**といいます．

　$\theta = 4/10$ がこの区間に属していないことは，先に行った検定で $H_0 : \theta = 4/10$ が棄却されたことと整合しています．

　前項では当たる確率 θ を $4/10$ に固定して p 値を求めました．θ を変えると p 値は変わります．θ と p 値の関係を可視化した次の図を使って，信頼区間の意味を説明します．

R

```
# 前項冒頭のコード
```

Python

```
a = 0.05 # 有意水準
tmp = np.linspace(0, 1, 100)

my_df = pd.DataFrame({
    't': tmp,                                            # 当たる確率
    'q': a,                                              # 水平線
    'p': [binom_test(count=2, nobs=15, prop=t) for t in tmp]}) # p 値

my_df.plot(x='t', legend=None, xlabel=r'$\theta$', ylabel=r'p-value')
```

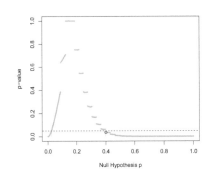
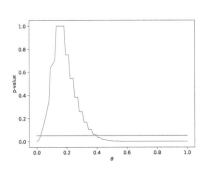

　水平線が有意水準（5％）を表しています．p 値が有意水準以上になるような，当たる確率 θ の範囲 $[0.0242, 0.3967]$ が信頼区間です．この区間に属する θ の下で p 値を計算すると，その値は 0.05 以上になります．ですから，θ が信頼区間に属していれば，「当たる確率が θ である」という仮説は棄却されません．

　このように，検定と推定は表裏一体です．推定の**信頼係数**は，検定の有意水準によって決められます．検定の有意水準が 5％であれば，推定の信頼係数は

95%です．両者の合計は100%になります．

ここまで，検定と推定について説明してきました．重要なのは，結果は簡単に得られるということです．ですから，まずはこれらの結果を得られるようになりましょう．Rのbinom.exact，Pythonのbinom_testやproportion_confintは，引数の意味を理解していないとうまく使えません．うまく使えるようになるにつれて，検定や推定の意味がわかってくるのではないかと思います．とはいえ，そういう機能が用意されていない，あるいは見つからないということもあり得ます．そういう場合でも使える方法を4.4.5項で紹介します．

4.4.3 平均の差の検定と推定（t検定）

二つの標本 X，Y の平均に差があるかどうかを検定する方法と，平均の差の信頼区間を推定する方法を紹介します．ここで紹介するのは**t検定**と総称される手法で，母集団が正規分布に従っていることを仮定しています．

2標本を比較するときには，以下の点を確認します．

- 対標本かどうか（複数の被験者が薬を服用する前と後での変化のように，標本が対になっているかどうか）．
- **両側検定**（「差がある」といいたい場合）か**片側検定**（「X の平均が小さい」といいたいなら左片側検定，「X の平均が大きい」といいたいなら右片側検定）か．
- （対標本でない場合）母分散（母集団の分散）が等しいと仮定できるかどうか．

ここでは，東京と大阪の1988年8月1日から15日の最高気温を比較します．東京の最高気温を X，大阪の最高気温を Y とします．同じ日の気温が対応している，対標本です．

両側検定を行うと，p 値は約 0.00064（< 0.05）となり，「平均に差がない」という仮説は棄却されます．平均の差の信頼区間は $[-4.00, -1.36]$（X の平均が小さい）です．

データの出典は文献 [6] です．

デフォルト引数は省略できるのですが，省略しないほうがわかりやすいでしょう（後述の等分散の仮定は，R と Python でデフォルト値が違います）．

```
X <- c(32.1, 26.2, 27.5, 31.8, 32.1, 31.2, 30.1, 32.4, 32.3, 29.9,
       29.6, 26.6, 31.2, 30.9, 29.3)
Y <- c(35.4, 34.6, 31.1, 32.4, 33.3, 34.7, 35.3, 34.3, 32.1, 28.3,
       33.3, 30.5, 32.6, 33.3, 32.2)

t.test(x = X, y = Y,
       conf.level = 0.95,          # 信頼係数（デフォルト）
       paired = TRUE,              # 対標本である
       alternative = "two.sided")  # 両側検定（デフォルト）
                                   # 左片側検定なら'less'
```

```
                              # 右片側検定なら'greater'

#>      Paired t-test
#>
#> data:  X and Y
#> t = -4.3694, df = 14, p-value = 0.0006416
#> alternative hypothesis: true difference in means is not equal to 0
#> 95 percent confidence interval:
#>  -3.995525 -1.364475
#> sample estimates:
#> mean of the differences
#>                     -2.68
```

Python

```python
from statsmodels.stats.weightstats import CompareMeans, DescrStatsW

X = [32.1, 26.2, 27.5, 31.8, 32.1, 31.2, 30.1, 32.4, 32.3, 29.9,
     29.6, 26.6, 31.2, 30.9, 29.3]
Y = [35.4, 34.6, 31.1, 32.4, 33.3, 34.7, 35.3, 34.3, 32.1, 28.3,
     33.3, 30.5, 32.6, 33.3, 32.2]

a = 0.05          # 有意水準（デフォルト） = 1 - 信頼係数
alt = 'two-sided' # 両側検定（デフォルト）
                  # 左片側検定なら'smaller'
                  # 右片側検定なら'larger'

d = DescrStatsW(np.array(X) - np.array(Y)) # 対標本の場合
d.ttest_mean(alternative=alt)[1]           # p 値
#> 0.0006415571512322235

d.tconfint_mean(alpha=a, alternative=alt) # 信頼区間
#> (-3.9955246743198867, -1.3644753256801117)
```

対標本でないとすると，p 値は大きく，信頼区間は広くなります．等分散を仮定して試します．

情報が少なければ推定の幅は広がります．

R

```r
t.test(x = X, y = Y,
       paired = FALSE,  # 対標本ではない（デフォルト）
       var.equal = TRUE, # 等分散を仮定する．デフォルトはFALSE
       alternative = "two.sided",
       conf.level = 0.95)

#>      Two Sample t-test
#>
#> data:  X and Y
#> t = -3.6821, df = 28, p-value = 0.0009785
```

```
#> alternative hypothesis: true difference in means is not equal to 0
#> 95 percent confidence interval:
#>  -4.170906 -1.189094
#> sample estimates:
#> mean of x mean of y
#>  30.21333   32.89333
```

Python

```
c = CompareMeans(DescrStatsW(X), DescrStatsW(Y)) # 対標本でない場合

ve = 'pooled' # 等分散を仮定する（デフォルト）．仮定しないなら'unequal'
c.ttest_ind(alternative=alt, usevar=ve)[1] # p 値
#> 0.0009785309372388609

c.tconfint_diff(alpha=a, alternative=alt, usevar=ve) # 信頼区間
#> (-4.170905570517185, -1.1890944294828283)
```

4.4.4 独立性の検定（カイ 2 乗検定）

表の出典は文献 [6] ですが，このような分割表の作り方を紹介するために，再現した元データを使っています．

次の表は 60–64 歳の喫煙習慣と 6 年後の生存・死亡の調査結果です．

	非喫煙者	パイプ喫煙者
生存	950	348
死亡	117	54

データの読み込み方は 5.1.1.1 目を参照.

データを読み込みます．

```
my_url <- str_c("https://raw.githubusercontent.com/taroyabuki",
                "/fromzero/master/data/smoker.csv")
my_data <- read_csv(my_url)
```

Python

```
import pandas as pd
my_url = ('https://raw.githubusercontent.com/taroyabuki'
          '/fromzero/master/data/smoker.csv')
my_data = pd.read_csv(my_url)
```

形式を確認します．

1 コンピュータと ネットワーク

2 データサイエンスのための環境

3 RとPython

4 統計入門

5 前処理

6 教師学習の目的・データ・手法

R

```
head(my_data)
#>   alive smoker
#> 1   Yes    No
#> 2   Yes    No
#> 3   Yes    No
#> 4   Yes    No
#> 5   Yes    No
#> 6   Yes    No
```

Python

```
my_data.head()
#>   alive smoker
#> 0   Yes    No
#> 1   Yes    No
#> 2   Yes    No
#> 3   Yes    No
#> 4   Yes    No
```

分割表を作ります.

可視化する場合はモザイクプロット（4.2.5 項）を使います.

R

```
my_table <- table(my_data)
my_table
#>      smoker
#> alive  No Yes
#>   No  117  54
#>   Yes 950 348
```

Python

```
my_table = pd.crosstab(
    my_data['alive'],
    my_data['smoker'])
my_table
#> smoker   No  Yes
#> alive
#> No      117   54
#> Yes     950  348
```

喫煙習慣と 6 年後の生死の独立性を，**カイ 2 乗検定**で検定します.

R

```
chisq.test(my_table, correct = FALSE)

#>        Pearson's Chi-squared test
#>
#> data:  my_data
#> X-squared = 1.7285, df = 1, p-value = 0.1886
```

Python

```
from scipy.stats import chi2_contingency
chi2_contingency(my_table, correction=False)[1]
#> 0.18860725715300422
```

独立だという仮説の下での p 値は約 $0.189\,(> 0.05)$ となるので，「喫煙習慣と 6 年後の生死には関連がない」という仮説は棄却できません.

4.4.5 ブートストラップ

本節の冒頭で挙げたくじ（15 回中当たりが 2 回）の検定や推定は，そのため

の関数で解決できました．これに限らず，統計学の入門書に載っているような
ものの多くは，そのための関数が用意されているため，p 値や信頼区間は簡単
に求められます．

しかし，統計学の入門書に載っていない，載ってはいるけれど使い方がわから
ない，載っているかどうかもよくわからないというようなこともあるでしょう．
そういう場合に使える強力な手段に，**ブートストラップ**（bootstrap method）
があります．

15 回引いて 2 回当たったくじを例に，ブートストラップを紹介します．手順
は次のとおりです．

二項分布の理論を知らなくて
も，結果は得られます．

1. データ（0 が 13 個，1 が 2 個）を用意し，X とする．
2. （練習）X から 15 個を**復元抽出**する．

復元抽出は，同じものを複数
回選べる抽出です．

3. （練習）当たった回数を求める．
4. 1 から 3 を複数回繰り返す（ここでは 10 万回）．
5. 結果のヒストグラムを描く．
6. 結果の 2.5％の値から 97.5％の値までを，信頼係数 95％の信頼区間と見なす
   （文献 [13]）．

R: rep（ベクタ 1，ベクタ 2）
は，ベクタ 1 の各要素をベク
タ 2 で指定された回数だけ繰
り返し，全体を一つのベクタ
にして返します．

手順の 1 から 4 を実行します．

```
X <- rep(0:1, c(13, 2)) # 手順 1
X
#> [1] 0 0 0 0 0 0 0 0 0 0 0 0 0 1 1

tmp <- sample(X, size = length(X), replace = TRUE) # 手順 2
tmp
#> [1] 0 0 1 0 0 0 0 0 0 1 0 1 0 0 0

sum(tmp) # 手順 3
#> [1] 3

n <- 10^5
result <- replicate(n, sum(sample(X, size = length(X), replace = TRUE))) # 手順 4
```

```python
X = [0] * 13 + [1] * 2 # 手順 1
X
#> [0, 0, 0, 0, 0, 0, 0, 0, 0, 0, 0, 0, 0, 1, 1]

tmp = np.random.choice(X, 15, replace=True) # 手順 2
tmp
#> array([0, 0, 0, 0, 0, 0, 0, 1, 0, 0, 0, 0, 1, 0, 0])

sum(tmp) # 手順 3
#> 2

n = 10**5
result = [sum(np.random.choice(X, len(X), replace=True)) for _ in range(n)] # 手順 4
```

手順 5 を実行します.

R

```r
hist(x = result, breaks = 0:15,
     right = FALSE)
```

Python

```python
import matplotlib.pyplot as plt
plt.hist(result, bins=range(0, 16))
```

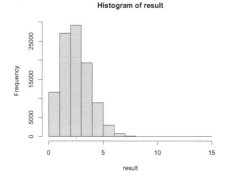

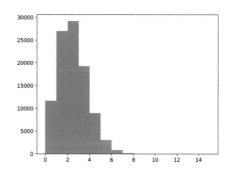

手順 6 を実行します.

R

```r
quantile(result, c(0.025, 0.975))
#> 2.5% 97.5%
#>    0     5
```

Python

```python
np.quantile(result, [0.025, 0.975])
#> array([0., 5.])
```

当たる回数の信頼区間は $[0,5]$, 当たる確率の信頼区間は $[0,5/15] = [0,0.33]$ くらいになりそうです.

4.4.2 項で計算した結果は $[0.0242, 0.3697]$ でした.

ここで紹介した問題の答え（信頼区間）は，理論的に結論を出せるものです.

しかし，理論的に結論を出すのが難しい問題でも，手順 3 のところで計算がで
きるものなら何でもブートストラップを試せます．

## 第 5 章

前処理

　これまでは，プログラムの説明に使うデータはプログラム中に書いていました．しかし，通常は，データをプログラム中には書きません．データは，プログラムの外部から読み込みます．本章では，プログラムの外部からデータを読み込み，第 2 部「機械学習」で使える形に整える方法を紹介します．

本章の内容

- 5.1　データの読み込み
- 5.2　データの変換

データの読み込み

本節の目標

CSV, HTML, XML, JSON などの形式で記録されたデータを, データフレームとして読み込みます.

5.1.1 CSV

本書で扱うデータの大部分は表形式で, データフレーム (3.4 節) として表現されます. 表形式のデータの記録には, **CSV** (comma-separated value) 形式が使われることが多いです. CSV 形式は, テキストファイルにコンマで区切ってデータを記述する形式です. 左は CSV 形式のテキスト, 右はそれが表すデータセットの例です.

```
┌─ exam.csv ──────────
│ name,english,math,gender
│ A,60,70,f
│ B,90,80,m
│ C,70,90,m
│ D,90,100,f
```

name	english	math	gender
A	60	70	f
B	90	80	m
C	70	90	m
D	90	100	f

他の方法でファイルを作って作業ディレクトリに置いてもかまいません.

この CSV ファイルをサポートサイトからダウンロードしておきます.

R

```
library(tidyverse)
system(str_c("wget https://raw.githubusercontent.com/taroyabuki",
             "/fromzero/master/data/exam.csv"))
```

Python

```
!wget https://raw.githubusercontent.com/taroyabuki/fromzero/master/data/exam.csv
```

5.1.1.1 CSV の読み込み

CSV ファイル exam.csv を読み込んで，データフレームを作ります[*1].

R
```
my_df <- read_csv("exam.csv")
# あるいは
my_df <- read.csv("exam.csv",
  stringsAsFactors = FALSE)

my_df
#>   name english math gender
#> 1    A      60   70      f
#> 2    B      90   80      m
#> 3    C      70   90      m
#> 4    D      90  100      f
```

Python
```
import pandas as pd
my_df = pd.read_csv('exam.csv')
my_df
#>   name english math gender
#> 0    A      60   70      f
#> 1    B      90   80      m
#> 2    C      70   90      m
#> 3    D      90  100      f
```

CSV データはウェブ上にあってもかまいません．URL を指定して，CSV データを読み込みます．

R
```
my_url <- str_c("https://raw.githubusercontent.com/taroyabuki",
                "/fromzero/master/data/exam.csv")
my_df <- read_csv(my_url)
# あるいは
my_df <- read.csv(my_url, stringsAsFactors = FALSE)
```

Python
```
my_url = ('https://raw.githubusercontent.com/taroyabuki'
          '/fromzero/master/data/exam.csv')
my_df = pd.read_csv(my_url)
```

名前に使う列を指定することで，データを読み込むと同時に行の名前を設定します．例として，1 列目（name）の値を行の名前とします．

[*1] R:「stringsAsFactors = FALSE」は文字列をファクタ（3.3.1.2 目）に変換しないためのオプションです．R バージョン 4 以降ではこれがデフォルトなので，このオプションは省略できます．このように，慣れていないと驚くことが read.csv にはあるので，特別な理由がなければ read_csv を使うことを勧めます．とはいえ，read_csv にもわかりにくいところがあります．列の型を最初の 1,000 行から推測することになっているのですが，とてもまれなデータが 1,000 行より後で出てくると，読み込みに失敗します．この問題を回避するためには，「guess_max = 10000」などとして，推測に使う行数を増やさなければなりません．

```R
my_df2 <- read.csv(
  file = "exam.csv",
  stringsAsFactors = FALSE,
  row.names = 1)
my_df2
#>   english math gender
#> A      60   70      f
#> B      90   80      m
#> C      70   90      m
#> D      90  100      f
```

```Python
my_df2 = pd.read_csv('exam.csv',
    index_col='name')
my_df2
#>      english  math gender
#> name
#> A         60    70      f
#> B         90    80      m
#> C         70    90      m
#> D         90   100      f
```

5.1.1.2　CSV ファイルへの書き出し

データフレームをファイルに書き出します.

まずは, 行の名前を出力しない場合です.

```R
my_df %>% write_csv("exam2.csv")
# あるいは
my_df %>% write.csv(
  file = "exam2.csv",
  row.names = FALSE)
```

```Python
my_df.to_csv('exam2.csv', index=False)
```

次に, 行の名前を出力する場合です.

```R
my_df2 %>% write.csv("exam3.csv")
```

```Python
my_df2.to_csv('exam3.csv')
```

5.1.2　文字コード

16 進数 2 桁が 1 バイトなので, 4 桁なら 2 バイト, 6 桁なら 3 バイトです.

　CSV データを読み書きする際には, **文字コード**について注意する必要があります. 文字コードは, 文字をバイト列で表現するための規則です. たとえば, 「あ」という文字は, **UTF-8** という文字コードでは「E38182」という 3 バイトで, Shift_JIS (あるいはその拡張である CP932) という文字コードでは「82A0」という 2 バイトで表現されます. 「E38182」というバイト列を Shift_JIS だと思って読んだり, 「82A0」というバイト列を UTF-8 だと思って読んだりすると文字化けになります. ですから, テキストデータを読み書きする際には, そ

こういうことが煩わしいと思うなら, **ASCII** だけを使うとよいでしょう.

の文字コードを明示するようにしておくと安全です*2.

　文字コードが UTF-8 である CSV データを読み込みます. 別の文字コードを使う場合は UTF-8 の部分を Shift_JIS や CP932 などで置き換えてください*3.

Ⓡ
```
my_df <- read_csv(file = "exam.csv",
  locale = locale(encoding = "UTF-8"))
# あるいは
my_df <- read.csv(file = "exam.csv",
  stringsAsFactors = FALSE,
  fileEncoding = "UTF-8")
```

Python
```
my_df = pd.read_csv('exam.csv',
    encoding='UTF-8')
```

P: Python では，UTF-8 がデフォルトなので，ここで示した例の encoding の指定は省略できます.

文字コードが UTF-8 の CSV ファイルにデータフレームを書き出します.

Ⓡ
```
my_df %>% write_csv("exam2.csv")
# あるいは
my_df %>% write.csv(file = "exam2.csv", row.names = FALSE,
                    fileEncoding = "UTF-8")
```

Python
```
my_df.to_csv('exam2.csv', index=False, encoding='UTF-8')
```

5.1.3　ウェブ上の表

　ウェブページに掲載されている表をそのままデータフレームとして読み込む方法を紹介します. 例として, 本書のサポートページの https://github.com/taroyabuki/fromzero/blob/master/data/exam.csv*4 にある表を取り込みます.

Ⓡ
```
my_url <- "https://github.com/taroyabuki/fromzero/blob/master/data/exam.csv"
my_tables <- xml2::read_html(my_url) %>% rvest::html_table()
```

---

*2　すべてが UTF-8 に統一されていると簡単なのですが, 現実はそうではありません. たとえば, 日本語環境の Windows 上の Excel が扱う CSV ファイルのデフォルトの文字コードは Shift_JIS です.

*3　R で利用可能な文字コードは iconvlist() でわかります. Python で利用可能な文字コードは https://docs.python.org/ja/3/library/codecs.html#standard-encodings にまとめられています.

*4　CSV のように見えますが, これは HTML ページの URL です. https://raw.githubusercontent.com/taroyabuki/fromzero/master/data/exam.csv にアクセスすればデータを CSV 形式で取得できますが, ここでは説明のために, あえて HTML ページを使っています.

Python

```
my_url = 'https://github.com/taroyabuki/fromzero/blob/master/data/exam.csv'
my_tables = pd.read_html(my_url)
```

このページには表が 1 個なので，要素が 1 個のリストになります．

R

```
my_tables
#> [[1]]
#>   X1   X2      X3   X4     X5
#> 1 NA name english math gender
#> 2 NA    A      60   70      f
#> 3 NA    B      90   80      m
#> 4 NA    C      70   90      m
#> 5 NA    D      90  100      f
```

Python

```
my_tables
#> [   Unnamed: 0 name  english ...
#> 0         NaN    A       60 ...
#> 1         NaN    B       90 ...
#> 2         NaN    C       70 ...
#> 3         NaN    D       90 ...]
```

その 1 個の要素を確認すると，すでにデータフレームになっています．

R

```
tmp <- my_tables[[1]]
tmp
#>   X1   X2      X3   X4     X5
#> 1 NA name english math gender
#> 2 NA    A      60   70      f
#> 3 NA    B      90   80      m
#> 4 NA    C      70   90      m
#> 5 NA    D      90  100      f
```

Python

```
my_tables[0]
#>    Unnamed: 0 name  english ...
#> 0         NaN    A       60 ...
#> 1         NaN    B       90 ...
#> 2         NaN    C       70 ...
#> 3         NaN    D       90 ...
```

少し整形すると，目的のデータフレームになります．

R

```
# 1行目のデータを使って列の名前を付け直す
colnames(tmp) <- tmp[1, ]

# 1行目と1列目を削除する
my_data <- tmp[-1, -1]
my_data
#>   name english math gender
#> 2    A      60   70      f
#> 3    B      90   80      m
#> 4    C      70   90      m
#> 5    D      90  100      f
```

Python

```
# 1列目以降を取り出す
my_data = my_tables[0].iloc[:, 1:]
my_data
#>   name english math gender
#> 0    A      60   70      f
#> 1    B      90   80      m
#> 2    C      70   90      m
#> 3    D      90  100      f
```

5.1.4 JSON と XML

データが CSV 以外の形式で提供されることもあります．よく使われるのは，JSON と XML です．5.1.1 項の冒頭に掲載したデータを，JSON と XML で表現した例を掲載します．

```json
JSON
[
  {
    "name": "A",
    "english": 60,
    "math": 70,
    "gender": "f"
  },
  {
    "name": "B",
    "english": 90,
    "math": 80,
    "gender": "m"
  },
  {
    "name": "C",
    "english": 70,
    "math": 90,
    "gender": "m"
  },
  {
    "name": "D",
    "english": 90,
    "math": 100,
    "gender": "f"
  }
]
```

```xml
XML
<?xml version='1.0' encoding='UTF-8'?>
<root xmlns='https://www.example.net/ns/1.0'>
 <description>experiment results</description>
 <records>
  <record english='60' math='70'>
   <gender>f</gender>
   <name>A</name>
  </record>
  <record english='90' math='80'>
   <gender>m</gender>
   <name>B</name>
  </record>
  <record english='70' math='90'>
   <gender>m</gender>
   <name>C</name>
  </record>
  <record english='90' math='100'>
   <gender>f</gender>
   <name>D</name>
  </record>
 </records>
</root>
```

左が JSON の例です[*5]．JSON の書き方は，Python のリストや辞書に似ています．A, B, C, D のようにデータを並べたいときは [A, B, C, D] と角括弧の中に書き，k1:v1, k2:v2, k3:v3 のようにキーとバリュー（値）のペアを管理したいときは{k1:v1, k2:v2, k3:v3}と波括弧の中に書きます．

右が XML の例です．試験の結果が，records 要素にまとめられています．records 要素の中には，record 要素が 5 個あり，english と math が属性として，gender と name が子要素として記録されています．属性と子要素のどちらか一方のみを使って記録したほうが単純でいいのですが，ここでは XML を読み込む一般的な方法を説明するために，このような不自然な形式にしています．

ここでは JSON ファイルや XML ファイルを作る手間を省くために，サポートサイトから直接データを読み込んでいます．データをファイルから読み込む方法をコメントで示しています．

[*5]　R で「my_df %>% write_json("test.json")」として作りました．

ネットワーク

データサイエンスのための環境

R と Python

統計入門

前処理

機械学習の目的・データ・手法

　　JSON も XML も汎用のデータ形式ですが，ここでは，先に掲載したような，表形式で表せるデータのみを想定します．そういうデータを読み込んで，データフレームに変換します．

5.1.4.1　JSON データの読み込み

XML と比べると，この作業はとても簡単です．

JSON データを読み込み，データフレームにします．

Ⓡ

```
library(jsonlite)
my_url <- str_c("https://raw.githubusercontent.com/taroyabuki",
                "/fromzero/master/data/exam.json")
my_data <- fromJSON(my_url)
#my_data <- fromJSON("exam.json") # （ファイルを使う場合）
my_data
#>   name english math gender
#> 1  A        60   70      f
#> 2  B        90   80      m
#> 3  C        70   90      m
#> 4  D        90  100      f
```

Python

```
my_url = ('https://raw.githubusercontent.com/taroyabuki'
          '/fromzero/master/data/exam.json')
my_data = pd.read_json(my_url)
#my_data = pd.read_json('exam.json') # （ファイルを使う場合）
my_data
#>   name english  math gender
#> 0  A        60    70      f
#> 1  B        90    80      m
#> 2  C        70    90      m
#> 3  D        90   100      f
```

5.1.4.2　XML データの読み込み

　　XML データを読み込み，名前空間を確認します．

Ⓡ

```
library(xml2)
my_url <- str_c("https://raw.githubusercontent.com/taroyabuki",
                "/fromzero/master/data/exam.xml")
my_xml <- read_xml(my_url)        # XML データの読み込み
#my_xml <- read_xml("exam.xml") # （ファイルを使う場合）
xml_ns(my_xml)                    # 名前空間の確認（d1）
#> d1 <-> https://www.example.net/ns/1.0
```

```Python
import xml.etree.ElementTree as ET
from urllib.request import urlopen

my_url = ('https://raw.githubusercontent.com/taroyabuki'
          '/fromzero/master/data/exam.xml')
with urlopen(my_url) as f:
    my_tree = ET.parse(f)        # XML データの読み込み

#my_tree = ET.parse('exam.xml') # （ファイルを使う場合）
my_ns = '{https://www.example.net/ns/1.0}' # 名前空間
```

すべての record 要素を取り出します（この結果を，3.7 節「反復処理」の手法で処理します）．

```R
my_records <- xml_find_all(my_xml, ".//d1:record")
```

```Python
my_records = my_tree.findall(f'.//{my_ns}record')
```

要素から属性と子要素の名前と内容を取り出す関数 f を定義します．

```R
f <- function(record) {
  tmp <- xml_attrs(record)                      # 属性をすべて取り出し
  xml_children(record) %>% walk(function(e) {
    tmp[xml_name(e)] <<- xml_text(e)            # 子要素の名前と内容を追加する
  })
  tmp
}
```

```Python
def f(record):
    my_dic1 = record.attrib # 属性を取り出す
    # 子要素の名前と内容のペアを辞書にする
    my_dic2 = {child.tag.replace(my_ns, ''): child.text for child in list(record)}
    return {**my_dic1, **my_dic2} # 辞書を結合する
```

my_records のすべての要素に対して f を適用し，結果をデータフレームにまとめます．データは文字列になっているので，english と math の列のデータを数値に変換します．

155

R

```
my_data <- my_records %>% map_dfr(f)
my_data$english <- as.numeric(my_data$english)
my_data$math    <- as.numeric(my_data$math)
my_data
#>   english math gender name
#>     <dbl> <dbl> <chr>  <chr>
#> 1      60    70 f      A
#> 2      90    80 m      B
#> 3      70    90 m      C
#> 4      90   100 f      D
```

Python

```
my_data = pd.DataFrame([f(record) for record in my_records])
my_data['english'] = pd.to_numeric(my_data['english'])
my_data['math']    = pd.to_numeric(my_data['math'])
my_data
#>    english math gender name
#> 0       60   70      f    A
#> 1       90   80      m    B
#> 2       70   90      m    C
#> 3       90  100      f    D
```

5.2

データの変換

本節の目標

データフレームとして読み込んだデータを，第2部で行う機械学習用に変換します．

データには次のような種類があります．

量的変数　数値（例：気温，降水量）

　間隔尺度　差に意味があり，比に意味がないもの（例：摂氏温度）
　比尺度　　差にも比にも意味があるもの（例：降水量）

質的変数　数値でないもの．カテゴリあるいはクラス．

　名義尺度　順番がないもの（例：国籍，趣味）
　順序尺度　順番があるもの（例：順位，{ ○, △, × }）

　機械学習の前に，これらのデータを次のような方針で変換することがあります[*6]．

量的変数　たとえば，身長と体重のデータを使うときには，それぞれの単位として，cm と kg，m と kg，cm と g，m と g などの組合せが考えられますが，どの組合せのデータでも，最終的な結果は同じになってほしいです．そういう場合には，データを標準化することを検討します（5.2.1 項）．

質的変数　一部の機械学習のアルゴリズムは，データが量的変数でないと使えません．使いたいアルゴリズムが量的変数しか扱えないにもかかわらず，データに質的変数が含まれている場合は，それを量的変数に変換しなければなりません．そういう場合には，ワンホットエンコーディングを検討します（5.2.2 項）．

[*6] 機械学習の実践時に，ここで紹介している標準化やワンホットエンコーディングのコードを書くことはまれです．たいていの場合，変換するという指示を書くだけで済みます（標準化については 8.3 節，ワンホットエンコーディングについては 10.3.2 項を参照）．

5.2.1　標準化

ここで紹介するのは，標準化の考え方です．実用上重要なのは，ここで紹介するような 1 次元データの標準化ではなく，データフレームの列ごとの標準化です（8.3 節を参照）．

1 次元データの各要素について，「平均を引いて標準偏差で割る」という計算をすると，全体の平均は 0，標準偏差は 1 になります．この計算を，**標準化**（standardization）といい，標準化後のデータを Z 得点といいます[7]．

簡単な例を示します．

R
```r
x1 <- c(1, 2, 3)

z1 <- scale(x1)
# あるいは
z1 <- (x1 - mean(x1)) / sd(x1)

z1
#> [1] -1  0  1
```

R: scale は x1 の平均と標準偏差を保持します（掲載している結果では割愛）．

Python
```python
import numpy as np
from scipy.stats import zscore

x1 = [1, 2, 3]

z1 = ((x1 - np.mean(x1)) /
      np.std(x1, ddof=1))
# あるいは
z1 = zscore(x1, ddof=1)

z1
#> array([-1.,  0.,  1.])
```

Z 得点の平均が 0，標準偏差が 1 であることを確認します．

R
```r
c(mean(z1), sd(z1))
#> [1] 0 1
```

Python
```python
z1.mean(), np.std(z1, ddof=1)
#> (0.0, 1.0)
```

Z 得点に元のデータの標準偏差をかけて平均を足すと元に戻ります．

R
```r
z1 * sd(x1) + mean(x1)
#> [1] 1 2 3
```

Python
```python
z1 * np.std(x1, ddof=1) + np.mean(x1)
#> array([1., 2., 3.])
```

x1 を標準化したのと同じ方法で，別のデータ x2 を処理します．つまり，x2 の各要素について，「x1 の平均を引いて x1 の標準偏差で割る」という計算をします．その結果 z2 の平均と標準偏差は 0 と 1 にはなりませんが，それでかまいません[8]．

---

[7]　標準化の他に，データが 0 から 1 になるように線形変換する**正規化**があります（11.3.1 項で使います）．

[8]　ここで想定しているのは，第 2 部で扱う教師あり学習で，訓練データを標準化したのと同じ方法で検証データやテストデータを処理するという状況です．

R

```
x2 <- c(1, 3, 5)
z2 <- (x2 - mean(x1)) / sd(x1)
c(mean(z2), sd(z2))
#> [1] 1 2
```

Python

```
x2 = [1, 3, 5]
z2 = ((x2 - np.mean(x1)) /
      np.std(x1, ddof=1))
z2.mean(), np.std(z2, ddof=1)
#> (1.0, 2.0)
```

5.2.2 ワンホットエンコーディング

量的変数しか扱えない手法を，質的変数を含むデータに適用したいときには，質的変数を量的変数に変換します．

値が A，B，C のいずれかであるような質的変数があるとしましょう．この変数が順序尺度なら，A → 1，B → 2，C → 3 のように変換してもよいでしょう（A, B, C が等間隔ということになってしまいますが）．この変数が名義尺度なら，このような変換はしないほうがよいです．A と B の関係が，A と C の関係より近いことになってしまうからです．このような場合には**ワンホットエンコーディング**（one-hot encoding）を使い，値が 0 か 1 の数値からなる変数で，カテゴリ変数を表現します．

元のデータフレーム（my_df）	$\implies$	新しいデータフレーム		

id	class		id	class.A	class.B	class.C
1	A		1	1	0	0
2	B		2	0	1	0
3	C		3	0	0	1

この例では，質的変数 class の値を表現するために，class.A, class.B, class.C という三つの量的変数を導入しています．新たに導入した変数の値は 0 か 1 です．実際に変換してみます[9]．

---

[9]　P: pd.get_dummies(my_df) という方法もあるのですが，それでは後で my_df2 を変換するときに失敗します（my_df2 の class には A がないからです）．

<table>
<tr><td>

R

```r
library(caret)
library(tidyverse)

my_df <- data.frame(
  id = c(1, 2, 3),
  class = as.factor(
    c("A", "B", "C")))

my_enc <- my_df %>%
  dummyVars(formula = ~ .)

my_enc %>% predict(my_df)
#>   id class.A class.B class.C
#> 1 1       1       0       0
#> 2 2       0       1       0
#> 3 3       0       0       1
```

</td><td>

Python

```python
import pandas as pd
from sklearn.preprocessing import (
    OneHotEncoder)

my_df = pd.DataFrame({
    'id':    [ 1 , 2 , 3 ],
    'class': ['A', 'B', 'C']})

my_enc = OneHotEncoder()
tmp = my_enc.fit_transform(
    my_df[['class']]).toarray()
my_names = my_enc.get_feature_names()
pd.DataFrame(tmp, columns=my_names)
#>    x0_A  x0_B  x0_C
#> 0   1.0   0.0   0.0
#> 1   0.0   1.0   0.0
#> 2   0.0   0.0   1.0
```

</td></tr>
</table>

P: 変換結果は tmp です. 見やすくするためにデータフレームに変換して, 列の名前を補っています.

my_df を変換したのと同じ方法で, 別のデータ my_df2 を変換します[10].

<table>
<tr><td>

R

```r
my_df2 <- data.frame(
  id =    c( 4 , 5 , 6 ),
  class = c("B", "C", "B"))
my_enc %>% predict(my_df2)
#>   id class.A class.B class.C
#> 1 4       0       1       0
#> 2 5       0       0       1
#> 3 6       0       1       0
```

</td><td>

Python

```python
my_df2 = pd.DataFrame({
    'id':    [ 4 , 5 , 6 ],
    'class': ['B', 'C', 'B']})
tmp = my_enc.transform(
    my_df2[['class']]).toarray()
pd.DataFrame(tmp, columns=my_names)
#>    x0_A  x0_B  x0_C
#> 0   0.0   1.0   0.0
#> 1   0.0   0.0   1.0
#> 2   0.0   1.0   0.0
```

</td></tr>
</table>

P: my_enc.transform の結果は疎行列（値が 0 でない要素だけ記録する形式）です. それを toarray で 2 次元配列に変換しています.

5.2.3　補足：冗長性の排除

　class の値は A, B, C のいずれかなので, class.A, class.B, class.C (Python では x0_A, x0_B, x0_C) のうちの二つがあれば, 残りは再現できます. 結果を 2 変数にするには, R の dummyVars に引数 fullRank = TRUE を, Python の OneHotEncoder に引数 drop='first' を与えます.

---

[10]　標準化のときと同様, 訓練データを変換したのと同じ方法で検証データやテストデータを変換するという状況を想定しています.

R

```
my_enc <- my_df %>%
  dummyVars(formula = ~ .,
            fullRank = TRUE)
my_enc %>% predict(my_df)
#>    id class.B class.C
#> 1 1       0       0
#> 2 2       1       0
#> 3 3       0       1

my_enc %>% predict(my_df2)
#>    id class.B class.C
#> 1 4       1       0
#> 2 5       0       1
#> 3 6       1       0
```

Python

```
my_enc = OneHotEncoder(drop='first')

tmp = my_enc.fit_transform(
    my_df[['class']]).toarray()
my_names = my_enc.get_feature_names()
pd.DataFrame(tmp, columns=my_names)
#>    x0_B  x0_C
#> 0  0.0   0.0
#> 1  1.0   0.0
#> 2  0.0   1.0

tmp = my_enc.transform(
    my_df2[['class']]).toarray()
pd.DataFrame(tmp, columns=my_names)
#>    x0_B  x0_C
#> 0  1.0   0.0
#> 1  0.0   1.0
#> 2  1.0   0.0
```

　このような冗長性の排除を行うかどうかは，使用するアルゴリズムによります．多くの手法では任意ですが，冗長性の排除をするかどうかで結果が変わるので，両方調べて性能のよいほうを採用するとよいでしょう[11]．10.3.5 項を参照してください．

---

[11] 線形回帰分析（7.3 節，8.2 節）による予測は，冗長性の排除の影響を受けません．しかし，回帰係数は影響を受けるので，回帰係数を見て解釈をする必要がある場合は，冗長性を排除するかどうかを検討する必要があります．

第 2 部

機械学習

## 第 6 章

機械学習の
目的・データ・手法

　第2部では，データサイエンスという活動において大きな役割を演じる，機械学習を扱います．本章では，機械学習の目的を説明し，その目的を実現するための手法と，手法の練習のためのデータセットを紹介します．

本章の内容

6.1

機械学習の目的（本書の場合）

本節の目標

　機械学習に期待されることはいろいろありますが，本書で重視するのは「予測」です．これがどういうことなのかを理解します．

　本書の「はじめに」で，データサイエンスの目標が意思決定だと述べました．意思決定に役立てるものとして，**表6.1** の三つのいずれかを機械学習で得ることが期待されます．

　天体観測のデータがあるとしましょう．そのデータを使うと，天体の未来の位置（未知の状況）を予測できるかもしれません．楕円軌道のような，複数の天体の運動に共通するパターンが見つかるかもしれません．さらに，天体の運動が従っている物理法則を発見して，天体の運動についての理解が深まるかもしれません．**機械学習**（machine learning）では，データに基づいて未知の状況に対する予測をしたり，データから何らかのパターンを見出したりすることを目指します．理解まで行ければいいのですが，通常はそこまでは求めません．

　本書では，表6.1の三つのうちの，予測だけを目標にします．

表6.1　機械学習に期待すること

目標	説明
予測（本書での目標）	未知の状況に対する予測をする
パターンの発見	データから何らかのパターンを見出す
理解	対象のしくみを理解する

6.2

機械学習のためのデータ

本節の目標

　本書で機械学習のために使うデータの形式を，具体例を使って確認します．教師データとは何か，それが量的な場合と質的な場合の違いを理解します．

　本書で扱うデータには，大きく分けて，**クロスセクションデータ**（cross-section data）と**時系列データ**（time-series data）があります．

　表 **6.2** はクロスセクションデータの例です．これは 5 人分のデータで，インスタンス（A, B, C, D, E）は別人です．クロスセクションデータの各インスタンスは独立です．

　表 **6.3** は時系列データの例です．これは，同じ人の身長と体重を別々の時期に測定した結果です．時系列データの各行は独立ではありません．

　クロスセクションデータと時系列データは，どちらも表形式で表現されます．インスタンス 1 件を表の 1 行で表現するので，インスタンスが多くなると，表が縦に長くなります．それに対して，表 6.2 や表 6.3 の身長や体重のような変数が増えると，表の幅が広がります．

表 6.2　クロスセクションデータの例

名前	身長	体重
A	160	60
B	170	70
C	180	80
D	190	90
E	200	100

表 6.3　時系列データの例

日付	身長	体重
2015 年 1 月	160	60
2016 年 1 月	170	70
2017 年 1 月	180	80
2018 年 1 月	190	90
2019 年 1 月	200	100

6.2.1　機械学習を学ぶのに使うデータセット

　本書では，すでに誰かが集めてまとめてくれたデータセットを使って，機械学習を学びます．R や Python のパッケージに含まれているものやデータリポ

ジトリ*1 で公開されているものが使いやすいでしょう．本書で主に使うのは，そういうデータです．機械学習の現場では，自分でデータを集めてまとめることが必要になりますが，そういうことは本書の範囲外です．

本項では，本書で扱うデータを紹介します．データの形式によってそれを処理する手法が変わります．注目すべき形式の違いを「注目点」としてまとめてあるので確認してください．

6.2.1.1　教師データ

表 6.4 から表 6.9 では，教師データの部分の背景に色を付けています．

教師データとは，予測したい観測値の既知の例のことです．変数のうち，教師データとなる変数を**出力変数**（output variables），それ以外の変数を**入力変数**（input variables）といいます．出力変数と入力変数の関係は，応答変数（response）と予測変数（predicators），従属変数（dependent variable）と独立変数（independent variables），目的変数（target variable, objective variable）と説明変数（explanatory variables）ともいいます．

何を教師データとするかは，何を知りたいかによります．停止距離から速度を予測できるようになりたいなら，既知の速度が教師データになります．

表 6.4　量的教師データ 1（第 7 章）

概要　自動車の速度（speed）と停止距離（dist）の関係のデータ

目標　指定した速度，たとえば 21.5 の場合の停止距離を予測できるようになること

注目点　● 出力変数の観測値（教師データ）がある（→分野は「教師あり学習」）
　　　　● 出力変数は量的変数（数値）である（→手法は「回帰」）
　　　　● 入力変数は一つ，速度（speed）だけである（→わかりやすい）

表 6.4　自動車の速度（speed）と停止距離（dist）の関係（既知の dist が教師データ）

speed	dist
4	2
4	10
7	4
⋮	⋮
21.5	?

変数の意味は表 8.1 を参照．

表 6.5　量的教師データ 2（第 8 章，11.1 節，11.4.3 項）

概要　ブドウの生育条件とワインの価格（LPRICE2）の関係のデータ

目標　指定した条件（たとえば表の最下行）の場合の価格を予測できるようになること

---

*1　データを集めて公開しているウェブサイトです．有名なデータリポジトリには，カリフォルニア大学アーバイン校のリポジトリ（https://archive.ics.uci.edu），Kaggle のリポジトリ（https://www.kaggle.com/datasets），AWS のリポジトリ（https://registry.opendata.aws），政府統計の総合窓口（e-Stat, https://www.e-stat.go.jp）などがあります．

注目点 ● 出力変数の観測値（教師データ）がある（→分野は「教師あり学習」）
　　　　● 出力変数は量的変数（数値）である（→手法は「回帰」）
　　　　● 入力変数は複数である

表 6.5　ブドウの生育条件とワインの価格（LPRICE2）の関係（既知の LPRICE2 が教師データ）

LPRICE2	WRAIN	DEGREES	HRAIN	TIME_SV
-0.999	600	17.1	160	31
-0.454	690	16.7	80	30
-0.808	502	17.2	130	28
⋮	⋮	⋮	⋮	⋮
?	500	17	120	2

表 6.6　（多値）質的教師データ（第 9 章，11.2 節）

概要　3 種類のアヤメ（setosa, versicolor, virginica）の, sepal（がく片）
　　　と petal（花びら）の長さ（length）と幅（width）のデータ

目標　がく片と花びらの長さと幅から，アヤメの種類を予測できるようになること

注目点 ● 出力変数の観測値（教師データ）がある（→分野は「教師あり学習」）
　　　　● 出力変数は質的変数（カテゴリ）である（→手法は「分類」）
　　　　● 出力変数の値は 3 種類である

表 6.6　アヤメのデータセット（既知の Species が教師データ）

Sepal.Length	Sepal.Width	Petal.Length	Petal.Width	Species
5.1	3.5	1.4	0.2	setosa
4.9	3.0	1.4	0.2	setosa
⋮	⋮	⋮	⋮	
7.0	3.2	4.7	1.4	versicolor
6.4	3.2	4.5	1.5	versicolor
⋮	⋮	⋮	⋮	
6.3	3.3	6.0	2.5	virginica
5.8	2.7	5.1	1.9	virginica
⋮	⋮	⋮	⋮	
5.0	3.5	1.5	0.5	?
6.5	3.0	5.0	2.0	?

表 6.7　（2 値）質的教師データ（第 10 章）

概要　客船タイタニックの事故における乗員乗客の生死のデータ

目標　Class（客室の等級），Sex（性別），Age（大人か子供）から生死を予
　　　測できるようになること

注目点 ● 出力変数の観測値（教師データ）がある（→分野は「教師あり学習」）
　　　　● 出力変数は質的変数（カテゴリ）である（→手法は「分類」）

- 出力変数の値は 2 種類（Yes と No）である（→ 3 種類以上の場合とは異なる手法や性能指標がある）
- 質的入力変数がある（→手法によってはワンホットエンコーディングが必要になる）

表 6.7　客船タイタニックの事故における乗員乗客の生死（既知の Survived が教師データ）

Class	Sex	Age	Survived
1st	Male	Child	Yes
1st	Male	Child	Yes
1st	Male	Child	Yes
⋮	⋮	⋮	⋮
Crew	Female	Adult	?

表 6.8　（多値）質的教師データ（11.3 節，11.4.4 項）

概要　手書き文字の画像とそれが表す数字のデータ

目標　手書き文字の画像からそれが表す数字を予測できるようになること

注目点　（表 6.6 と同様）

表 6.8　手書き文字の画像とそれが表す数字（既知の label が教師データ）

image	label
3	3
6	6
4	4
⋮	⋮
9	?

label は数字（質的変数）であって数値（量的変数）ではありません.

6.2.1.2　時系列データ

表 6.9　時系列データ（第 12 章）

概要　1949 年 1 月から 1960 年 12 月までの航空機の利用客数のデータ

目標　1949 年 1 月から 1957 年 12 月までのデータに基づいて，1958 年 1 月以降の利用客数を予測できるようになること

注目点　データの並び順に意味がある

表 6.9 航空機の利用客数

年月	利用客数
1949 年 1 月	112
1949 年 2 月	118
⋮	⋮
1957 年 12 月	336
1958 年 1 月	?
⋮	⋮
1960 年 12 月	?

6.2.1.3 教師データなし

表 6.10 教師データなし（第 13 章）

概要　5 科目の試験の結果（複数人分）のデータ

目標　少ない変数で結果を要約したり，似ている受験者のクラスタを見つけたりすること

注目点　「教師データ」がない

表 6.10　5 科目の試験の結果

name	language	english	math	science	society
A	0	0	100	0	0
B	20	20	20	20	20
C	20	40	5	5	30
⋮	⋮	⋮	⋮	⋮	⋮

6.2.2　補足：アヤメのデータ

　表 6.6 に掲載したアヤメのデータセットは，機械学習で最も有名なデータセットの一つといってよいでしょう．このデータセットの使い方をまとめます．

6.2.2.1　R

R: iris という名前でアヤメのデータセットを使います．

```
iris
#>    Sepal.Length Sepal.Width Petal.Length Petal.Width   Species
#> 1           5.1         3.5          1.4         0.2    setosa
# 以下省略
```

6.2.2.2　Python

P: アヤメのデータセットを使う方法が複数あります．よく目にするものをまとめます．

パッケージ statsmodels には，R に入っているデータが，R と同じ形式で入っています．本書では主にこれを使います．

Python

```
import statsmodels.api as sm
iris = sm.datasets.get_rdataset('iris', 'datasets').data
iris.head()
#>    Sepal.Length  Sepal.Width  Petal.Length  Petal.Width Species
#> 0           5.1          3.5           1.4          0.2  setosa
# 以下省略
```

パッケージ seaborn に入っているものは，少ない入力文字数で使えて便利です．しかし，列の名前が R のものと違うので，本書では使いません．

Python

```
import seaborn as sns
iris = sns.load_dataset('iris')
iris.head()
#>    sepal_length  sepal_width  petal_length  petal_width species
#> 0           5.1          3.5           1.4          0.2  setosa
# 以下省略
```

パッケージ sklearn に入っているものは，行列（がく片と花びらの長さと幅）と整数の列（種類）が別々になっています．変数名が R のものと違うので，本書では使いませんが，参考までに，データフレームを作るためのコードを掲載します．

Python

```
import pandas as pd
from sklearn.datasets import load_iris
tmp = load_iris()
iris = pd.DataFrame(tmp.data, columns=tmp.feature_names)
iris['target'] = tmp.target_names[tmp.target]
iris.head()
#>    sepal length (cm)  sepal width (cm)  ...  petal width (cm)  target
#> 0                5.1               3.5  ...               0.2  setosa
# 以下省略
```

機械学習のための手法

　さまざまなデータと，そのデータを使って目指すことを前節で紹介しました．その目標を達成するための手段を確認します．データと目的に合った手法を選べるようになりましょう．

　機械学習のための手法で，本書で扱うものを**図 6.1** にまとめました．この図について説明します．

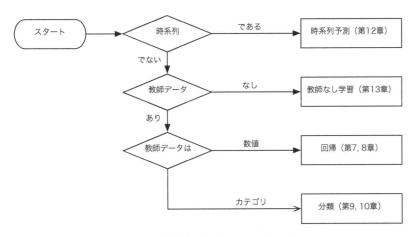

図 6.1　手法選択のためのフローチャート

　データが時系列データ（例：表 6.9）の場合は，回帰（後述）のような一般的な手法より時系列専用の手法のほうが，よい予測ができます（第 12 章）．

　データが時系列でない，つまりクロスセクションデータの場合，教師データがあるなら**教師あり学習**（supervised learning），教師データがないなら**教師なし学習**（unsupervised learning）（第 13 章）になります[*2]．

　教師データがある場合，それが**量的**（quantitative）つまり数値なら**回帰**（re-

[*2]　教師データでなく強化データを使う学習（強化学習）もありますが，本書では扱いません（クイズに例えると，クイズの正解が教師データ，回答が正解かどうかが強化データです）．

gression），**質的**（qualitative）または**カテゴリ**（categorical）なら**分類**（classification）になります（**表 6.11**）．

教師あり学習なのか教師なし学習なのかは，データで決まるというよりは，何をしたいのかによって決まります．

表 6.11　教師あり学習

名称	説明
回帰	出力変数が数値であるもの
分類	出力変数がカテゴリであるもの

　本書で扱う手法は以上です．慣れないうちは，自分が何を学んでいるのかを，図 6.1 を見て確認するようにしてください．

6.3.1　教師あり学習のためのフレームワーク

　本書では，教師あり学習の大部分で，R では **caret**[*3]，Python では **scikit-learn**[*4] というフレームワークを使います．これらを使うことで，教師あり学習のさまざまなアルゴリズムを，抽象度の高い統一的な方法で扱えるようになります．

P: scikit-learn は教師なし学習でも使います．

　フレームワークを使うのは，それに詳しくなるためではなく，機械学習のためにはどのくらいの量のコードを書けばよいのか，その現状を体感してもらうためです．将来 caret や scikit-learn が使われなくなる可能性はあります．しかし，機械学習のためのコードが，本書に掲載するものより複雑になることはないでしょう．

6.3.2　本書で勧める手法とデータセットの組合せ

　機械学習にはたくさんの手法があり，それらはたいてい 6.3.1 項で紹介したようなフレームワークで実装されています．

　「どの手法がいいか」は問題によります．教師あり学習では，問題ごとに「検証」し，予測性能が最高のものを使うのが実践的でしょう．

検証については 7.6 節を参照．

　本書では，そういう実践的な基準とは別の基準で，**表 6.12** のような手法とデータセットの組合せを学ぶことを勧めます．理由は二つあります．第 1 に，表6.12 に掲載した手法は乱数を使わないため，結果がいつも同じになります[*5]．第 2 に，表 6.12 に掲載したデータセットは比較的小さいため，試すのに必要な

[*3]　R: caret についての資料は https://github.com/topepo/caret からたどれます．caret がサポートする手法は https://topepo.github.io/caret/available-models.html で検索できます．caret と同様に教師あり学習のアルゴリズムを統一的な方法で扱えるようにするフレームワークに tidymodels や mlr3 があります．

[*4]　P: scikit-learn についての資料は https://scikit-learn.org/stable/user_guide.html からたどれます．Python の scikit-learn はデファクトスタンダードといっていいライブラリです．

[*5]　P: 分類木を作る際には，乱数を使わないようにする必要があります（9.2.1 項を参照）．

表 6.12　本書で推奨する，手法とデータセットの組合せ

課題	手法	データセット
回帰（単回帰）	線形回帰分析	自動車の速度と停止距離の関係
回帰（重回帰）	線形回帰分析	ブドウの生育条件とワインの価格
分類（多値分類）	分類木	アヤメ
分類（2 値分類）	ロジスティック回帰分析	タイタニック
時系列予測	線形回帰分析	航空機の利用客数
教師なし学習（次元削減）	主成分分析	アヤメ
教師なし学習（クラスタ分析）	階層的クラスタ分析	アヤメ

計算資源は大きくありません．

　X というフレームワークを新たに学ぶとしましょう．X を正しく使えているかどうかは，X で表 6.12 の回帰や分類を試してみることで確認できます．表 6.12 に掲載したのはいつも同じ結果になる手法なので，新しく学ぶ X でも，同じ結果を得るはずです．同じ結果が得られない場合は，X の使い方が間違っている可能性が大きいです．

　Y という手法を新たに学ぶとしましょう．この場合は，表 6.12 に掲載した「自動車の速度と停止距離の関係」や「アヤメの分類」を試して，性能を比較します[6]．手法が違うので同じ結果にはなりませんが，性能はだいたい似たようなものになるはずです．そうならない場合は，Y の使い方が間違っている可能性が大きいです．

---

[6]　性能の比較には，乱数を使わない検証手法である **LOOCV** を使うとよいでしょう（7.6.2 項を参照）．

第 **7** 章

回帰1（単回帰）

　入力変数（数値）が1個の場合を例に，「回帰」を紹介します．入力変数が複数の場合も，やることはあまり変わらないのですが，出力変数と合わせて変数が全部で2個という可視化しやすい例を特別に扱います．

　回帰のための手法はたくさんありますが，本章では次の二つを紹介します．

- 回帰分析（7.3 節）
- K 最近傍法（7.5 節）

本章の内容

自動車の停止距離

本節の目標

本章で使うデータと，そのデータを使ってしたいことを確認します．
「回帰とは何か」を理解します．

R に cars という名前で組み込まれている，自動車の速度（マイル/時）と停止距離（フィート）の関係を調査した結果のデータを使います（**表7.1**）．

自動車の速度（speed）から停止距離（dist）を予測できるようになるのが目標です．速度から停止距離を予測するために，機械学習を使います[*1]．速度と停止距離の既知のデータを使って，予測のためのプログラム（予測器）を自動的に作るのです．たとえば，速度が 21.5 の場合のデータはありませんが，他のデータを元にすれば，「速度が 21.5 のときの停止距離」を予測できるかもしれません．

教師あり学習では，「未知のデータは既知のデータに似ている」ことを想定しています．自動車の速度と停止距離でいえば，未知のデータといっても想定しているのはふつうの自動車です．たとえば音速を超えるような速度で走る自動車のことは考えていません．

表 7.1　自動車の速度（speed）と停止距離（dist）の関係（既知の dist が教師データ）

speed	dist
4	2
4	10
7	4
⋮	⋮
21.5	?

速度（speed）から停止距離（dist）を予測するので，speed が入力変数，dist が出力変数です．予測の例として使える既知のデータ（教師データ）があるので，これは教師あり学習です．ここで試みるような，数値を予測することを目指す教師あり学習を**回帰**といいます．

[*1]　機械学習でない方法の例としては，自動車をシミュレートするプログラムを書くことが挙げられます．

本節の目標

　機械学習の前に，扱うデータについて調査します．こういう調査をしておくことが，機械学習の結果が妥当なものかどうかを判断するのに役立ちます．

データを読み込み，`my_data` という名前を付けます．

R

```
library(caret)
library(tidyverse)
my_data <- cars
```

R: データは cars という名前で使えるのですが，コードの使い回しができるように，`my_data` という別名を付けます．

Python

```
import statsmodels.api as sm
my_data = sm.datasets.get_rdataset('cars', 'datasets').data
```

データの確認には，**表 7.2** に掲載したような関数を使います．

表 7.2　データの確認に使う機能

目的	R	Python
インスタンスや変数の数の確認	`dim`	`.shape`
表形式での表示	`head`	`.head`
欠損値の有無，基本統計量の確認	`psych::describe`, `pastecs::stat.desc`	`.describe`
可視化	`ggplot`, `plot`	`.plot`

インスタンスは 50 件，変数は 2 個です．

R

```
dim(my_data)
#> [1] 50  2
```

Python

```
my_data.shape
#> (50, 2)
```

最初の数件を表示させます*2.

R

```
head(my_data)
#>   speed dist
#> 1     4    2
#> 2     4   10
#> 3     7    4
#> 4     7   22
#> 5     8   16
#> 6     9   10
```

Python

```
my_data.head()
#>   speed dist
#> 0     4    2
#> 1     4   10
#> 2     7    4
#> 3     7   22
#> 4     8   16
```

基本統計量を確認します.

R

```
options(digits = 3)
pastecs::stat.desc(my_data)
#>                speed    dist
#> nbr.val       50.000   50.00
#> nbr.null       0.000    0.00
#> nbr.na         0.000    0.00
#> min            4.000    2.00
#> max           25.000  120.00
#> range         21.000  118.00
#> sum          770.000 2149.00
#> median        15.000   36.00
#> mean          15.400   42.98
#> SE.mean        0.748    3.64
#> CI.mean.0.95   1.503    7.32
#> var           27.959  664.06
#> std.dev        5.288   25.77
#> coef.var       0.343    0.60
```

Python

```
my_data.describe()
#>            speed        dist
#> count  50.000000   50.000000
#> mean   15.400000   42.980000
#> std     5.287644   25.769377
#> min     4.000000    2.000000
#> 25%    12.000000   26.000000
#> 50%    15.000000   36.000000
#> 75%    19.000000   56.000000
#> max    25.000000  120.000000
```

散布図を描きます.

R

```
my_data %>%
  ggplot(aes(x = speed, y = dist)) +
  geom_point()
```

Python

```
my_data.plot(x='speed', style='o')
```

R: plot(my_data) でもかまいません.

---

*2　速度（speed）の単位はマイル/時, 停止距離（dist）の単位はフィートで, 長さの単位が違いますが, 単位を変えても本章での線形単回帰分析と K 最近傍法の予測結果は変わらないので, このまま進めます.

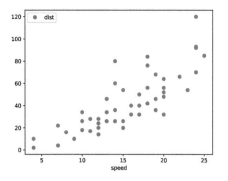

7.3

回帰分析

本節の目標

　回帰の代表的な手法である**回帰分析**（regression analysis）を使って，表の「?」の部分の dist を予測します．

speed	dist
4	2
4	10
7	4
⋮	⋮
21.5	?

この手法について理解することが，教師あり学習，特に回帰について理解することの出発点になります．

7.3.1　回帰分析とは何か

　自動車の速度（speed）を x，停止距離（dist）を y と書くことにします．両者の関係を仮に $y = 3.5x - 13$ という数式で表現できるようになれば，「速度が 21.5 のときの停止距離は？」という問いに答えられます．

$3.5 \times 21.5 - 13 = 62.25$ ですね．

回帰と回帰分析は同じではありません．回帰分析は回帰の一手法です．

　このように，入力変数と出力変数の関係を一つの数式で表現しようとすることを**回帰分析**（regression analysis），その数式のことを**回帰式**（regression equation）といいます．

　入力変数が 1 個の場合を**単回帰分析**（single regression analysis），2 個以上の場合を**重回帰分析**（multiple regression analysis）といって区別することがあります．本書も，入力変数が 1 個の場合を本章で，入力変数が 2 個以上の場合を次章で扱います．とはいえ，通常は，両者を区別せずに回帰分析といってかまいません．結果を出すための作業は同じです．

　ここでは，$y = \beta_0 + \beta_1 x$ という形式の回帰式を扱います．β_0 β_1 は，データによって決まるパラメータで，**回帰係数**といいます．β_0 を**切片**（intercept），β_1 を**係数**（coefficients）ということもあります．ここで扱う回帰式のように，パラ

メータの線形の式を使う回帰分析を**線形回帰分析** (linear regression analysis)，非線形の式を使う回帰分析を**非線形回帰分析** (non-linear regression analysis) といいます[*3]．

これらの分類は組み合わせて使われることもあります．たとえば，線形回帰分析かつ単回帰分析の場合を，**線形単回帰分析**といいます．他の組合せについても同様です．

7.3.2 線形単回帰分析

線形単回帰分析の考え方を可視化して説明します．今は入力変数が一つ (speed) しかないので，入力変数と出力変数の関係を散布図で描けます．

このコードは説明用の可視化のためのものです．これを理解しないまま本書を読み進めてかまいません．

R

```
library(tidyverse)

my_data <- cars
tmp <- data.frame(speed = 21.5, dist = 67)
my_data %>% ggplot(aes(x = speed, y = dist)) +
  coord_cartesian(xlim = c(4, 25), ylim = c(0, 120)) +
  geom_point() +
  stat_smooth(formula = y ~ x, method = "lm") +
  geom_pointrange(data = tmp, aes(ymin = -9, ymax = dist),  linetype = "dotted") +
  geom_pointrange(data = tmp, aes(xmin =  0, xmax = speed), linetype = "dotted")
```

Python

```
import seaborn as sns
import statsmodels.api as sm

my_data = sm.datasets.get_rdataset('cars', 'datasets').data
ax = sns.regplot(x='speed', y='dist', data=my_data)
ax.vlines(x=21.5, ymin=-5, ymax=67,   linestyles='dotted')
ax.hlines(y=67,   xmin=4,  xmax=21.5, linestyles='dotted')
ax.set_xlim(4, 25)
ax.set_ylim(-5, 125)
```

[*3] 変数の変換や新規導入，パラメータの変換によって，8.2.2 項の方法でパラメータが決められるようになるなら線形回帰分析です．$y = \beta_0 + \beta_1 x + \beta_2 x^2$ や $\log y = \beta_0 + \beta_1 \log x$ のような場合も線形回帰分析に含まれます．回帰式が $y = \sin(\beta_0 + \beta_1 x)$ なら非線形回帰分析です．もう少し正確にいうと，$y_i = \beta_0 + \beta_1 x + \varepsilon_i$（$\varepsilon_i$ は誤差項）のような，「パラメータに関して線形」で「誤差項が加法的」な場合を扱うのが線形回帰分析です（文献 [14,15]）．

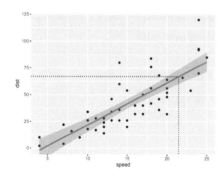
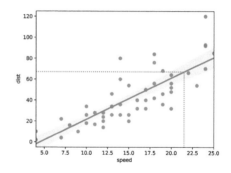

まず，図の点のように，データを用意します．次に，図の直線*4 のように，データに最もよく合うモデルを求めます（「よく合う」の定義は後述）．この過程を**訓練**（training），訓練に使うデータを**訓練データ**（training data）といいます．最後に，図の点線のように，未知の入力変数（speed）に対する出力変数（dist）の値を予測します．この例では，speed が 21.5 のときの dist を 67 と予測しています．

回帰分析では，変数 x と y の関係を $y = \beta_0 + \beta_1 x$ として，データによく合うような β_0, β_1 を，**最小二乗法**（least squares method）という方法で求めます．ただし，最小二乗法のためのプログラムを自分で書く必要はありません．

結果を先に紹介すると，データによく合うのは，$\beta_0 = -17.6$，$\beta_1 = 3.93$，つまり直線が $y = -17.6 + 3.93x$ のときです．

x の係数が正，つまり速度が増えると停止距離も増えるというのは常識的です．しかし，速度が 0 のときの停止距離が -17.6 というのはおかしいです．「速度が 0 なら停止距離も 0 になる」という物理的考察を入れたければ，切片を強制的に 0 にすればいいのですが*5，本書ではこの先，適用分野（ドメイン）についてのこういう知識は求めません．

7.3.3　回帰分析の実践

R と Python で回帰分析を実践します．

7.3.3.1　データの用意

R: データを用意します．

---

*4　直線の周辺の網かけ部分は，予測値の期待値の信頼区間です（詳説は文献 [14] を参照）．
*5　R では train に引数 tuneGrid = expand.grid(intercept = FALSE) を追加，Python では LinearRegression(fit_intercept=False) として訓練します．

R

```
library(caret)
library(tidyverse)
my_data <- cars
```

P: 入力変数をデータフレーム X，出力変数を 1 次元データ y として用意します．

P: 大文字 X と小文字 y にしているのは，データ構造が違うこと（データフレームと 1 次元データ）がわかるようにするためです．

P: my_data[[...]] の結果はデータフレーム，my_data[...] の結果は 1 次元データです．

Python

```
import statsmodels.api as sm
my_data = sm.datasets.get_rdataset('cars', 'datasets').data
X, y = my_data[['speed']], my_data['dist']
```

7.3.3.2 訓練

モデルを指定して，データにフィットさせます．この過程を**訓練**といいます．

R: 訓練します[*6]．

R

```
my_model <- train(form = dist ~ speed, # モデル式（出力変数と入力変数の関係）
                  data = my_data,       # データ
                  method = "lm")        # 手法
```

P: Python での訓練は，次の手順で行います．

1. モデルの指定：線形回帰分析の場合は LinearRegression を使う．

2. モデルをデータにフィットさせる．

Python

```
# モデルの指定
from sklearn.linear_model import LinearRegression
my_model = LinearRegression()

# 訓練（モデルをデータにフィットさせる）
```

[*6]　R: 線形回帰分析を，
　　　my_model <- lm(form = dist ~ speed, data = my_data)
　　　としている資料もあります．ここで行っている作業だけなら，この記法のほうが適切なのですが，本書では，①他の手法との統一感を重視する，②機械学習に関するさまざまな作業を訓練時に行いたい，という理由のため，いつも train を使うことにしています．ちなみに，この記法を使う際に切片が 0 になるように強制したければ，モデル式を dist ~ speed - 1 とします．また，train では，モデル式の代わりに，次のように入力変数のデータフレームと，出力変数のベクタを使うこともできます．回帰分析では同じ結果になりますが，結果が変わることもあります（10.3.5 項を参照）．
　　　X <- my_data %>% select(speed)
　　　y <- my_data$dist
　　　my_model <- train(x = X, y = y, method = "lm")

```
my_model.fit(X, y)

# まとめて実行してもよい
# my_model = LinearRegression().fit(X, y)
```

モデルの切片と係数を確認すると，$y = -17.6 + 3.93x$ であることがわかります．

R
```
coef(my_model$finalModel)
#> (Intercept)      speed
#> -17.579095   3.932409
```

Python
```
my_model.intercept_, my_model.coef_
#> (-17.579094890510973,
#>  array([3.93240876]))
```

7.3.3.3　予測

訓練結果を使って，速度が 21.5 の場合の停止距離を予測してみましょう．speed に対応する dist を，7.3.2 項で描いた図の直線から読み取ることが「予測」になります．

R ではモデル %>% predict(対象)，Python ではモデル.predict(対象) で予測します．

R
```
tmp <- data.frame(speed = 21.5)
my_model %>% predict(tmp)
#>        1
#> 66.96769
```

Python
```
tmp = [[21.5]]
my_model.predict(tmp)
#> array([66.96769343])
```

7.3.3.4　モデルの可視化

訓練したモデルにおける，入力変数と出力変数の関係を可視化します．
R: 速度が x のときの停止距離を予測する関数 f を定義します．

R
```
f <- function(x) { my_model %>% predict(data.frame(speed = x)) }
```

P: 速度の最小値から最大値までの 100 個の値と，それに対する予測結果をデータフレームにします．

Python

```python
import numpy as np
import pandas as pd

tmp = pd.DataFrame({'speed': np.linspace(min(my_data.speed),
                                         max(my_data.speed),
                                         100)})
tmp['model'] = my_model.predict(tmp)
```

データとモデルをまとめて可視化します．

R

```r
my_data %>%
  ggplot(aes(x = speed, y = dist,
             color = "data")) +
  geom_point() +
  stat_function(
    fun = f,
    mapping = aes(color = "model"))
```

Python

```python
pd.concat([my_data, tmp]).plot(
    x='speed', style=['o', '-'])
```

P: pd.concat でデータフレームを縦に連結します．

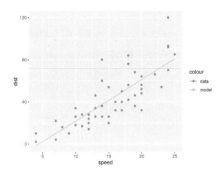

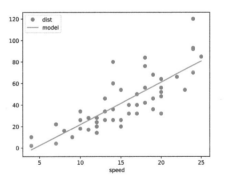

当てはまりの良さの指標

本節の目標

　モデルがデータにどの程度フィットしたのかを，RMSE や決定係数という指標を使って調べます．

7.4.1 RMSE

　線形単回帰分析では，データに「よく合う」直線を求めます．この「よく合う」というのは正確には，**残差**（residual）の 2 乗の和，つまり出力変数の実際の値とモデルによる予測値のずれの 2 乗の和が最小になるということです．

2 乗または絶対値を使うので，$y - \hat{y}$ と $\hat{y} - y$ のどちらを残差としてもかまいません．

　残差の 2 乗の平均を **MSE**（mean squared error），その非負の平方根を **RMSE**（root mean squared error），残差の絶対値の平均を **MAE**（mean absolute error）といいます（**表 7.3**）．

表 7.3　MSE, RMSE, MAE の定義（$\hat{y}_i$ は y_i の予測値）

指標	定義
MSE	$\dfrac{1}{n} \sum (y_i - \hat{y}_i)^2$
RMSE	$\sqrt{\dfrac{1}{n} \sum (y_i - \hat{y}_i)^2}$
MAE	$\dfrac{1}{n} \sum |y_i - \hat{y}_i|$

　本書では，訓練データについての RMSE を，**RMSE（訓練）**といいます．

　線形単回帰分析で得られたモデルでの RMSE（訓練）を計算してみましょう．まず，モデルを作り，訓練データに対して予測します．

本書のコードでは，出力変数を y，その予測結果を y_とすることが多いです．

```
library(caret)
library(tidyverse)
my_data <- cars
my_model <- train(form = dist ~ speed, data = my_data, method = "lm")
```

```
y  <- my_data$dist
y_ <- my_model %>% predict(my_data)
my_data$y_ <- y_
```

Python
```
import pandas as pd
import statsmodels.api as sm
from sklearn.linear_model import LinearRegression
from sklearn.metrics import mean_squared_error, r2_score

my_data = sm.datasets.get_rdataset('cars', 'datasets').data
X, y = my_data[['speed']], my_data['dist']

my_model = LinearRegression()
my_model.fit(X, y)
y_ = my_model.predict(X)
my_data['y_'] = y_
```

残差（実際の値と予測値の差）を計算します.

R
```
my_data$residual <- y - y_
head(my_data)
#>   speed dist        y_   residual
#> 1     4    2 -1.849460   3.849460
#> 2     4   10 -1.849460  11.849460
#> 3     7    4  9.947766  -5.947766
#> 4     7   22  9.947766  12.052234
#> 5     8   16 13.880175   2.119825
#> 6     9   10 17.812584  -7.812584
```

Python
```
pd.options.display.float_format = (
    '{:.2f}'.format)
my_data['residual'] = y - y_
my_data.head()
#>   speed dist     y_  residual
#> 0     4    2  -1.85      3.85
#> 1     4   10  -1.85     11.85
#> 2     7    4   9.95     -5.95
#> 3     7   22   9.95     12.05
#> 4     8   16  13.88      2.12
```

できあがったモデルと残差を可視化します. 点線の（符号付き）長さが残差
です.

R
```
my_data %>%
  ggplot(aes(x = speed, y = dist)) +
  geom_point() +
  geom_line(aes(x = speed, y = y_)) +
  geom_linerange(mapping = aes(ymin = y_, ymax = dist), linetype = "dotted")
```

```
ax = my_data.plot(x='speed', y='dist', style='o', legend=False)
my_data.plot(x='speed', y='y_', style='-', legend=False, ax=ax)
ax.vlines(x=X, ymin=y, ymax=y_, linestyles='dotted')
```

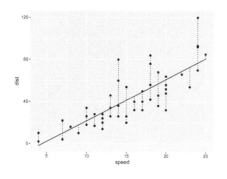
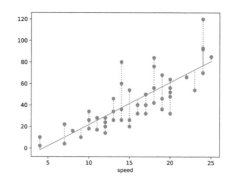

RMSE（訓練）を計算します[7].

```
RMSE(y_, y)
# あるいは
mean((my_data$residual^2))**0.5

#> [1] 15.06886
```

```
mean_squared_error(y, y_)**0.5
# あるいは
(my_data['residual']**2).mean()**0.5

#> 15.068855995791381
```

7.4.2　決定係数

　当てはまりのよさを表すのに，**決定係数**（coefficient of determination．R2，
R^2，Rsquared などと書かれる）という指標を使うこともあります．特に，Python
の機械学習ライブラリ scikit-learn では，決定係数が回帰のデフォルトの指標
なので，目にすることも多いでしょう．決定係数には複数の定義があり，さま
ざまな実装や資料でそれらが混在しているため，注意が必要です．8 種類ある
といわれる決定係数のうち，よく目にするものを**表 7.4** にまとめます[8]．「決定

---

[7]　丁寧に記述するなら `RMSE(pred = y_, obs = y)` や `mean_squared_error(y_true=y,`
`y_pred=y_)` となりますが，引数の順番を変えても結果は変わらないので，「pred =」，「obs =」，
「y_true=」「y_pred=」は省略しています．決定係数 1（7.4.2 項）のような，順番によって結果が
変わる関数の場合は，正しい順番で書くよりも，名前を書いたほうがわかりやすいでしょう．

[8]　R: ふつうに計算すると決定係数 6 が使われ，（脚註 5 の方法で）切片を 0 に強制して計算すると決
定係数 7 が使われます．計算の結果の切片ではなく，計算の設定の切片によって，決定係数の定義が
変わるので注意してください．Microsoft Excel や Google スプレッドシートの線形回帰分析を行う
関数 LINEST の仕様も同様です．具体的に調べたい場合は，次のデータで試してみるとよいでしょう

表 7.4 よく目にする決定係数の定義（y_i は観測値，$\hat{y}_i$ は予測値，$\bar{y}$ は y_i の平均）

本書での記法	定義と補足
決定係数 1	定義：$1 - \dfrac{\sum (y_i - \hat{y}_i)^2}{\sum (y_i - \bar{y})^2}$ 1 以下である（負にもなる） y と $\hat{y}$ を交換すると結果が変わる．たとえば，Python の r2_score(y, y_) と r2_socre(y_, y) は等しくない R の R2(pred = y_, obs = y, form = "traditional") Python の回帰モデル.socre(X, y) Python の r2_score(y_true=y, y_pred=y_)
決定係数 6	定義：$\left(\dfrac{\sum \left((y_i - \bar{y})(\hat{y}_i - \bar{\hat{y}}) \right)}{\sqrt{\sum (y_i - \bar{y})^2} \sqrt{\sum (\hat{y}_i - \bar{\hat{y}})^2}} \right)^2$ 0 以上 1 以下である（y と $\hat{y}$ の相関係数の 2 乗だから） y と $\hat{y}$ を交換しても結果は変わらない．たとえば，R の R2(y, y_) と R2(y_, y) は等しい R の R2(pred = y_, obs = y, form = "corr")（form = "corr"は 省略可） Python で計算する場合は np.corrcoef(y, y_)[0, 1]**2 R の summary(線形回帰モデル)\$r.squared（切片を 0 に強制しない場合）
決定係数 7	定義：$1 - \dfrac{\sum (y_i - \hat{y}_i)^2}{\sum y_i^2}$ 1 以下である（負にもなる） y と $\hat{y}$ を交換すると結果が変わる R の summary(線形回帰モデル)\$r.squared（切片を 0 に強制する場合）

係数」の後に数字を書く記法は，本書だけのものです[*9]．

観測値と予測値が近いと 1 に近くなるという点では共通していますが，表 7.4 の中で負にならないのは決定係数 6 だけです．

特に注意が必要なのは，R で簡単に得られるのが決定係数 6 なのに対して，Python で簡単に得られるのは決定係数 1 だということです．

本書では，訓練データについての決定係数には「（訓練）」を付けます．

決定係数 1（訓練）を計算します．

R

```
R2(pred = y_, obs = y,
   form = "traditional")
#> [1] 0.6510794
```

Python

```
my_model.score(X, y)
# あるいは
r2_score(y_true=y, y_pred=y_)
#> 0.6510793807582509
```

決定係数 6（訓練）を計算します．

（線形回帰分析の結果の回帰式は $y = 2x$）．
data.frame(x = c(10, 20, 30), y = c(30, 20, 70))
この仕様はとてもまぎらわしいので，「切片を 0 に強制する」のは避けたほうがよいでしょう．

[*9] 1, 6, 7 という番号は Kvalseth によるものです（https://ja.wikipedia.org/wiki/決定係数 を参照）．

R
```
R2(pred = y_, obs = y,
    form = "corr")
# あるいは
summary(my_model$finalModel)$r.squared
#> [1] 0.6510794
```

Python
```
import numpy as np
np.corrcoef(y, y_)[0, 1]**2
#> 0.6510793807582511
```

　この例では，決定係数1（訓練）と決定係数6（訓練）は等しいです．これは，線形回帰分析の特徴です[*10]．線形回帰分析でも訓練データでない場合は等しくなりません．例として，訓練データの最初の3件を改めてテストデータとして，それに対する予測の決定係数を計算します．

R
```
my_test <- my_data[1:3, ]
y  <- my_test$dist
y_ <- my_model %>% predict(my_test)

R2(pred = y_, obs = y,
    form = "traditional")
#> [1] -4.498191  # 決定係数1

R2(pred = y_, obs = y,
    form = "corr")
#> [1] 0.07692308  # 決定係数6
```

Python
```
my_test = my_data[:3]
X = my_test[['speed']]
y = my_test['dist']
y_ = my_model.predict(X)

my_model.score(X, y)
# あるいは
r2_score(y_true=y, y_pred=y_)
#> -4.498191310376778  # 決定係数1

np.corrcoef(y, y_)[0, 1]**2
#> 0.0769230769230769  # 決定係数6
```

決定係数1が負になっていることに注意してください．「値が0以上1以下になる」というのは決定係数6の性質です．

　決定係数には以上のような扱いづらさがあります．RとPythonで同じモデルができていることを確かめたい場合には，RMSEを使うのが簡単です．

7.4.3　当てはまりの良さの指標の問題点

　RMSE（訓練）や決定係数（訓練）は，訓練データへのモデルの当てはまりの良さの指標であり，モデルの良さの指標ではありません．

　6.1節で述べたように，本書の目標は「予測」なので，モデルが「良い」ためには，予測性能が高くなければなりません．もちろん，予測はやってみなければわからないので，予測性能について，訓練データだけを使ってわかることには限界があります．その方法については7.6節で改めて解説することにして，ここではRMSE（訓練）や決定係数（訓練）だけを見ていると判断を誤る例を紹介しましょう．

本節のコードは説明のためのものです．機械学習の実践には必要ありません（よくわからなくても大丈夫ということです）．

[*10]　線形回帰分析の訓練データでは，決定係数1と決定係数6が同じになることについては，文献[5,6]のような，統計学の教科書を参照してください．

線形単回帰分析は，入力変数 x と出力変数 y に関する，$y = \beta_1 x + \beta_0$ という 1 次式のモデルを見出すものでした．これを一般化して，$y = \beta_n x^n + \beta_{n-1} x^{n-1} + \cdots + \beta_1 x + \beta_0$ というような，多項式のモデルを見出す，**多項式回帰**（polynomial regression）を考えます．多項式のモデルは 1 次式のモデルも表現できるので，悪いことはなさそうに見えます．

話を簡単にするために，前節で使ったデータから 6 件を抜き出して使います．

R

```
library(caret)
library(tidyverse)
my_data <- cars
my_idx <- c(2, 11, 27, 34, 39, 44)
my_sample <- my_data[my_idx, ]
```

Python

```
import numpy as np
import pandas as pd
import statsmodels.api as sm
from sklearn.linear_model import LinearRegression
from sklearn.preprocessing import PolynomialFeatures

my_data = sm.datasets.get_rdataset('cars', 'datasets').data

my_idx = [1, 10, 26, 33, 38, 43]
my_sample = my_data.iloc[my_idx, ]
X, y = my_sample[['speed']], my_sample['dist']
```

5 次多項式のモデルを作り，訓練データに対して予測します．

R

```
options(warn = -1) # これ以降，警告を表示しない
my_model <- train(form = dist ~ poly(speed, degree = 5, raw = TRUE),
                  data = my_sample,
                  method = "lm")
options(warn = 0)  # これ以降，警告を表示する

y  <- my_sample$dist
y_ <- my_model %>% predict(my_sample)
```

> **Python**
> ```python
> d = 5
> X5 = PolynomialFeatures(d, include_bias=False).fit_transform(X)
>     # X の 1 乗から 5 乗の変数
>
> my_model = LinearRegression()
> my_model.fit(X5, y)
> y_ = my_model.predict(X5)
> ```

x が同じで y が違うような点 (x, y) がなければ，6 個の点すべてを通るような曲線 $y = (x$ の 5 次多項式$)$ が存在します．

RMSE（訓練）はほぼ 0，決定係数（訓練）はほぼ 1 になります．

> **R**
> ```r
> RMSE(y_, y)
> #> [1] 1.042275e-10 # RMSE
>
> R2(pred = y_, obs = y,
>    form = "traditional")
> #> [1] 1 # 決定係数 1
>
> R2(pred = y_, obs = y,
>    form = "corr")
> #> [1] 1 # 決定係数 6
> ```

> **Python**
> ```python
> ((y - y_)**2).mean()**0.5
> #> 7.725744805546204e-07 # RMSE
>
> my_model.score(X5, y)
> #> 0.9999999999999989 # 決定係数 1
>
> np.corrcoef(y, y_)[0, 1]**2
> #> 0.9999999999999991 # 決定係数 6
> ```

しかし，できあがったモデルは良いモデルではありません．可視化して確認します．

> **R**
> ```r
> f <- function(x) { my_model %>% predict(data.frame(speed = x)) }
>
> my_data %>%
>   ggplot(aes(x = speed, y = dist, color = "data")) +
>   geom_point() +
>   geom_point(data = my_sample, mapping = aes(color = "sample")) +
>   stat_function(fun = f, mapping = aes(color = "model")) +
>   coord_cartesian(ylim = c(0, 120))
> ```

> **Python**
> ```python
> tmp = pd.DataFrame({'speed': np.linspace(min(my_data.speed),
>                                          max(my_data.speed),
>                                          100)})
> X5 = PolynomialFeatures(d, include_bias=False).fit_transform(tmp)
> tmp['model'] = my_model.predict(X5)
>
> my_sample = my_sample.assign(sample=y)
> my_df = pd.concat([my_data, my_sample, tmp])
> my_df.plot(x='speed', style=['o', 'o', '-'], ylim=(0, 130))
> ```

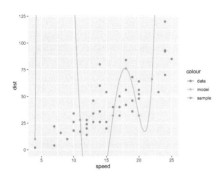
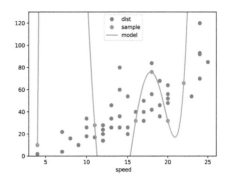

　モデルは訓練データ（sample）にぴったり合っています．しかし，他のデータにはまったく合っていません．このような現象を過学習といいます．RMSE（訓練）や決定係数（訓練）だけを見て，それが1に近いことをよしとしていると，過学習の危険を見逃すことになります．

モデルの良さの指標は，7.6節で紹介します．

7.5

K 最近傍法

> **本節の目標**
>
> 教師あり学習のための手法の一つである **K 最近傍法**（K-nearest neighbor, KNN）を試します.

7.5.1 K 最近傍法とは何か

K 最近傍法を紹介します. K 最近傍法はあまり実用的ではないかもしれませんが, これについて知ることで, 教師あり学習についての理解が深まることを期待します.

自動車の速度と停止距離のデータを使います. 訓練データは次のとおりです.

紙面を節約するために, 行を変数, 列をインスタンスにしています.

speed	4	4	7	7	8	9	10	10	10	11	⋯
dist	2	10	4	22	16	10	18	26	34	17	⋯

R では, 8 に近い speed を 5 個選ぶと, $7, 7, 8, 9, 10, 10, 10$ となります（色を付けた部分）. 5 個より多いのは, 同じ値が複数個あるからです. 対応する dist の平均は $(4 + 22 + 16 + 10 + 18 + 26 + 34)/7 \simeq 18.57143$ です.

Python では近傍の選び方が少し違っていて, 選択する speed は左から $7, 7, 8, 9, 10$ となります（下線を引いた部分）. 対応する dist の平均は $(4 + 22 + 16 + 10 + 18)/5 = 14$ です（デフォルトの設定の場合）.

この 18.57143 や 14 が, K が 5 の場合の K 最近傍法による予測結果です.

このように, K 最近傍法はデータをすべて記憶して, それを使って予測を行います. 教師あり学習では通常, データを抽象化したモデルを作るのですが, K 最近傍法はそういうモデルを作りません. ですから, 訓練は実はしないのですが, 他の手法と用語を使い分けるのも面倒なので, 本書では, K 最近傍法で具体的な予測を行うもののことを「モデル」, そのようなモデルを作ることを「訓練」といいます.

196

7.5.2 K最近傍法の実践

K最近傍法のモデルを作ります．Rでは関数 train の引数を method = "knn" にするだけ，Python では利用するモデルを KNeighborsRegressor にするだけで，他は線形回帰分析の場合と同じです[*11]．

```r
# 準備
library(caret)
library(tidyverse)
my_data <- cars

# 訓練
my_model <- train(form = dist ~ speed, data = my_data, method = "knn")

# 可視化の準備
f <- function(x) { my_model %>% predict(data.frame(speed = x))}
```

Python
```python
# 準備
import numpy as np
import pandas as pd
import statsmodels.api as sm
from sklearn.neighbors import KNeighborsRegressor

my_data = sm.datasets.get_rdataset('cars', 'datasets').data
X, y = my_data[['speed']], my_data['dist']

# 訓練
my_model = KNeighborsRegressor()
my_model.fit(X, y)

# 可視化の準備
tmp = pd.DataFrame({'speed': np.linspace(min(my_data.speed),
                                         max(my_data.speed),
                                         100)})
tmp['model'] = my_model.predict(tmp)
```

モデルを可視化します．

[*11] Rでは，Kが 5, 7, 9 の場合が試されて，最良の K を使った結果が返されます（7.7 節を参照）．本文には，5 が採用された場合の結果を掲載しています（7 や 9 が採用される可能性もあります）．Python では，K = 5 がデフォルトです．このことを明示するなら KNeighborsRegressor(n_neighbors=5) とします．Kを同じにしても，近傍の選び方が異なるため，R と Python の結果は同じにはなりません．

R

```
my_data %>%
  ggplot(aes(x = speed,
             y = dist,
             color = "data")) +
  geom_point() +
  stat_function(
    fun = f,
    mapping = aes(color = "model"))
```

Python

```
pd.concat([my_data, tmp]).plot(
    x='speed', style=['o', '-'])
```

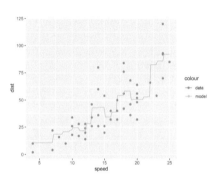

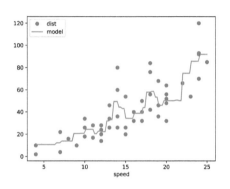

線形回帰分析では等しくなりましたが，決定係数 1（訓練）と決定係数 6（訓練）は一般には等しくありません.

当てはまりの良さの指標を計算します.

R

```
y  <- my_data$dist
y_ <- my_model %>% predict(my_data)

RMSE(y_, y)
#> [1] 13.96845 # RMSE

R2(pred = y_, obs = y,
   form = "traditional")
#> [1] 0.7001789 # 決定係数 1

R2(pred = y_, obs = y,
   form = "corr")
#> [1] 0.7017314 # 決定係数 6
```

Python

```
y_ = my_model.predict(X)

((y - y_)**2).mean()**0.5
#> 13.087184571174962 # RMSE

my_model.score(X, y)
#> 0.7368165812204317 # 決定係数 1

np.corrcoef(y, y_)[0, 1]**2
#> 0.7380949412509705 # 決定係数 6
```

　　　　R と Python で結果が異なるのは，7.5.1 項で述べたように，近傍のとり方が異なるからです.

検証

本節の目標

モデルの良さ，つまり予測性能を見積もる指標を導入します．

　自動車の速度から停止距離を予測できるようになることを目標に，線形単回帰分析と K 最近傍法を試してきました．回帰のための手法は他にもたくさんありますが，とりあえず，この二つのうちで，良いほうを選びましょう．

　7.4 節で紹介した RMSE（訓練）や決定係数（訓練）は，手法の比較には使えません．これらの指標は，モデルが訓練データにどの程度合っているかを示すものであって，モデルの予測性能の良さを示すものではないからです（7.4.3 項を参照）．

7.6.1　訓練データ・検証データ・テストデータ

　まず，当てはまりの良さを使う場面について，復習します（**図 7.1 左**）[*12]．

1. 入力変数をモデルに入れると，
2. 予測が出てくる．
3. 予測と出力変数（教師データ）を比較した結果（RMSE や決定係数）が，
4. 「当てはまりの良さ」で，それが小さくなるようにモデルを修正する．

　予測性能を見積もる方法の一つに**検証**（validation）があります．検証の手順は次のとおりです（**図 7.1 右**）[*13]．

1. 入力変数を訓練済みのモデルに入れると，
2. 予測が出てくる．
3. 予測と出力変数（教師データ）を比較した結果（RMSE や決定係数）が，

[*12]　線形回帰分析や K 最近傍法では，データ（入力変数と出力変数）からすぐにモデルができるので，当てはまりの良さを見てモデルを修正する必要は実はありません．

[*13]　Mallow の C_p，赤池情報量規準（AIC），ベイズ情報量規準（BIC），自由度調整済み決定係数などを使って，本文で紹介しているような検証ではなく，訓練だけで予測性能を見積もることもあります（文献 [16]）．しかし，検証には，実際に性能を測定しているという利点があります．

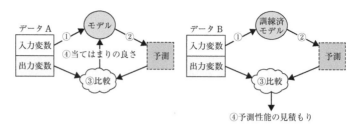

図 7.1　当てはまりの良さを使う場面（左）と予測性能の見積もりを使う場面（右）

4.「予測性能の見積もり」となる.

　訓練に使うデータ（当てはまりの良さを調べるのに使うデータ）と，予測性能の見積もりに使うデータは別です．図 7.1 では，前者を「データ A」，後者を「データ B」としています．前者（データ A）を**訓練データ**（training data），後者（データ B）を**検証データ**（validation data）あるいは**テストデータ**（test data）といいます．本書では，検証データでの RMSE と決定係数をそれぞれ**RMSE（検証）**と**決定係数（検証）**，テストデータでの RMSE と決定係数をそれぞれ**RMSE（テスト）**と**決定係数（テスト）**といいます．

　検証データとテストデータは厳密に区別しなくてもいいのですが，本書では，R の train，後述する Python の関数 cross_val_score，GridSearchCV（表 7.7）の内部で予測性能を見積もるために取り分けたデータを検証データ，それ以外の場面で予測性能を調べるために用意したデータをテストデータといいます．

7.6.2　検証とは何か

　検証のために，データを訓練データと検証データに分けます．データの分け方としてよく使われるものを，**表 7.5** にまとめます．

　最も基本的な手法は**ホールドアウト法**（holdout method）です（**図 7.2**）.

表 7.5　検証方法

手法	説明
ホールドアウト法	データの一部を訓練データ，残りを検証データにする
K 分割交差検証	データを K グループに分ける．（K − 1）グループをまとめて訓練データとし，残りの 1 グループを検証データにする．この作業を K 回繰り返し，すべてのグループが 1 回ずつ検証データになるようにする．Python はデフォルトで 5 分割公差検証を使う
反復的 K 分割交差検証	K 分割交差検証を複数回繰り返す
ブートストラップ	ブートストラップで訓練データと検証データを作る．R の train はデフォルトではこれを使う．データの約 63%を訓練に使う手法である
一つ抜き交差検証	全データのうち，1 個だけを検証データ，残りを訓練データとする

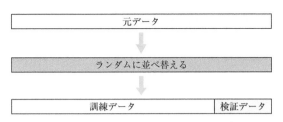

図 7.2 ホールドアウト法

ホールドアウト法による検証の手順は次のとおりです.

1. データの一部（たとえば 80%）を訓練データ, 残りを検証データにする.
2. 訓練データでモデルを訓練する.
3. 検証データの入力変数をモデルに入力し, 出力変数の予測値を得る.
4. 出力変数の予測値と実際の出力変数の値を比較し, RMSE や決定係数を計算する.

　よく使われるのは, **K 分割交差検証**（K-fold cross-validation, K-fold CV）です. **図 7.3** は, K が 5 の場合の K 分割交差検証の様子です. データを 5 分割し, そのうちの 4 グループを訓練データ, 残りの 1 グループを検証データとします[*14]. 検証データの選び方が 5 通りあるので, 一度の分割で, 訓練と検証を 5 回実行できます. その結果として, RMSE を 5 個得て, その平均を最終的な RMSE とします[*15]. 決定係数についても同様です. これをさらに複数回

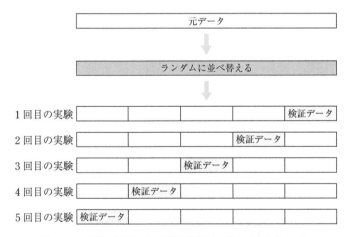

図 7.3　5 分割交差検証（K 分割交差検証で K を 5 にしたもの）

*14　K 分割交差検証の実装は, R と Python で異なります. サンプルサイズが 27 だとしましょう. R の 5 分割交差検証では, この 27 を, $\{4, 4, 6, 6, 7\}$ や $\{4, 5, 5, 5, 8\}$ など, さまざまな方法で分割します. その一方で, Python の 5 分割交差検証では, この 27 個を, 必ず $\{5, 5, 5, 6, 6\}$ 個に分割します.

*15　これは R の train の仕様です. RMSE の平均ではなく, MSE の平均の非負の平方根を使うという考え方もあります（文献 [16]）.

繰り返すのが，**反復的 K 分割交差検証**です．

ブートストラップについては
4.4.5 項を参照．

R のデフォルトの検証手法は**ブートストラップ**（bootstrap）（25 回）です．データから，重複を許してランダムにデータをサンプリングして，訓練データとする手法です．ブートストラップでは，データの約 63％が訓練データになります（文献 [17]）[16]．サンプルサイズが小さい場合に，訓練データが少なすぎるせいでよいモデルができず，RMSE（検証）を過大評価する危険があります．

Python のデフォルトの検証手法は（反復的でない）5 分割交差検証です．検証の回数は 5 回なので，標準誤差が小さくならず，結果に確信が持てないという問題が起こり得ます．

本書でよく使うのは，**一つ抜き交差検証**（leave-one-out cross-validation, **LOOCV**）です．LOOCV では，検証に使うデータを 1 個だけとり，残りをすべて訓練に使ってモデルを作ります．最大限のデータを訓練に使えるので，サンプルサイズ n が小さい場合に特に有効な手法です．ただし，訓練を n 回行うので，n が大きいと実行に時間がかかるという欠点があります．

LOOCV には，乱数を使わないという利点もあります．回帰分析や K 最近傍法など，乱数を使わないアルゴリズムと組み合わせて使うと，結果がいつも同じになります．ただし，R と Python では LOOCV の実装が違うので，R と Python で同じ結果を得るためには，少し工夫が必要です（7.6.5.4 目を参照）．

7.6.3　検証の実践

自動車の速度と停止距離のデータを，線形回帰分析で学習する場合について調べます．

R: 交差検証は train の中で行われます（**表 7.6**）．

デフォルトはブートストラップ（25 回）で，これでよいなら指定は不要です．

次の結果の RMSE が RMSE（検証），Rsquared が決定係数 6（検証）です[17]．

R: 検証を行わない場合は，train に引数「method = "none"」を与えて，そのことを明示しなければなりません．検証が不要な場合は，無駄な計算を避けるために，こうすべきなのですが，本書では，コードを簡潔にするために，あえてこれを省略することがあります．

表 7.6　R の train がサポートする検証手法（引数はデフォルト値）

手法	trainControl の引数
ホールドアウト法	method = "LGOCV", p = 0.75, number = 25
K 分割交差検証	method = "cv", number = 10
反復的 K 分割交差検証	method = "repeatedcv", number = 10, repeats = 1
一つ抜き交差検証	method = "LOOCV"
ブートストラップ（デフォルト）	method = "boot", number = 25
何もしない	method = "none"

---

[16]　サンプルサイズが n で，その中の特定の 1 個が選ばれる確率は，その 1 個が選ばれない確率を 1 から引いたものです．その 1 個が選ばれない確率は $\left(\frac{n-1}{n}\right)^n$ なので，その 1 個が選ばれる確率は $1 - \left(\frac{n-1}{n}\right)^n$ です．n が大きくなると，この確率は $1 - 1/e \simeq 0.632$ に近づきます．

[17]　R: RMSESD, RsquaredSD, MAESD はそれぞれ，RMSE，決定係数 6，MAE の標準偏差です．

乱数を使うので，いつも同じ結果になるとは限りません．

```
library(caret)
library(tidyverse)
my_data <- cars
my_model <- train(form = dist ~ speed, data = my_data, method = "lm")

my_model$results
#>   intercept     RMSE  Rsquared      MAE  RMSESD RsquaredSD    MAESD
#> 1      TRUE  16.0206 0.6662176 12.14701 2.518604 0.09249158 1.920564
```

ちなみに，このように my_model$ の後に results と書けることは，attributes
(my_model) とするとわかります．

ブートストラップの代わりに，5分割交差検証（図 7.3）を試します．

```
my_model <- train(form = dist ~ speed, data = my_data, method = "lm",
                  trControl = trainControl(method = "cv", number = 5))
my_model$results
#>   intercept     RMSE  Rsquared      MAE  RMSESD RsquaredSD    MAESD
#> 1      TRUE 15.06708 0.6724501 12.12448 4.75811  0.1848932 3.052435
```

LOOCV を試します（乱数を使わないので，結果はいつも同じです）．

```
my_model <- train(form = dist ~ speed, data = my_data, method = "lm",
                  trControl = trainControl(method = "LOOCV"))
my_model$results
#>   intercept     RMSE  Rsquared      MAE
#> 1      TRUE 15.69731 0.6217139 12.05918
```

train の結果（my_model）には，交差検証で作られたモデルではなく，すべての
インスタンスを使って訓練したモデルが格納されます．

P: 交差検証は表 **7.7** の関数の中で行われます．デフォルトは5分割交差検証で，
これでよいなら指定は不要です．指定する場合は，表 **7.8** のようにします．

デフォルトの5分割交差検証で決定係数1（検証）を求めます．

表 7.7 検証を行う関数（Python）

関数	仕様
cross_val_score	検証データについての評価結果のみを返す
GridSearchCV	交差検証を使ってパラメータチューニングを行う（7.7 節）

P: cross_val_score はデフォルトで決定係数 1 を 5 分割交差検証で計算します.このことを明示するなら,引数 cv=KFold(5)（あるいは cv=5）と scoring='r2' を与えます.

表 7.8　本書で利用する交差検証手法（Python）（数値はデフォルト値）

手法	記法
K 分割交差検証	cv=5 あるいは cv=KFold(n_splits=5)
反復的 K 分割交差検証	cv=RepeatedKFold(n_splits=5, n_repeats=10)
一つ抜き交差検証（LOOCV）	cv=LeaveOneOut()

Python

```python
import statsmodels.api as sm
from sklearn.linear_model import LinearRegression
from sklearn.model_selection import cross_val_score

# データの準備
my_data = sm.datasets.get_rdataset('cars', 'datasets').data
X, y = my_data[['speed']], my_data['dist']

# モデルの指定
my_model = LinearRegression()

# 検証（5分割交差検証）
my_scores = cross_val_score(my_model, X, y)

# 5個の決定係数1を得る.
my_scores
#> array([-0.25789256, -0.21421069, -0.30902773, -0.27346232,  0.02312918])

# 平均を決定係数 1（検証）とする.
my_scores.mean()
#> -0.20629282165364665
```

決定係数 1（検証）の代わりに,RMSE（検証）を求めます.

Python

```python
my_scores = cross_val_score(my_model, X, y,
                            scoring='neg_root_mean_squared_error')
-my_scores.mean()
#> 15.58402474583013 # RMSE（検証）
```

P: 数値が大きいほうが性能が良いという原則でライブラリが設計されているので,得られるのは RMSE の −1 倍です.

cross_val_score は数値の 1 次元データを返すだけです.訓練済みのモデルが必要な場合は,my_model.fit(X, y) を実行してください.

7.6.4　検証の並列化

本節で紹介している交差検証や,7.7 節で紹介するパラメータチューニングでは,訓練と検証を何度も繰り返します.たとえば,反復的 K 分割交差検証の

K を 5，反復回数を 5 にすると，訓練と検証を $5 \times 5 = 25$ 回繰り返すことになります．この繰り返しは，独立に実行できるので，利用しているコンピュータに複数の CPU コアがあれば，それらを使って並列処理することで，計算時間を大幅に削減できます．

R: train を使う前に次のコードを実行しておくと，train が行う検証が並列化されます．実行は 1 回だけでかまいません．R を再起動したり，新しくノートブックを作ったときに実行してください．

```r
library(doParallel)
cl <- makeCluster(detectCores())
registerDoParallel(cl)
```

P: 表 7.7 に掲載した cross_val_score，GridSearchCV に，引数 n_jobs=-1 を与えると，並列処理が行われます（コードは割愛）．

7.6.5 指標のまとめ

回帰の指標を**表 7.9** にまとめます．すでに計算したものもありますが，改めてここで計算します（工夫が必要なものを除く）．

表 7.9 回帰の指標（○は簡単に求められるもの，△は求めるのに工夫が必要なもの．再現性「あり」は結果がいつも同じになるもの）

指標	R	Python	線形回帰分析での再現性
RMSE （訓練）	○	○	あり
決定係数 1 （訓練）	○	○	あり
決定係数 6 （訓練）	○	○	あり
RMSE （検証）	○	○	なし
決定係数 1 （検証）	△	○	なし
決定係数 6 （検証）	○	△	なし
RMSE （LOOCV）	○	○	あり

7.6.5.1 準備

```r
library(caret)
library(tidyverse)
my_data <- cars
my_model <- train(form = dist ~ speed, data = my_data, method = "lm")
y  <- my_data$dist
y_ <- my_model %>% predict(my_data)
```

7 回帰1（単回帰）

8 回帰2（重回帰）

9 分類1（多値分類）

10 分類2（2値分類）

11 深層学習と AutoML

12 時系列予測

```
import numpy as np
import statsmodels.api as sm
from sklearn.linear_model import LinearRegression
from sklearn.metrics import mean_squared_error, r2_score
from sklearn.model_selection import cross_val_score, LeaveOneOut

my_data = sm.datasets.get_rdataset('cars', 'datasets').data
X, y = my_data[['speed']], my_data['dist']
my_model = LinearRegression().fit(X, y)
y_ = my_model.predict(X)
```

7.6.5.2　当てはまりの良さの指標

RMSE（訓練），決定係数 1（訓練），決定係数 6（訓練）を求めます．

R

```
# RMSE （訓練）
RMSE(y_, y)
#> [1] 15.06886

# 決定係数 1 （訓練）
R2(pred = y_, obs = y,
   form = "traditional")
#> [1] 0.6510794

# 決定係数 6 （訓練）
R2(pred = y_, obs = y,
   form = "corr")
#> [1] 0.6510794
```

Python

```
# RMSE （訓練）
mean_squared_error(y, y_)**0.5
#> 15.068855995791381

# 決定係数 1 （訓練）
my_model.score(X, y)
# あるいは
r2_score(y_true=y, y_pred=y_)
#> 0.6510793807582509

# 決定係数 6 （訓練）
np.corrcoef(y, y_)[0, 1]**2
#> 0.6510793807582511
```

R: RMSE（訓練）と決定係数 6（訓練）を，`postResample` でまとめて計算します．

R

```
postResample(pred = y_, obs = y)
#>        RMSE   Rsquared        MAE
#> 15.0688560  0.6510794 11.5801191
```

7.6.5.3　予測性能の指標（簡単に求められるもの）

R: デフォルトのブートストラップ（25 回）を使います．

R: RMSE（検証）と決定係数 6（検証）を求めます．

```
my_model <- train(form = dist ~ speed, data = my_data, method = "lm")
my_model$results
#>   intercept     RMSE  Rsquared      MAE ...
#> 1      TRUE 14.88504 0.6700353 11.59226 ...
# 左から, RMSE (検証), 決定係数6 (検証), MAE (検証)
```

P: RMSE（検証）と決定係数1（検証）を求めます．

P: デフォルトの5分割交差検証を使います．

Python

```
my_scores = cross_val_score(my_model, X, y,
                            scoring='neg_root_mean_squared_error')
-my_scores.mean()
#> 15.301860331378464  # RMSE (検証)

my_scores = cross_val_score(my_model, X, y, scoring='r2') # scoring='r2'は省略可
my_scores.mean()
#> 0.49061365458235245 # 決定係数1 (検証)
```

7.6.5.4 予測性能の指標（LOOCV）

　線形回帰分析とK最近傍法の訓練では，乱数を使いません．LOOCVによる検証でも，乱数を使いません．ですから，線形回帰分析やK最近傍法の予測性能をLOOCVで見積もるなら，結果はいつも同じになります．

　しかし，LOOCVの実装がRとPythonで違うため，RとPythonの結果を同じにするためには，少し工夫が必要です．

Rに合わせる場合

RでLOOCVを使い，RMSE（検証）を求めます[*18]．

本書では，Rの実装のLOOCVを使って求めたRMSE（検証）を，**RMSE (LOOCV)** と書くことがあります．

[*18] 　R: LOOCVを使って得るRMSE（検証）は $\sqrt{\sum (y_i - \hat{y}_i)^2 / n}$ です（n はサンプルサイズ）．K分割交差検証でKを n とした結果である $\sum \sqrt{(y_i - \hat{y}_i)^2 / n}$ とは違います．

```r
my_model <- train(form = dist ~ speed, data = my_data, method = "lm",
                  trControl = trainControl(method = "LOOCV"))

# 方法 1
my_model$results
#>   intercept     RMSE  Rsquared      MAE
#> 1      TRUE 15.69731 0.6217139 12.05918

# 方法 2
y  <- my_model$pred$obs
y_ <- my_model$pred$pred
mean((y - y_)^2)**0.5
#> [1] 15.69731
```

Python で同じ結果を得ます[*19].

```python
# 方法 1
my_scores1 = cross_val_score(my_model, X, y, cv=LeaveOneOut(),
                             scoring='neg_mean_squared_error')
(-my_scores1.mean())**0.5
#> 15.697306009399101

# 方法 2
my_scores2 = cross_val_score(my_model, X, y, cv=LeaveOneOut(),
                             scoring='neg_root_mean_squared_error')
(my_scores2**2).mean()**0.5
#> 15.697306009399101
```

Python に合わせる場合

Python で LOOCV を使って RMSE（検証）を求め，同じ結果を R で得ます．

```r
mean(((y - y_)^2)**0.5)
#> [1] 12.05918
```

```python
-my_scores2.mean()
#> 12.059178648637483
```

[*19]　P: 回帰における LOOCV は K 分割交差検証（図 7.3）で K を n（サンプルサイズ）にしたものです．cv=LeaveOneOut() と cv=len(y) の結果は同じです（分類で cv=len(y) とすると，「各カテゴリにインスタンスが 1 個は必要」だというエラーになります）．
scoring='neg_root_mean_squared_error' として RMSE を指標にすると，i 番目の検証の結果は $\sqrt{(y_i - \hat{y}_i)^2}$，全体の平均は $\sum \sqrt{(y_i - \hat{y}_i)^2}/n$ になります．
scoring='neg_mean_squared_error' として MSE を指標にすると，i 番目の検証の結果は $(y_i - \hat{y}_i)^2$，全体の平均は $\sum (y_i - \hat{y}_i)^2/n$ になります．R の RMSE（検証）は，この非負の平方根です．
パラメータチューニング（7.7 節）では全体の平均を使うので，R と同じ方針でチューニングしたい場合は，MSE を指標にします．

7.6.6 補足：検証による手法の比較

二つの手法 A と B の予測性能を検証で見積もって比較するとしましょう．A の RMSE（検証）が B のそれより小さく，A の決定係数（検証）が B のそれより大きければ，「A のほうが良い」という結論を出したいところです．

しかし，どちらが良いかという話の結論は，そう簡単には出せません．例として，自動車の速度と停止距離の関係のデータに対する，線形回帰分析と K 最近傍法（$K = 5$）の予測性能を比較します．検証には LOOCV を使います．

R

```
library(caret)
library(tidyverse)
my_data <- cars

my_lm_model <- train(form = dist ~ speed, data = my_data, method = "lm",
                     trControl = trainControl(method = "LOOCV"))

my_knn_model <- train(form = dist ~ speed, data = my_data, method = "knn",
                      tuneGrid = data.frame(k = 5),
                      trControl = trainControl(method = "LOOCV"))
```

Python

```
import pandas as pd
import statsmodels.api as sm
from sklearn.linear_model import LinearRegression
from sklearn.metrics import mean_squared_error
from sklearn.model_selection import cross_val_score, LeaveOneOut
from sklearn.neighbors import KNeighborsRegressor

my_data = sm.datasets.get_rdataset('cars', 'datasets').data
X, y = my_data[['speed']], my_data['dist']

my_lm_scores = cross_val_score(
    LinearRegression(),
    X, y, cv=LeaveOneOut(), scoring='neg_mean_squared_error')

my_knn_socres = cross_val_score(
    KNeighborsRegressor(n_neighbors=5),
    X, y, cv=LeaveOneOut(), scoring='neg_mean_squared_error')
```

RMSE（LOOCV）を求めます．

K 最近傍法の結果が R と Python で違うのは，アルゴリズムの違いによるものです（7.5.1 項を参照）．

R

```
my_lm_model$results$RMSE
#> [1] 15.69731 # 線形回帰分析

my_knn_model$results$RMSE
#> [1] 15.79924 # K 最近傍法
```

Python

```
(-my_lm_scores.mean())**0.5
#> 15.697306009399101 # 線形回帰分析

(-my_knn_socres.mean())**0.5
#> 16.07308308943869 # K 最近傍法
```

R と Python いずれの場合も，線形回帰分析が K 最近傍法より良さそうに見えます．では，「ここで扱っているデータに関しては，線形回帰分析が K 最近傍法より良い」のは確実でしょうか．

サンプルサイズが 50 なので，LOOCV では出力変数の予測値が 50 個できます．その値と正解との差（残差）の 2 乗を求めます．

R

```
y     <- my_data$dist
y_lm  <- my_lm_model$pred$pred
y_knn <- my_knn_model$pred$pred

my_df <- data.frame(
  lm  = (y - y_lm)^2,
  knn = (y - y_knn)^2)

head(my_df)
#>           lm       knn
#> 1  18.913720 108.1600
#> 2 179.215044   0.6400
#> 3  41.034336 175.5625
#> 4 168.490212  49.0000
#> 5   5.085308   9.0000
#> 6  67.615888 112.8906
```

Python

```
my_df = pd.DataFrame({
    'lm': -my_lm_scores,
    'knn': -my_knn_socres})
my_df.head()
#>          lm     knn
#> 0  18.913720  108.16
#> 1 179.215044    0.64
#> 2  41.034336   64.00
#> 3 168.490212  184.96
#> 4   5.085308    0.00
```

箱ひげ図を描いて比較します．

R

```
boxplot(my_df, ylab = "r^2")
```

Python

```
my_df.boxplot().set_ylabel("$r^2$")
```

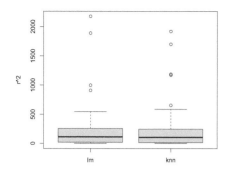 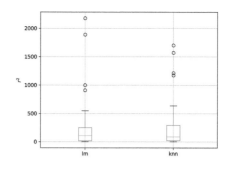

線形回帰分析（lm）と K 最近傍法（knn）で，統計的な違いはなさそうに見えます．4.4.3 項「平均の差の検定と推定」の方法で確認します（有意水準は5%）．

```r
t.test(x = my_df$lm, y = my_df$knn,
       conf.level = 0.95,
       paired = TRUE,
       alternative = "two.sided")

#>        Paired t-test
#>
#> data:  my_df$lm and my_df$knn
#> t = -0.12838, df = 49, p-value = 0.8984
#> alternative hypothesis: true difference in means is not equal to 0
#> 95 percent confidence interval:
#>  -53.46930  47.04792
#> sample estimates:
#> mean of the differences
#>               -3.210688
```

```python
from statsmodels.stats.weightstats import DescrStatsW
d = DescrStatsW(my_df.lm - my_df.knn)
d.ttest_mean()[1] # p 値
#> 0.6952755720536115

d.tconfint_mean(alpha=0.05, alternative='two-sided') # 信頼区間
#> (-72.8275283312228, 48.95036023665703)
```

p 値は有意水準より大きく，信頼区間には 0 が属しています．よって，残差の 2 乗に差がないという帰無仮説を棄却できません[20]．

---

[20]　これを「有意な差はない」と表現することがありますが，この結果は「差がない」ということではなく，判断するためにはデータが少ないということです．

　このように，RMSE（検証）が小さいからといって，その手法が良いとはいえないわけですが，本書ではこの先，手法の予測性能の比較のための議論には深入りしません．「結論を出すためには統計的な処理が必要です」というような注意も割愛します．本書で「予測性能を見積もり」を行うのは，訓練データへの当てはまりの良さでモデルの良さを判断してはいけないことを思い出すためだと考えてください．ただし，パラメータチューニング（7.7 節）のように，結論を出さなければならないことはあります．そういう場合には，予測性能の見積もりの大小の比較だけを行い，統計的な議論はせずに結論を出します[21]．

---

[21]　結論の出し方に選択肢があります（脚註 24 を参照）．

7.7

パラメータチューニング

本節の目標

K 最近傍法には，K（近傍の数）というパラメータがあります．パラメータチューニングによって，この K の最良の値を求めます．

線形単回帰分析のモデル $y = \beta_0 + \beta_1 x$ の β_0, β_1 は，モデルをデータにフィットさせる過程で決まるものです．それに対して，K 最近傍法の K の値は，モデルをデータにフィットさせる過程で決まるものではありません[*22]．この K のようなパラメータを**ハイパーパラメータ**といい，ハイパーパラメータを決める作業を**パラメータチューニング**といいます．

7.7.1　パラメータチューニングの実行

7.5 節で K 最近傍法を紹介した際には，K（近傍の数）の具体的な値にはこだわらず，デフォルトの 5 を使っていました．ここでは，RMSE（検証）を基準にして，最良の K を求めます．具体的には，K の値の候補として 1 以上 15 以下の整数を試し，RMSE（検証）を最小にする K を見つけます[*23]．

15 より大きい K ではよいモデルができないことを，筆者は実験的に確認しています．

R: パラメータチューニングは train に組み込まれています．自動車の速度と停止距離のデータを K 最近傍法で学習する場合，何も指定しなくても，k = 5, 7, 9 の場合が試されます．

---

*22　「モデルにデータをフィットさせる過程」の定義次第ですが，慣習に合わせています．

*23　ここで紹介するのは，指定したすべてのパラメータの組合せを調べる方法で，グリッドサーチといいます．パラメータの種類が多くなると，グリッドサーチにはとても時間がかかります．チューニングに時間がかかる場合は，ランダム探索を試すとよいでしょう．R では trainControl に引数 search = "random"を与えます．Python では GridSearchCV の代わりに RandomizedSearchCV を使います．有望そうなパラメータ領域を探索する，ベイズ最適化という手法もあります．

```
library(caret)
library(tidyverse)
my_data <- cars
my_model <- train(form = dist ~ speed, data = my_data, method = "knn")
my_model$results
#>   k     RMSE  Rsquared      MAE   RMSESD RsquaredSD    MAESD
#> 1 5 15.72114 0.6615765 12.54588 3.013243 0.11043907 2.372245
#> 2 7 16.19047 0.6601173 12.68464 3.165330 0.09990158 2.329326
#> 3 9 16.30276 0.6556700 12.84811 3.367423 0.09645747 2.471620
```

パラメータが k であること
は，modelLookup("knn")
でも確認できます．

パラメータチューニングが
不要な場合は，tuneGrid =
data.frame(k = 5) のよ
うにして，値を一つに限定し
ます．

この結果では，k が 5 の場合が最良で，そのときの RMSE （検証）は約 15.7 で
す[*24]．

調べる k の範囲を 1 から 15 に変更し，LOOCV を使ってチューニングします[*25]．

```
my_params <- expand.grid(k = 1:15)

my_model <- train(form = dist ~ speed, data = my_data, method = "knn",
                  tuneGrid = my_params,
                  trControl = trainControl(method = "LOOCV"))
```

P: K 最近傍法のパラメータ K （n_neighbors）をチューニングします．チューニ
ングは，パラメータの探索範囲を記録した辞書を，GridSearchCV に与えて行い
ます．

[*24] 「最良」の基準はユーザが決めることです．RMSE（検証）を最小にするという基準は，
R の train のデフォルトです．このことを明示したければ，train() に trControl =
trainControl(selectionFunction = "best") というオプションを与えます．本書では試しませ
んが，この best を oneSE に変えると最高の正解率との差が標準誤差一つ分以内，tolerance に変
えると最小の正解率との差が 3%以内の，最も単純なモデルが選ばれるようになります．

[*25] パラメータが複数の場合は，expand.grid の中に並記します（3.4.1.4 目を参照）．tuneGrid = ...
の代わりに tuneLength = 10 とすると，5, 7, . . . , 23 の 10 通りの k を調べます．パラメータを
明示しなくてよい便利な記法ですが，本書では使いません．

```Python
import pandas as pd
import statsmodels.api as sm
from sklearn.metrics import mean_squared_error
from sklearn.model_selection import GridSearchCV, LeaveOneOut
from sklearn.neighbors import KNeighborsRegressor

my_data = sm.datasets.get_rdataset('cars', 'datasets').data
X, y = my_data[['speed']], my_data['dist']

my_params = {'n_neighbors': range(1, 16)} # 探索範囲（1以上 16未満の整数）

my_search = GridSearchCV(estimator=KNeighborsRegressor(),
                         param_grid=my_params,
                         cv=LeaveOneOut(),
                         scoring='neg_mean_squared_error')
my_search.fit(X, y)
```

チューニングの詳細が my_search に格納されます．試されたパラメータを
['params'] で取り出してデータフレームに変換し，そのデータフレームに RMSE の
列を追加します．

P: RMSE（LOOCV）を求めるため，scoring の値を neg_mean_squared_error にしています（7.6.5.4 目を参照）．

```Python
tmp = my_search.cv_results_                # チューニングの詳細
my_scores = (-tmp['mean_test_score'])**0.5 # RMSE
my_results = pd.DataFrame(tmp['params']).assign(validation=my_scores)
```

チューニング結果を確認します．

```R
head(my_model$results)
#>   k     RMSE  Rsquared       MAE
#> 1 1 17.22299 0.5777197 13.84900
#> 2 2 16.81462 0.5936438 13.03469
#> 3 3 16.32874 0.6218866 12.74524
#> 4 4 15.98970 0.6086993 12.27888
#> 5 5 15.79924 0.6169267 11.96067
#> 6 6 15.98720 0.6079396 12.26667
```

```Python
my_results.head()
#>    n_neighbors  validation
#> 0            1   20.089798
#> 1            2   17.577685
#> 2            3   16.348836
#> 3            4   16.198804
#> 4            5   16.073083
```

R と Python で結果が違う理由としては，近傍の選び方の違い（7.5.1 項）が考えられます．

可視化します[26]．

---

26 R: この ggplot の振る舞いは，?ggplot ではわかりません．ggplot(何か) の振る舞いは，「何か」によるからです．この ggplot の振る舞いは，?ggplot.train で調べます．「.train」とすればいいことは，attributes(my_model) の結果の，$class のところを見るとわかります．

7
回帰1
（単回帰）

8
回帰2
（重回帰）

9
分類1
（多値分類）

10
分類2
（2値分類）

11
深層学習と
AutoML

12
時系列予測

R
```
ggplot(my_model)
```

Python
```
my_results.plot(x='n_neighbors',
                style='o-',
                ylabel='RMSE')
```

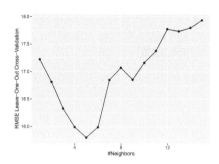

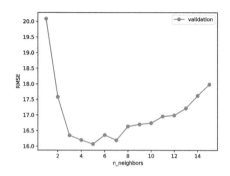

最良のパラメータを確認します（いずれも 5 です）．

R
```
my_model$bestTune
#>   k
#> 5 5
```

Python
```
my_search.best_params_
#> {'n_neighbors': 5}
```

最良の RMSE （LOOCV）を確認します．

R
```
my_model$results %>%
  filter(RMSE == min(RMSE))
#>   k     RMSE Rsquared      MAE
#> 1 5 15.79924 0.6169267 11.96067
```

Python
```
(-my_search.best_score_)**0.5
#> 16.07308308943869
```

最良パラメータを採用して全インスタンスを使って訓練し直す作業はすでに終わっています．参考までに，その学習済みモデルを使って RMSE（訓練）を計算します．

R
```
y  <- my_data$dist
y_ <- my_model %>% predict(my_data)
RMSE(y_, y)
#> [1] 13.96845
```

Python
```
my_model = my_search.best_estimator_
y_ = my_model.predict(X)
mean_squared_error(y_, y)**0.5
#> 13.087184571174962
```

7.7.2　補足：ハイパーパラメータとRMSE（訓練）

　パラメータチューニングは，RMSE（検証）や決定係数1（検証）を基準に行います．誤ってRMSE（訓練）や決定係数1（訓練）を基準に行うとどうなるか見てみましょう．

　ハイパーパラメータを与えると対応するRMSEを返す関数 `my_loocv` を定義し，それを使ってパラメータチューニングを再現します[*27]．

3.7.4項の方法で結果をデータフレームにまとめます．

```r
library(caret)
library(tidyverse)
my_data <- cars

my_loocv <- function(k) {
  my_model <- train(form = dist ~ speed, data = my_data, method = "knn",
                    tuneGrid = data.frame(k = k),
                    trControl = trainControl(method = "LOOCV"))
  y  <- my_data$dist
  y_ <- my_model %>% predict(my_data)
  list(k = k,
       training = RMSE(y_, y),             # RMSE（訓練）
       validation = my_model$results$RMSE) # RMSE（検証）
}

my_results <- 1:15 %>% map_dfr(my_loocv)
```

[*27]　P：ここで求めているのは全データを使ったときのRMSE（訓練）です．GridSearchCV に訓練でのスコアを返すオプション return_train_score=True がありますが，これでわかるRMSEは，検証データを除いて訓練したときのものなので，ここでの目的には使えません．

Python

```python
import pandas as pd
import statsmodels.api as sm
from sklearn.metrics import mean_squared_error
from sklearn.model_selection import cross_val_score, LeaveOneOut
from sklearn.neighbors import KNeighborsRegressor

my_data = sm.datasets.get_rdataset('cars', 'datasets').data
X, y = my_data[['speed']], my_data['dist']

def my_loocv(k):
    my_model = KNeighborsRegressor(n_neighbors=k)
    my_scores = cross_val_score(estimator=my_model, X=X, y=y,
                                cv=LeaveOneOut(),
                                scoring='neg_mean_squared_error')
    y_ = my_model.fit(X, y).predict(X)
    return pd.Series([k,
                      (-my_scores.mean())**0.5,         # RMSE（検証）
                      mean_squared_error(y_, y)**0.5], # RMSE（訓練）
                     index=['n_neighbors', 'validation', 'training'])

my_results = pd.Series(range(1, 16)).apply(my_loocv)
```

K と RMSE の関係を可視化します．

R

```r
my_results %>%
  pivot_longer(-k) %>%
  ggplot(aes(x = k, y = value,
             color = name)) +
  geom_line() + geom_point() +
  xlab("#Neighbors") + ylab("RMSE") +
  theme(legend.position = c(1, 0),
        legend.justification = c(1, 0))
```

Python

```python
my_results.plot(x='n_neighbors',
                style='o-',
                ylabel='RMSE')
```

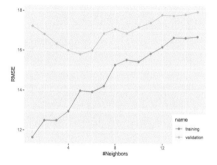

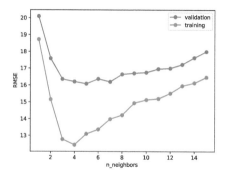

　RMSE（訓練）を最小にする K と，RMSE（検証）を最小にする K は違うことがわかります．ですから，RMSE（訓練）を基準にパラメータチューニングを行うと，最良ではないパラメータを選択することになります．RMSE（訓練）は「当てはまりの良さの指標」であり，「予測性能の見積もり」である RMSE（検証）の代わりにはならないのです．

7
回帰1
（単回帰）

8
回帰2
（重回帰）

9
分類1
（多値分類）

10
分類2
（2値分類）

11
深層学習と
AutoML

12
時系列予測

第**8**章

回帰2（重回帰）

　前章では，入力変数が 1 個の場合の回帰を行いました．本章では，入力変数が複数の場合の回帰を行います．入力変数が複数になると，どの変数が重要なのかを考えるようになりますが，それ以外は，変数が 1 個の場合とあまり変わりません．

本章の内容

8.1

ブドウの生育条件とワインの価格

本節の目標

　本章で扱うデータセット（ブドウの生育条件とワインの価格）を用意します．ウェブのテキストを読み込んで内容を確認し，目的に合う形式にして保存します（本節の作業でできる CSV ファイルは本書のサポートサイトで公開しています）．

ウェブページ（http://www.liquidasset.com/winedata.html）に掲載されている「Variables」という表（ソースの 63 行目から 102 行目までの 38 行分）を引用します．列の意味は**表 8.1** のとおりです[1]．「.」は欠損値です．欠損値のあるインスタンスはここでは使いません．

このデータを使ってワインの価格を予測する話は，データマイニングが人間（この場合ワイン批評家）の仕事を奪う例として有名で，文献 [19,20] などでも紹介されています．

表 8.1　ワインのデータの変数

変数	意味
OBS	通し番号
VINT	生産年
LPRICE2	ワインの相対価格（基準は 1961 年）の対数
WRAIN	10 月から 3 月までの降水量（mL）
DEGREES	4 月から 9 月までの気温の平均（摂氏）
HRAIN	収穫期（8 月から 9 月）の降水量（mL）
TIME_SV	1983 年基準でのワインの熟成年数

---

[1]　LPRICE2 の値が負のところがありますが，価格が負だというわけではありません．LPRICE2 は「ワインの相対価格（基準は 1961 年）の対数」なので，この値が負でも，元の価格は正です．

OBS	VINT	LPRICE2	WRAIN	DEGREES	HRAIN	TIME_SV
1	1952	-0.99868	600	17.1167	160	31
2	1953	-0.45440	690	16.7333	80	30
3	1954	.	430	15.3833	180	29
4	1955	-0.80796	502	17.1500	130	28
5	1956	.	440	15.6500	140	27
6	1957	-1.50926	420	16.1333	110	26
7	1958	-1.71655	582	16.4167	187	25
8	1959	-0.41800	485	17.4833	187	24
9	1960	-1.97491	763	16.4167	290	23
10	1961	0.00000	830	17.3333	38	22
11	1962	-1.10572	697	16.3000	52	21
12	1963	-1.78098	608	15.7167	155	20
13	1964	-1.18435	402	17.2667	96	19
14	1965	-2.24194	602	15.3667	267	18
15	1966	-0.74943	819	16.5333	86	17
16	1967	-1.65388	714	16.2333	118	16
17	1968	-2.25018	610	16.2000	292	15
18	1969	-2.14784	575	16.5500	244	14
19	1970	-0.90544	622	16.6667	89	13
20	1971	-1.30031	551	16.7667	112	12
21	1972	-2.28879	536	14.9833	158	11
22	1973	-1.85700	376	17.0667	123	10
23	1974	-2.19958	574	16.3000	184	9
24	1975	-1.20168	572	16.9500	171	8
25	1976	-1.37264	418	17.6500	247	7
26	1977	-2.23503	821	15.5833	87	6
27	1978	-1.30769	763	15.8167	51	5
28	1979	-1.53960	717	16.1667	122	4
29	1980	-1.99582	578	16.0000	74	3
30	1981	.	535	16.9667	111	2
31	1982	.	712	17.4000	162	1
32	1983	.	845	17.3833	119	0
33	1984	.	591	16.5000	119	-1
34	1985	.	744	16.8000	38	-2
35	1986	.	563	16.2833	171	-3
36	1987	.	452	16.9833	115	-4
37	1988	.	808	17.1000	59	-5
38	1989	.	443	.	82	-6

　データを読み込み，確認します．インスタンスは 38 件ですが，欠損値のある列 (LPRICE2, DEGREES) では，R の n や Python の count の値がそれより小さくなります．

Ⓡ

```
library(tidyverse)
my_url <- "http://www.liquidasset.com/winedata.html"
tmp <- read.table(file = my_url,    # 読み込む対象
                  header = TRUE,    # 1行目は変数名
                  na.string = ".", # 欠損値を表す文字列
                  skip = 62,        # 読み飛ばす行数
                  nrows = 38)       # 読み込む行数
psych::describe(tmp)
#>          vars  n    mean      sd median trimmed    mad     min     max ...
#> OBS         1 38   19.50   11.11  19.50   19.50  14.08    1.00   38.00 ...
#> VINT        2 38 1970.50   11.11 1970.50 1970.50 14.08 1952.00 1989.00 ...
#> LPRICE2     3 27   -1.45    0.63  -1.51   -1.49   0.72   -2.29    0.00 ...
#> WRAIN       4 38  605.00  135.28 586.50  603.06 174.95  376.00  845.00 ...
#> DEGREES     5 37   16.52    0.66  16.53   16.55   0.67   14.98   17.65 ...
#> HRAIN       6 38  137.00   66.74 120.50  132.19  59.30   38.00  292.00 ...
#> TIME_SV     7 38   12.50   11.11  12.50   12.50  14.08   -6.00   31.00 ...
```

Python

```
import pandas as pd
my_url = 'http://www.liquidasset.com/winedata.html'
tmp = pd.read_table(my_url, skiprows=62, nrows=38, sep='\\s+', na_values='.')
tmp.describe()
#>               OBS         VINT     LPRICE2       WRAIN    DEGREES ...
#> count   38.000000    38.000000   27.000000   38.000000  37.000000 ...
#> mean    19.500000  1970.500000   -1.451765  605.000000  16.522973 ...
# 以下省略
```

P: \\s+は空白を表す正規表現です.

学習に使う 3 列目以降を残し，欠損値のある行を削除します．

Ⓡ

```
my_data <- na.omit(tmp[, -c(1, 2)])
head(my_data)
#>    LPRICE2 WRAIN DEGREES ...
#> 1 -0.99868   600 17.1167 ...
#> 2 -0.45440   690 16.7333 ...
#> 4 -0.80796   502 17.1500 ...
#> 6 -1.50926   420 16.1333 ...
#> 7 -1.71655   582 16.4167 ...
#> 8 -0.41800   485 17.4833 ...
```

Python

```
my_data = tmp.iloc[:, 2:].dropna()
my_data.head()
#>    LPRICE2  WRAIN  DEGREES ...
#> 0 -0.99868    600  17.1167 ...
#> 1 -0.45440    690  16.7333 ...
#> 3 -0.80796    502  17.1500 ...
#> 5 -1.50926    420  16.1333 ...
#> 6 -1.71655    582  16.4167 ...
```

最終的なサンプルサイズは 27 になります．

R

```
dim(my_data)
#> [1] 27 5
```

Python

```
my_data.shape
#> (27, 5)
```

再利用しやすいように，このデータを CSV 形式で保存しておきます．

R

```
my_data %>% write_csv("wine.csv")
```

Python

```
my_data.to_csv('wine.csv',
                index=False)
```

ここで作った CSV ファイルは，本書のサポートサイトにあります．次のように読み込んで使ってください．

P: 元のデータの -0.99868 が CSV ファイルでは -0.99 86799999999999 になってしまうといったことが起こりますが，気にせず先に進みます．

R

```
#my_data <- read_csv("wine.csv") # 作ったファイルを使う場合
my_url <- str_c("https://raw.githubusercontent.com/taroyabuki",
                "/fromzero/master/data/wine.csv")
my_data <- read_csv(my_url)
```

Python

```
#my_data = pd.read_csv('wine.csv') # 作ったファイルを使う場合
my_url = ('https://raw.githubusercontent.com/taroyabuki'
          '/fromzero/master/data/wine.csv')
my_data = pd.read_csv(my_url)
```

重回帰分析

本節の目標

　表の「?」の部分つまり LPRICE2 を，それ以外の変数を使って予測します．

LPRICE2	WRAIN	DEGREES	HRAIN	TIME_SV
-0.999	600	17.1	160	31
-0.454	690	16.7	80	30
-0.808	502	17.2	130	28
⋮	⋮	⋮	⋮	⋮
?	500	17	120	2

　出力変数（LPRICE2）があるので教師あり学習です．出力変数が数値（量的データ）なので，この学習は回帰です．

8.2.1　重回帰分析の実行

　7.3 節で紹介した線形単回帰分析は，入力変数（x）と出力変数（y）の関係を表す回帰式が $y = \beta_0 + \beta_1 x$ だと仮定して，訓練データに最もよく合うパラメータ β_0, β_1 を見つけるというものでした．

　本節で紹介する**線形重回帰分析**は，入力変数（$x_1, x_2, \ldots, x_n$）と出力変数（y）の関係を表す回帰式が

$$y = \beta_0 + \beta_1 x_1 + \beta_2 x_2 + \cdots + \beta_n x_n \tag{8.1}$$

だと仮定して，訓練データに最もよく合うパラメータ $\beta_0, \beta_1, \ldots, \beta_n$ を見つけるというものです．

　価格（LPRICE2）が出力変数，それ以外が入力変数です．たとえば，「10 月から 3 月までの降水量が 500 mL，4 月から 9 月までの気温の平均が 17 度，8 月から 9 月の降水量が 120 mL，熟成年数が 2 年」のときの，ワインの価格を予測できるようになるのが目標です．そのために，LPRICE2 と他の変数の関係が，

表 8.1 の生産年（VINT）と熟成年数（TIME_SV）は本質的には同じものです．どちらを使ってもかまいませんが，ここではよく知られた結果と合うように，熟成年数を使います．

$$\text{LPRICE2} = \beta_0 + \beta_1 \times \text{WRAIN} + \beta_2 \times \text{DEGREES}$$
$$+ \beta_3 \times \text{HRAIN} + \beta_4 \text{TIME\_SV}$$

だと仮定して，データに最もよく合う $\beta_0, \beta_1, \ldots, \beta_4$ を求めます．

結果を先に紹介します[*2]．これと同じ式を得るのが目標です[*3]．

$$\text{LPRICE2} = -12.1 + 1.17 \times 10^{-3} \times \text{WRAIN} + 6.16 \times 10^{-1} \times \text{DEGREES}$$
$$- 3.86 \times 10^{-3} \times \text{HRAIN} + 2.38 \times 10^{-2} \times \text{TIME\_SV}$$

線形重回帰分析の実行方法は，線形単回帰分析の実行方法（7.3 節）とほとんど同じです．

R: 7.3 節で dist ~ speed としていたモデル式は，ここでは LPRICE2 ~ WRAIN + DEGREES + HRAIN + TIME_SV となります．複数ある入力変数を+でつないで列挙します．ここでは LPRICE2 以外のすべての変数を使うので，「LPRICE2 ~ .」でもかまいません．「.」はすべての変数を表します．

Ⓡ

```
library(caret)
library(tidyverse)
my_url <- str_c("https://raw.githubusercontent.com/taroyabuki",
                "/fromzero/master/data/wine.csv")
my_data <- read_csv(my_url)

my_model <- train(form = LPRICE2 ~ WRAIN + DEGREES + HRAIN + TIME_SV,
                  data = my_data,
                  method = "lm",
                  trControl = trainControl(method = "LOOCV"))
```

R: Python と同じ結果になるように，LOOCV を使います（7.6.5.4 目）．デフォルトのブートストラップでは訓練データが少なすぎるということもあります．

[*2] これは，データの提供元（http://www.liquidasset.com/winedata.html）に掲載されているのと同じ結果です．この結果を間違ってコピー＆ペーストしたかのような式が出回っていることに注意してください．たとえば文献 [19] に掲載されている式は間違っていて，それについて翻訳者が https://cruel.hatenablog.com/entry/20150121/1421802947 で詳しく報告しています．文献 [20] にも同様の間違った式が掲載されていて，そのことは原著者も把握しているそうです（筆者の私信による）．

[*3] WRAIN・DEGREES・TIME_SV には価格を上げる効果，HRAIN には価格を下げる効果があるように見えます．しかし，回帰分析からわかるのは，相関関係であって因果関係ではありません．また，回帰係数の正負はその変数と出力変数の相関の正負ではありません．たとえば，出力変数 y が入力変数 p, q の両方と正の相関があっても，p, q いずれかの回帰係数が負になることがあります．p と q の間に強い相関がある場合は特に注意が必要です．そういう状況を**多重共線性**（multicollinearity）といいます．ただし，本書のように，理解でなく予測が目的の場合は，多重共線性はあまり深刻ではないかもしれません．

7 回帰1（単回帰）

8 回帰2（重回帰）

9 分類1（多値分類）

10 分類2（2値分類）

11 深層学習とAutoML

12 時系列予測

P: 入力変数のデータフレーム X と出力変数の 1 次元データ y を作り，訓練します．

Python

```python
import numpy as np
import pandas as pd
from sklearn.linear_model import LinearRegression
from sklearn.metrics import mean_squared_error
from sklearn.model_selection import cross_val_score, LeaveOneOut

my_url = ('https://raw.githubusercontent.com/taroyabuki'
          '/fromzero/master/data/wine.csv')
my_data = pd.read_csv(my_url)
X, y = my_data.drop(columns=['LPRICE2']), my_data['LPRICE2']

my_model = LinearRegression().fit(X, y)
```

回帰係数を確認します．

R

```r
coef(my_model$finalModel) %>%
  as.data.frame
#>                        .
#> (Intercept) -12.145333577
#> WRAIN         0.001166782
#> DEGREES       0.616392441
#> HRAIN        -0.003860554
#> TIME_SV       0.023847413
```

Python

```python
my_model.intercept_
#> -12.145333576510417

pd.Series(my_model.coef_,
          index=X.columns)
#> WRAIN      0.001167
#> DEGREES    0.616392
#> HRAIN     -0.003861
#> TIME_SV    0.023847
#> dtype: float64
```

R: 結果を縦に並べて紙面を節約するためにデータフレームにしています．

P: 結果を縦に並べて紙面を節約するためにシリーズとし，そのついでに変数名を補っています．

予測の例として，「10 月から 3 月までの降水量が 500 mL，4 月から 9 月までの気温の平均が 17 度，8 月から 9 月の降水量が 120 mL，熟成年数が 2 年」のときの，ワインの価格を予測します．

R

```r
my_test <- data.frame(
  WRAIN = 500, DEGREES = 17,
  HRAIN = 120, TIME_SV = 2)
my_model %>% predict(my_test)
#>        1
#> -1.498843
```

R: データフレームの列名が正しければ，列の順番は任意です．

Python

```python
my_test = [[500, 17, 120, 2]]
my_model.predict(my_test)
#> array([-1.49884253])
```

P: 値の順番は X と同じでなければなりません．my_test はデータフレームでもかまいませんが，その場合も，列の順番は X と同じでなければなりません．

当てはまりの良さの指標（7.4 節）を求めます.

決定係数 1 と決定係数 6 が
同じになるのは，対象が線形
回帰分析の訓練データだから
です．一般には両者は同じで
はありません.

R

```r
y  <- my_data$LPRICE2
y_ <- my_model %>% predict(my_data)

RMSE(y_, y)
#> [1] 0.2586167 # RMSE（訓練）

R2(pred = y_, obs = y,
   form = "traditional")
#> [1] 0.8275278 # 決定係数 1（訓練）

R2(pred = y_, obs = y,
   form = "corr")
#> [1] 0.8275278 # 決定係数 6（訓練）
```

Python

```python
y_ = my_model.predict(X)

mean_squared_error(y_, y)**0.5
#> 0.2586166620130621 # RMSE（訓練）

my_model.score(X, y)
#> 0.8275277990052154 # 決定係数 1

np.corrcoef(y, y_)[0, 1]**2
#> 0.8275277990052158 # 決定係数 6
```

予測性能の見積もりである RMSE（LOOCV）を求めます.

R

```r
my_model$results
#>   intercept      RMSE  Rsquared       MAE
#> 1      TRUE 0.3230043 0.7361273 0.2767282
```

Python

```python
my_scores = cross_val_score(my_model, X, y,
                            cv=LeaveOneOut(),
                            scoring='neg_mean_squared_error')
(-my_scores.mean())**0.5
#> 0.32300426518411957 # RMSE（検証）
```

行列については 3.4.4 項を参照.

行列の計算方法を紹介しているのは,本書とは別に理論を勉強するときの参考にしてもらうためです.

b を求めるところまでが本質で,その後は結果を見やすくしているだけです.

8.2.2 補足:行列計算による再現

線形回帰分析の実態は行列の計算です(文献 [18, 21, 22])[*4]. 行列の計算で,先の結果を再現します.

R

```
M <- my_data[, -1] %>%
  mutate(b0 = 1) %>% as.matrix
b <- MASS::ginv(M) %*% y
matrix(b,
       dimnames = list(colnames(M)))
#>                    [,1]
#> WRAIN     0.001166782
#> DEGREES   0.616392441
#> HRAIN    -0.003860554
#> TIME_SV   0.023847413
#> b0      -12.145333577
```

Python

```
import numpy as np
M = np.matrix(X.assign(b0=1))
b = np.linalg.pinv(M) @ y
pd.Series(b,
    index=list(X.columns) + ['b0'])
#> WRAIN        0.001167
#> DEGREES      0.616392
#> HRAIN       -0.003861
#> TIME_SV      0.023847
#> b0         -12.145334
#> dtype: float64
```

[*4] 式 (8.1) を,次のように行列を使って書きます(ε は残差).

$$\underbrace{\begin{pmatrix} -0.99868 \\ -0.4544 \\ -0.80796 \\ \cdots \\ -1.99582 \end{pmatrix}}_{y} = \underbrace{\begin{pmatrix} 600 & 17.1167 & 160 & 31 & 1 \\ 690 & 16.7333 & 80 & 30 & 1 \\ 502 & 17.15 & 130 & 28 & 1 \\ & & \cdots\cdots & & \\ 578 & 16 & 74 & 3 & 1 \end{pmatrix}}_{M} \underbrace{\begin{pmatrix} \beta_1 \\ \beta_2 \\ \beta_3 \\ \beta_4 \\ \beta_0 \end{pmatrix}}_{b} + \varepsilon \qquad (8.2)$$

$b = M^+ y$ のとき,$|\varepsilon|$ は最小になります(M^+ は M のムーア・ペンローズ型一般逆行列).

8.3

標準化

本節の目標

　ワインのデータの入力変数の箱ひげ図を見ると，値の分布は変数によってかなり違うようです（左図の黒い点と右図の三角形は平均）．この違いには，本質的なものとそうでないものがあります．たとえば，単位を変えると変わるような違いは，本質的ではありません．本質的なものの影響を見るために，変数を**標準化**して学習します（線形回帰分析の予測結果は変わりません）．

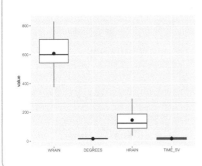
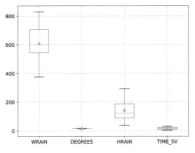

入力変数（データフレーム）を列ごとに標準化します．

　まずは，標準化後の箱ひげ図を描いて，入力変数を標準化するというのはどういうことなのかを確認します．

5.2.1 項では，1 次元データを標準化する方法を紹介しました．

ここで行う標準化は箱ひげ図を描くためのもので，訓練のためのものではありません．ここで行う標準化を訓練前にする必要はありません．

```r
library(caret)
library(tidyverse)
my_url <- str_c("https://raw.githubusercontent.com/taroyabuki",
                "/fromzero/master/data/wine.csv")
my_data <- read_csv(my_url)

my_data %>%
  mutate_if(is.numeric, scale) %>% # 数値の列の標準化
  pivot_longer(-LPRICE2) %>%
  ggplot(aes(x = name, y = value)) +
  geom_boxplot() +
```

```
    stat_summary(fun = mean, geom = "point", size = 3) +
    xlab(NULL)
```

Python

```python
import pandas as pd
from sklearn.linear_model import LinearRegression
from sklearn.pipeline import Pipeline
from sklearn.preprocessing import StandardScaler
my_url = ('https://raw.githubusercontent.com/taroyabuki'
          '/fromzero/master/data/wine.csv')
my_data = pd.read_csv(my_url)
X, y = my_data.drop(columns=['LPRICE2']), my_data['LPRICE2']

# StandardScaler で標準化した結果をデータフレームに戻してから描画する
pd.DataFrame(StandardScaler().fit_transform(X), columns=X.columns
            ).boxplot(showmeans=True)
```

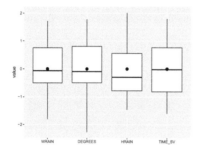 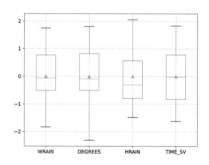

　「本節の目標」に掲載した元データの箱ひげ図と比べると，各変数の平均と
ばらつきがそろっていることがわかります．

　標準化を教師あり学習の訓練に組み込みます．そのためのコードは，「標準化
してから訓練をする」ではなく「（標準化を伴う）訓練をする」という形式にな
ります．訓練に標準化を組み込んでおくと，検証データやテストデータの標準
化のコードを書く必要はなくなるからです．このことについては，後で確認し
ます．

　（標準化を伴う）訓練を実行します．

　R: train に引数 preProcess = c("center", "scale") を与えます．

　P: **パイプライン**という枠組みで，標準化（StandardScaler）と線形モデル
（LinearRegression）をひとまとめにします．

R

```
my_model <- train(
  form = LPRICE2 ~ .,
  data = my_data,
  method = "lm",
  preProcess = c("center", "scale"))
```

Python

```
my_pipeline = Pipeline([
    ('sc', StandardScaler()),
    ('lr', LinearRegression())])
my_pipeline.fit(X, y)
```

P: sc や lr は，パイプ
ラインの構成要素に筆者が
付けたラベルです．訓練後
に，線形モデルの部分を
my_pipeline.named_steps
.lr として取り出します．

R と Python で回帰係数
が違っているのは，R で
は $\sqrt{\text{不偏分散}}$ で標準化を行
うのに対して，Python で
$\sqrt{\text{標本分散}}$ で標準化を行う
からです．

回帰係数を確認します．

R

```
coef(my_model$finalModel) %>%
  as.data.frame
#>                      .
#> (Intercept) -1.4517652
#> WRAIN        0.1505557
#> DEGREES      0.4063194
#> HRAIN       -0.2820746
#> TIME_SV      0.1966549
```

Python

```
# 線形回帰の部分だけを取り出す.
my_lr = my_pipeline.named_steps.lr
my_lr.intercept_
#> -1.4517651851851847

pd.Series(my_lr.coef_,
          index=X.columns)
#> WRAIN      0.147741
#> DEGREES    0.398724
#> HRAIN     -0.276802
#> TIME_SV    0.192979
#> dtype: float64
```

予測の例として，「10 月から 3 月までの降水量が 500 mL，4 月から 9 月ま
での気温の平均が 17 度，8 月から 9 月の降水量が 120 mL，熟成年数が 2 年」
のときをテストデータとして，ワインの価格を予測します．

R

```
my_test <- data.frame(
  WRAIN = 500, DEGREES = 17,
  HRAIN = 120, TIME_SV = 2)
my_model %>% predict(my_test)
#>        1
#> -1.498843
```

Python

```
my_test = [[500, 17, 120, 2]]
my_pipeline.predict(my_test)
#> array([-1.49884253])
```

標準化をしない場合（8.2 節）と比べると，次の点に気付きます．

(i) 訓練済みモデルが変わる（この場合は回帰係数が変わる）．

(ii) テストデータ（my_test）での予測方法は同じ．

(iii) テストデータ（my_test）での予測結果は同じ．

(i) と (ii) は線形回帰分析に限らず，すべての手法でいえることです．(iii) は線形回帰分析の性質によるものです[*5]．線形回帰分析以外の多くの手法では，標準化の有無によって予測値が変わります．

改めて標準化を伴う機械学習で必要な作業を列挙すると次のようになります．

1. 訓練データを標準化する．
2. 訓練して訓練済みモデルを得る．
3. テストデータを標準化する．
4. テストデータと訓練済みモデルから予測値を得る．

先の例からわかるのは，「（標準化を伴う）訓練をする」という指示を書いておけば，上の手順の 1 と 3 のためのコードは書かなくてよいということです．ただし，線形回帰分析の結果得られる回帰係数 $\{\beta'_0, \beta'_1, \beta'_2, \beta'_3, \beta'_4\}$ は標準化されたデータに対するものなので，予測値 $\hat{y}$ は，$\beta'_0 + \beta'_1 x_1 + \beta'_2 x_2 + \beta'_3 x_3 + \beta'_4 x_4$ ではないことに注意してください[*6]．「（標準化を伴う）訓練をする」ではなく「標準化してから訓練をする」というコードを書くと，上述の (ii) は成り立たなくなり，3 のためのコード，つまり予測の前に標準化に相当する計算（訓練データの平均を引き，訓練データの標準偏差で割る）を行うためのコードを書かなければならなくなります．

（左注）予測値が変わらないにもかかわらず標準化を試したのは，予測値が変わらないことを示すためです．

（左注）予測値は predict で計算すればいいのです．

[*5]　訓練データにおける各変数の平均を u_i，標準偏差を s_i とすると，標準化は，式 (8.2) の M に，次の行列 S を右からかけることに相当します（S^{-1} も併せて掲載します）．

$$S = \begin{pmatrix} 1/s_1 & 0 & 0 & 0 & 0 \\ 0 & 1/s_2 & 0 & 0 & 0 \\ 0 & 0 & 1/s_3 & 0 & 0 \\ 0 & 0 & 0 & 1/s_4 & 0 \\ -u_1/s_1 & -u_2/s_2 & -u_3/s_3 & -u_4/s_4 & 1 \end{pmatrix}, \quad S^{-1} = \begin{pmatrix} s_1 & 0 & 0 & 0 & 0 \\ 0 & s_2 & 0 & 0 & 0 \\ 0 & 0 & s_3 & 0 & 0 \\ 0 & 0 & 0 & s_4 & 0 \\ u_1 & u_2 & u_3 & u_4 & 1 \end{pmatrix}$$

式 (8.2) の $|\varepsilon|$ を最小にする b に対して，$b' = S^{-1}b$ つまり $b = Sb'$ とすると，$\varepsilon = y - Mb = y - M(Sb') = y - (MS)b'$ となります．つまり b が M で表されるデータの回帰係数のとき，b' は MS で表されるデータ（標準化された M）の回帰係数ということになります．
このとき，テストデータ $x = (x_1, x_2, x_3, x_4, 1)$ に対する予測値 xb と，x に訓練データの平均と標準偏差を使って標準化と同じ処理をしてから計算する予測値 $(xS)b'$ は，$(xS)b' = xS(S^{-1}b) = x(SS^{-1})b = xb$ なので，同じです．

[*6]　予測値は $\hat{y} = \beta'_0 + \sum \beta'_i (x_i - u_i)/s_i$ になります（記号の意味は脚註 5 と同じ）．つまり，訓練データの平均と標準偏差を使って標準化と同様の計算をしなければなりません．それにもかかわらず予測方法が変わっていないのは，この計算が predict の中で自動的に行われるからです．

8.4

入力変数の数とモデルの良さ

本節の目標

　変数が多くなると，モデルはデータによく合うようになります．しかし，モデルの予測性能が高くなるわけではありません．$v_1 = 0, 1, 0, 1, 0, 1, \ldots,$ $v_2 = 0, 1, 2, 0, 1, 2, \ldots$ という，元のデータとはまったく関係のないデータを導入して，このことを確認します．

LPRICE2	WRAIN	DEGREES	HRAIN	TIME_SV	v1	v2
−0.999	600	17.1	160	31	0	0
−0.454	690	16.7	80	30	1	1
−0.808	502	17.2	130	28	0	2
−1.51	420	16.1	110	26	1	0
−1.72	582	16.4	187	25	0	1
−0.418	485	17.5	187	24	1	2
⋮	⋮	⋮	⋮	⋮	⋮	⋮

　「新しい変数を導入したらモデルが改善した」というような話は，その性能指標が RMSE（訓練）や決定係数（訓練）だとすると，誤りです．極端な話，新しい変数の値が乱数だとしても，たいていの場合，RMSE（訓練）や決定係数（訓練）は改善します．

　7.4.3 項や 7.6 節で説明したように，モデルの予測性能は，性能を RMSE（検証）や決定係数（検証）で測らなければなりません．これらの指標を使えば，「改善した」と勘違いする危険性は低くなります．

　データと無関係な列 $v_1 = 0, 1, 0, 1, 0, 1, \ldots,$ $v_2 = 0, 1, 2, 0, 1, 2, \ldots$ を使って調べます．

追加するのは乱数でもかまいません（R なら v1 = runif(n)，Python なら v1=np.random.random(n)）．

```
library(caret)
library(tidyverse)
my_url <- str_c("https://raw.githubusercontent.com/taroyabuki",
                "/fromzero/master/data/wine.csv")
my_data <- read_csv(my_url)

n <- nrow(my_data)
```

```
my_data2 <- my_data %>% mutate(v1 = 0:(n - 1) %% 2,
                               v2 = 0:(n - 1) %% 3)
head(my_data2)
#> # A tibble: 6 x 7
#>   LPRICE2 WRAIN DEGREES HRAIN TIME_SV    v1    v2
#>     <dbl> <dbl>   <dbl> <dbl>   <dbl> <dbl> <dbl>
#> 1  -0.999   600    17.1   160      31     0     0
#> 2  -0.454   690    16.7    80      30     1     1
#> 3  -0.808   502    17.2   130      28     0     2
#> 4  -1.51    420    16.1   110      26     1     0
#> 5  -1.72    582    16.4   187      25     0     1
#> 6  -0.418   485    17.5   187      24     1     2
```

Python

```python
import pandas as pd
from sklearn.linear_model import LinearRegression
from sklearn.metrics import mean_squared_error
from sklearn.model_selection import cross_val_score, LeaveOneOut

my_url = ('https://raw.githubusercontent.com/taroyabuki'
          '/fromzero/master/data/wine.csv')
my_data = pd.read_csv(my_url)

n = len(my_data)
my_data2 = my_data.assign(v1=[i % 2 for i in range(n)],
                          v2=[i % 3 for i in range(n)])
my_data2.head()
#>     LPRICE2 WRAIN DEGREES HRAIN TIME_SV v1 v2
#> 0 -0.99868   600 17.1167   160      31  0  0
#> 1 -0.45440   690 16.7333    80      30  1  1
#> 2 -0.80796   502 17.1500   130      28  0  2
#> 3 -1.50926   420 16.1333   110      26  1  0
#> 4 -1.71655   582 16.4167   187      25  0  1
```

線形回帰分析を実行し，RMSE（訓練）と RMSE（検証）を求めます．

R

```r
my_model2 <- train(form = LPRICE2 ~ ., data = my_data2, method = "lm",
                   trControl = trainControl(method = "LOOCV"))
y  <- my_data2$LPRICE2
y_ <- my_model2 %>% predict(my_data2)

RMSE(y_, y)
#> [1] 0.256212 # RMSE（訓練）

my_model2$results$RMSE
#> [1] 0.3569918 # RMSE（検証）
```

Python
```
X, y = my_data2.drop(columns=['LPRICE2']), my_data2['LPRICE2']
my_model2 = LinearRegression().fit(X, y)

y_ = my_model2.predict(X)
mean_squared_error(y_, y)**0.5
#> 0.2562120047505748 # RMSE（訓練）

my_scores = cross_val_score(my_model2, X, y,
                            cv=LeaveOneOut(),
                            scoring='neg_mean_squared_error')
(-my_scores.mean())**0.5
#> 0.3569918035928941 # RMSE（検証）
```

8.2 節で v_1, v_2 を追加する前のデータで訓練したモデル（モデル 1）と，本節で v_1, v_2 を追加したデータで訓練したモデル（モデル 2）についてまとめると，**表 8.2** のようになります．

RMSE（訓練）で比較すると，モデル 1 よりモデル 2 がよいように見えます．しかし，モデル 2 の訓練に使ったデータがモデルを改善するとは思えないので，モデル 2 がモデル 1 よりよくなることはないはずです．実際，RMSE（検証）で比較すると，モデル 2 よりモデル 1 がよいです．

表 8.2　ワインのデータでの学習結果（良いほうに色を付けて下線を引いた）

	モデル 1（8.2 節）	モデル 2（本節）
RMSE（訓練）	0.259	0.256
RMSE（検証）	0.323	0.357

変数選択

本節の目標

　前節で見たように，変数を増やしてもモデルは必ずしもよくなりません．
では，変数を減らしてモデルをよくすることはできるでしょうか．次のよ
うなデータから，変数を減らすことを試みます（v_1 と v_2 は前節同様，元
のデータとは関係のない変数です．この二つを削除できるとよいです）．

LPRICE2	WRAIN	DEGREES	HRAIN	TIME_SV	v1	v2
−0.999	600	17.1	160	31	0	0
−0.454	690	16.7	80	30	1	1
−0.808	502	17.2	130	28	0	2
⋮	⋮	⋮	⋮	⋮	⋮	⋮

　前節で，データに変数を追加したせいでモデルの予測性能が下がる例を紹介
しました．逆に考えると，データから変数を削除するとモデルの予測性能が上
がるかもしれません．

　本節では，**変数選択**という手法で，モデルの予測性能に寄与する変数だけを
選択することを試みます[*7]．

　8.4 節と同様，ワインのデータに，関係のない二つの変数 v_1 と v_2 を加えた
データで試します．

　変数選択では，6 個の入力変数 (WRAIN, DEGREES, HRAIN, TIME_SV,
v_1, v_2) の一部だけを使ってモデルを作り，予測性能の向上を目指します．RMSE
（訓練）は 6 個全部を使ったときに最小になりますが，RMSE（検証）は 6 個全部
使った場合より 4 個（たとえば，WRAIN, DEGREES, HRAIN, TIME_SV）
だけ使った場合のほうが小さいかもしれません．このように，予測性能を上げ
る変数の組合せを探します．

この手法は**部分集合選択**とも
いいます．

　入力変数は全部で 6 個なので，変数の選び方は $2^6 = 64$ 通りあります．理想

[*7]　変数の調整によく使われる手法には，本節で紹介する変数選択と，8.6 節で紹介する正則化の他に，
次元削減があります．回帰における次元削減は，変数 $\{x_1, x_2, x_3, x_4, x_5, x_6\}$ を変換してできる
$\{x_1', x_2', x_3', x_4', x_5', x_6'\}$ の一部，たとえば $\{x_1', x_2'\}$ だけを使って回帰分析を行う手法の総称で
す．変換方法には，主成分回帰 (principal components regression) や部分最小 2 乗法 (partial
least squares) などがあります．詳細は文献 [16] を参照してください．

表 8.3 ステップワイズ法

手法	R	Python	説明
変数増加法	leapForward	forward	入力変数 0 個のモデルから始め，予測の役に立ちそうな変数を一つずつ追加する
変数減少法	leapBackward	backward	すべての入力変数を使うモデルから始め，予測の役に立たなそうな変数を一つずつ除去する
変数増減法	leapSeq		入力変数 0 個のモデルからスタートし，予測の役に立ちそうな変数の追加と，予測の役に立たなそうな変数の除去を繰り返す

をいえば，このすべてのモデルを作り，RMSE（検証）が最小のものを選べばいいのです．しかしこの方法は，入力変数の数に対して計算量が指数的に増大するので，実用的ではありません[8]．

そこで，**ステップワイズ法**と総称される，三つの方法を使います（**表 8.3**）．ここでは，その中の一つである変数増加法を試します．

データを用意します．

R

```
library(caret)
library(tidyverse)
my_url <- str_c("https://raw.githubusercontent.com/taroyabuki",
                "/fromzero/master/data/wine.csv")
my_data <- read_csv(my_url)
n <- nrow(my_data)
my_data2 <- my_data %>% mutate(v1 = 0:(n - 1) %% 2,
                               v2 = 0:(n - 1) %% 3)
```

Python

```
import pandas as pd
from sklearn.feature_selection import SequentialFeatureSelector
from sklearn.linear_model import LinearRegression
from sklearn.model_selection import GridSearchCV, LeaveOneOut
from sklearn.pipeline import Pipeline

my_url = ('https://raw.githubusercontent.com/taroyabuki'
          '/fromzero/master/data/wine.csv')
my_data = pd.read_csv(my_url)

n = len(my_data)
my_data2 = my_data.assign(v1=[i % 2 for i in range(n)],
                          v2=[i % 3 for i in range(n)])
X, y = my_data2.drop(columns=['LPRICE2']), my_data2['LPRICE2']
```

---

[8]　Python の mlxtend.feature_selection.ExhaustiveFeatureSelector で試せます．

変数増加法を実行し，選択された変数を確認します*9*10.

R

```r
my_model <- train(form = LPRICE2 ~ .,
                  data = my_data2,
                  method = "leapForward", # 変数増加法
                  trControl = trainControl(method = "LOOCV"),
                  tuneGrid = data.frame(nvmax = 1:6)) # 選択する変数の上限
summary(my_model$finalModel)$outmat
#>           WRAIN DEGREES HRAIN TIME_SV v1  v2
#> 1 ( 1 ) " "   "*"     " "   " "     " " " "
#> 2 ( 1 ) " "   "*"     "*"   " "     " " " "
#> 3 ( 1 ) " "   "*"     "*"   "*"     " " " "
#> 4 ( 1 ) "*"   "*"     "*"   "*"     " " " "
```

R: *が付いているのが選択された変数です． v_1 と v_2 以外が選択されています．

Python

```python
my_sfs = SequentialFeatureSelector(
    estimator=LinearRegression(),
    direction='forward', # 変数増加法
    cv=LeaveOneOut(),
    scoring='neg_mean_squared_error')

my_pipeline = Pipeline([        # 変数選択の後で再訓練を行うようにする
    ('sfs', my_sfs),            # 変数選択
    ('lr', LinearRegression())]) # 回帰分析

my_params = {'sfs__n_features_to_select': range(1, 6)} # 選択する変数の上限
my_search = GridSearchCV(estimator=my_pipeline,
                         param_grid=my_params,
                         cv=LeaveOneOut(),
                         scoring='neg_mean_squared_error',
                         n_jobs=-1).fit(X, y)
my_model = my_search.best_estimator_ # 最良のパラメータで再訓練したモデル
my_search.best_estimator_.named_steps.sfs.get_support()
#> array([ True,  True,  True,  True, False, False])
```

P: SequentialFeatureSelector の選択する変数の上限を決める引数 features_to_select を，パラメータチューニングの方法で変えています． Pipeline の（筆者が付けた）ラベル sfs と lr のどちらのパラメータなのかがわかるように， my_params の中では sfs__ を付けています．

P: True になっているのが選択された変数です．掲載している例では，最後の二つ（v_1 と v_2）以外が選択されています．

*9　選択する変数の数を，R では nvmax, Python では n_features_to_select で指定します．たとえばこれを「4」とすると，変数の数を 1, 2, 3, 4 と増やしていきます．変数をいくつにすればいいのかは事前にはわからないので，R では 1 から 6, Python では 1 から 5 にした場合をパラメータチューニングの方法（7.7 節）で調べています．Python では変数の数を 6（すべて選択）にはできないので，すべて選択した場合との比較は別に行わなければなりません（割愛）．

*10　R: 交差検証ではなく，赤池情報量規準（AIC）を使って変数を選択するには， method = "lmStepAIC" とします（文献 [23]）．その場合は trControl と tuneGrid は不要です．

補足：正則化

本節の目標

　回帰係数の大きさに応じたペナルティをかけて訓練することで，過学習を避けることを試みます．ペナルティには，回帰係数の絶対値の和に比例するもの（Lasso），回帰係数の2乗の和に比例するもの（Ridge 回帰），それらの混合（Elastic Net）があります．

これまでは，出力変数 (y) の予測値 $\hat{y}$ がパラメータの線形の式 $\hat{y} = \beta_0 + \beta_1 x_1 + \beta_2 x_2 + \cdots + \beta_n x_n$ だと仮定して，MSE つまり $|y - \hat{y}|^2/n = \sum(y_i - \hat{y}_i)^2/n$ を最小にするような $\beta_0, \beta_1, \ldots, \beta_n$ を求めてきました（n はサンプルサイズ）.

ここでは，MSE に $\sum|\beta_i|$ や $\sum\beta_i^2$ に関わるペナルティを加えたものを最小にするような $\beta_0, \beta_1, \ldots, \beta_n$ を見つけることを考えます．ペナルティの効果で，回帰係数が0になれば，変数選択（8.5 節）をしたのと同じことになります．そこまで行かなくても，回帰係数の絶対値を小さくすることで，過学習を避けられるかもしれません．このような試みを**正則化**といいます.

係数の大きさに対するペナルティなので，結果は変数の単位によります．たとえば，ワインのデータの DEGREES の単位は摂氏ですが，これを絶対温度に変えるとペナルティも変わり，最終的な価格の予測値も変わります．単位のような本質的でないものの影響を避けるために，入力変数は標準化するのが一般的です．本節でも，入力変数は常に標準化します.

データを用意します*11.

Ⓡ

```
library(caret)
library(tidyverse)
my_url <- str_c("https://raw.githubusercontent.com/taroyabuki",
                "/fromzero/master/data/wine.csv")
my_data <- read_csv(my_url)
```

---

*11　P: 警告を表示しないようにしています．表示するようにするには次を実行します.
　　 warnings.simplefilter("default", ConvergenceWarning)

Python

```python
import numpy as np
import pandas as pd
import warnings
from sklearn.exceptions import ConvergenceWarning
from sklearn.linear_model import ElasticNet, enet_path
from sklearn.model_selection import GridSearchCV, LeaveOneOut
from sklearn.pipeline import Pipeline
from sklearn.preprocessing import StandardScaler
from scipy.stats import zscore
warnings.simplefilter('ignore', ConvergenceWarning) # これ以降, 警告を表示しない

my_url = ('https://raw.githubusercontent.com/taroyabuki'
          '/fromzero/master/data/wine.csv')
my_data = pd.read_csv(my_url)
X, y = my_data.drop(columns=['LPRICE2']), my_data['LPRICE2']
```

8.6.1　正則化の実践

Lasso は **L1 正則化**，Ridge 回帰は **L2 正則化**あるいはチホノフ正則化ということもあります．ちなみに，Ridge 回帰の回帰係数は，線形回帰分析の回帰係数（8.2.2 項）と同様に，行列を使って直接求められます（文献 [24]）．

R と Python で alpha の意味が違うのがとてもまぎらわしいので注意してください．

A, B の決め方は 8.6.3 項で説明します．

正則化では，Lasso，Ridge 回帰，Elastic Net という手法がよく使われます．**Lasso** では $\sum |\beta_i|$ に比例するペナルティ，**Ridge 回帰**では $\sum \beta_i^2$ に比例するペナルティ，**Elastic Net** では両者を混合したペナルティをかけます[*12]．

ここでは Elastic Net を試します．Elastic Net には，ペナルティの強さを調整するパラメータ A と，Lasso と Ridge 回帰のバランスを調整するパラメータ B があります（A, B は仮称）．A, B の，R と Python での具体的な呼称は**表 8.4** のとおりです．

B を 1 としたものが Lasso，B を 0 にしたものが Ridge 回帰です[*13]．

試みに，$A = 2$，$B = 0.1$ として，Elastic Net のモデルを訓練します．

[*12]　Python の ElasticNet の最小化の対象は次のとおりです（A, B は表 8.4 のとおり）.

$$\frac{1}{2}\overbrace{\frac{\sum (y_i - \hat{y_i})^2}{n}}^{\text{MSE}} + A\overbrace{\left(B\underbrace{\sum |\beta_i|}_{\text{Lasso 相当}} + \frac{1-B}{2}\underbrace{\sum \beta_i^2}_{\text{Ridge 回帰相当}} \right)}^{\text{ペナルティ}} \tag{8.3}$$

訓練データのことだけ考えるなら，MSE とペナルティの和が最小になるのは $A = 0$ のときですが，検証データに対してはそうとは限りません．
R の glmnet の最小化の対象はこれと少し違っていて，それが R と Python の結果を合わせづらいことの一因なのですが，その詳細はここでは割愛します（結果を合わせる方法は 8.6.4 項を参照）.

[*13]　P: 実装は少し違っていて，ElasticNet(alpha=xxx, l1_ratio=1) と Lasso(alpha=xxx) は同じですが，ElasticNet(alpha=xxx, l1_ratio=0) と同じなのは，Ridge(alpha=xxx) ではなく Ridge(alpha=xxx * n) です（n はサンプルサイズ）.

表 8.4 Elastic Net のパラメータ

パラメータ	**R** の `glmnet`	**Python** の `ElasticNet`
ペナルティの強さ（A）	`lambda`	`alpha`
バランスの調整（B）	`alpha`	`l1_ratio`

R

```
A <- 2
B <- 0.1

my_model <- train(
  form = LPRICE2 ~ .,
  data = my_data,
  method = "glmnet",
  standardize = TRUE,
  tuneGrid = data.frame(
    lambda = A,
    alpha = B))
```

Python

```
A = 2
B = 0.1

my_pipeline = Pipeline([
    ('sc', StandardScaler()),
    ('enet', ElasticNet(
        alpha=A,
        l1_ratio=B))])
my_pipeline.fit(X, y)
```

R：`standardize = TRUE` は入力変数を標準化するための引数です．これがデフォルトなので省略できますが，標準化していることを忘れないように，あえて明示しています．この設定は，①$\sqrt{標本分散}$ で標準化する，②結果の係数のスケールは標準化前のものになる，という点で，`train` の標準化機能である `preProcess = c("center", "scale")`（8.3 節）とは違います．

回帰係数を確認します．

R

```
coef(my_model$finalModel, A)
#>                          1
#> (Intercept) -2.8015519302
#> WRAIN           .
#> DEGREES      0.0832910512
#> HRAIN       -0.0004147386
#> TIME_SV      0.0023104647
```

Python

```
my_enet = my_pipeline.named_steps.enet
my_enet.intercept_
#> -1.4517651851851852

pd.Series(my_enet.coef_,
          index=X.columns)
#> WRAIN       0.000000
#> DEGREES     0.074101
#> HRAIN      -0.041159
#> TIME_SV     0.024027
#> dtype: float64
```

R の結果も Python の結果も，WRAIN の係数が 0 になっています．WRAIN は使わないことになったということです．

「10 月から 3 月までの降水量が 500 mL，4 月から 9 月までの気温の平均が 17 度，8 月から 9 月の降水量が 120 mL，熟成年数が 2 年」のときの，ワインの価格を予測します．

R と Python で回帰係数や予測値が同じにならないことについては 8.6.4 項で説明します．

R

```
my_test <- data.frame(
  WRAIN = 500, DEGREES = 17,
  HRAIN = 120, TIME_SV = 2)
my_model %>% predict(my_test)
#> [1] -1.430752
```

Python

```
my_test = pd.DataFrame(
    [[500, 17, 120, 2]])
my_pipeline.predict(my_test)
#> array([-1.41981616])
```

8.6.2　ペナルティの強さと係数の関係

　回帰係数にかけるペナルティを強くすると，回帰係数は 0 に近づきます．このことを確認するために，ペナルティの強さを調整するパラメータ A と係数の関係を可視化します（パラメータ B は 0.1 に固定）．ペナルティの強い右側では，回帰係数が 0 に近づいていくのがわかります[14]．

このコードは説明のためのものなので，現時点で理解できなくてもかまいません．

R

```
library(ggfortify)
library(glmnetUtils)

my_data2 <- my_data %>% scale %>%
  as.data.frame

B <- 0.1

glmnet(
  form = LPRICE2 ~ .,
  data = my_data2,
  alpha = B) %>%
  autoplot(xvar = "lambda") +
  xlab("log A ( = log lambda)") +
  theme(legend.position = c(0.15, 0.25))
```

Python

```
As = np.e**np.arange(2, -5.5, -0.1)
B = 0.1

_, my_path, _ = enet_path(
    zscore(X), zscore(y),
    alphas=As,
    l1_ratio=B)

pd.DataFrame(
    my_path.T,
    columns=X.columns,
    index=np.log(As)
).plot(
    xlabel='log A ( = log alpha)',
    ylabel='Coefficients')
```

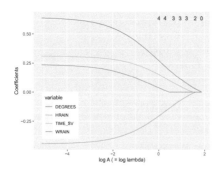

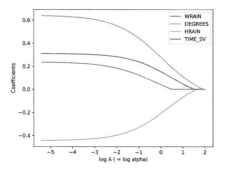

---

[14]　R: glmnet の仕様に合わせるなら，$\sqrt{不偏分散}$ ではなく，$\sqrt{標本分散}$ で標準化したほうがいいのですが，ここでは手軽な方法（scale）を採用しています．

8.6.3 パラメータの決定

Elastic Net の二つのパラメータ A, B を，パラメータチューニング（7.7 節）で決めます.

パラメータの探索範囲は筆者が手作業で探索しました.

```r
As <- seq(0, 0.1, length.out = 21)
Bs <- seq(0, 0.1, length.out =  6)

my_model <- train(
  form = LPRICE2 ~ ., data = my_data, method = "glmnet", standardize = TRUE,
  trControl = trainControl(method = "LOOCV"),
  tuneGrid = expand.grid(lambda = As, alpha  = Bs))

my_model$bestTune
#>    alpha lambda
#> 8      0  0.035
```

```python
As = np.linspace(0, 0.1, 21)
Bs = np.linspace(0, 0.1,  6)

my_pipeline = Pipeline([('sc', StandardScaler()),
                        ('enet', ElasticNet())])
my_search = GridSearchCV(
    estimator=my_pipeline,
    param_grid={'enet__alpha': As, 'enet__l1_ratio': Bs},
    cv=LeaveOneOut(),
    scoring='neg_mean_squared_error',
    n_jobs=-1).fit(X, y)
my_model = my_search.best_estimator_ # 最良モデル

my_search.best_params_                # 最良パラメータ
#> {'enet__alpha': 0.075, 'enet__l1_ratio': 0.0}
```

パラメータ A（R の `lambda`，Python の `alpha`）は，R では 0.035，Python では 0.075 が最良，パラメータ B（R の `alpha`，Python の `l1_ratio`）は R と Python どちらも 0 が最良ということでした.

チューニングの様子を可視化します[15].

---

[15] R と Python の結果が違う原因は，8.6.4 項の (a) と (b) です.

R

```
tmp <- "B ( = alpha)"
ggplot(my_model) +
  theme(legend.position = c(0, 1), legend.justification = c(0, 1)) +
  xlab("A ( = lambda)") +
  guides(shape = guide_legend(tmp), color = guide_legend(tmp))
```

Python

```
tmp = my_search.cv_results_              # チューニングの詳細
my_scores = (-tmp['mean_test_score'])**0.5 # RMSE

my_results = pd.DataFrame(tmp['params']).assign(RMSE=my_scores).pivot(
    index='enet__alpha',
    columns='enet__l1_ratio',
    values='RMSE')

my_results.plot(style='o-', xlabel='A ( = alpha)', ylabel='RMSE').legend(
    title='B ( = l1_ratio)')
```

R: ggplot(my_model) だけ
でもかまいません.

P: tmp['params'] は縦型で
す. 可視化しやすいように
pivot で横型に変形します
（3.4.5 項を参照）.

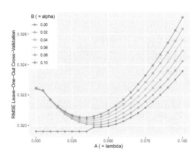
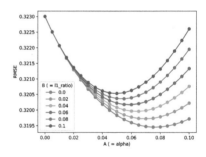

最良のパラメータを採用した場合の RMSE（LOOCV）を確認します.

R

```
my_model$results %>%
  filter(RMSE == min(RMSE))
#>   alpha lambda      RMSE ...
#> 1     0 0.0595 0.3117092 ...
```

Python

```
(-my_search.best_score_)**0.5
#> 0.31945619679509646
```

8.6.4　補足：R と Python で結果を同じにする方法

本節のこれまでの結果が R と Python で違っていた原因は次の三つです.

(a) R と Python で，訓練中に最小化しようとする対象が異なる.

(b) R の caret は，与えられた A（lambda）のとおりのモデルを作らない.

(c) 入力変数は訓練前に標準化される．Rの結果の回帰係数のスケールは標準化前のものなのに対して，Pythonの結果の回帰係数のスケールは標準化後のものである（予測値の違いとは無関係）．

これらに対応すれば，RとPythonの結果は同じになります[16]．パラメータチューニングの結果を掲載します[17]．

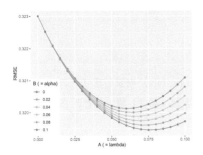
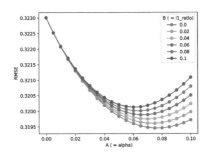

7
回帰1
（単回帰）

8
回帰2
（重回帰）

9
分類1
（多値分類）

10
分類2
（2値分類）

11
深層学習と
AutoML

12
時系列予測

---

[16] 具体的な対策は次のとおりです．
    (a) への対策 出力変数を $\sqrt{標本分散}$ を使って標準化してから訓練する．
    (b) への対策 R では caret ではなく glmnetUtils::glmnet を使う．
    (b) への対策 R では predict に引数 exact = TRUE を与える．
    (c) への対策 結果の係数のスケールを，（Rに合わせる場合）入力変数の標準化前のものにするか，（Pythonに合わせる場合）入力変数の標準化後のものにする．

[17] A が約 0.075，B が 0 のとき，RMSE (LOOCV) は最小（約 0.319）になります．この結果を得るためのコードは本書の範囲内で理解できるものですが，分量が多いため割愛します．サポートサイトの /figures/fig-r/08-r-enet-tuning2.R や/figures/fig-p/08-p-enet-tuning2.py を参照してください．

ニューラルネットワーク

本節の目標

ニューラルネットワーク（neural network, NN）を試します．ニューラルネットワークについての知識は，深層学習（第 11 章）など，さまざまな人工知能技術の理解のために必須です．

8.7.1 ニューラルネットワークとは何か

ニューラルネットワークは，（人工）**ニューロン**（neuron）からなるネットワークです．脳のような人工でないニューラルネットワークと区別して，人工ニューラルネットワークということもあります．

ニューロンの模式図を**図 8.1** に示します．ニューロンには 0 個以上の入力（図では $x_0 = 1, x_1, x_2, x_3$ の 4 個）と，1 個以上の出力（図の outcome）があります．これらは次のように動作します（括弧内は図 8.1 の場合）．

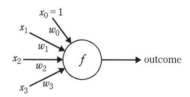

図 8.1 ニューロンの模式図（このニューロンは $f\left(\sum w_i x_i\right)$ を出力する）

1. 数が入力される（$x_0 = 1, x_1, x_2, x_3$）．
2. 入力に重み（w_0, w_1, w_2, w_3）をかける（$w_0 x_0, w_1 x_1, w_2 x_2, w_3 x_3$）．
3. 合計する（$\sum w_i x_i$）．
4. 活性化関数（f）を作用させた結果を出力する（$f(\sum w_i x_i)$）．

活性化関数（activation function）として使われる関数にはさまざまなものがありますが，ここでは，後で使う R の neuralnet のデフォルトである**標準シ**

グモイド関数 (standard sigmoid function) $f(x) = 1/(1 + e^{-x})$ を紹介します．次のような形の関数です．

Python の MLPRegressor のデフォルトは ReLU（11.1 節）です．

R
```
curve(1 / (1 + exp(-x)), -6, 6)
```

Python
```
import matplotlib.pyplot as plt
import numpy as np
x = np.linspace(-6, 6, 100)
y = 1 / (1 + np.exp(-x))
plt.plot(x, y)
```

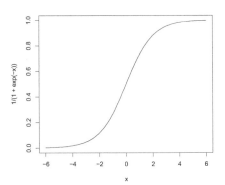

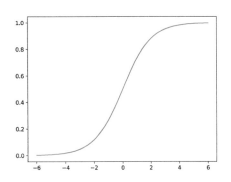

活性化関数が非線形，つまり $f(x) = ax + b$ のような直線的なものでないことが重要で，これにより，ニューラルネットワークのモデルの表現力は線形回帰分析のモデルの表現力より強くなります．

表現力が高くなると過学習の危険も高まるので，いいことばかりではありません．

このようなニューロンを複数個つなぐとニューラルネットワークになります．その例を**図 8.2** に示します．このニューラルネットワークは，左の入力層に入力変数の値を入力すると，右の出力層から出力変数（LPRICE2）の予測値を出力します．

ニューロンはどのようにつないでもいいのですが，特に，図 8.2 のような，数値が一定の方向（図の例では左から右）に流れていくものを**フィードフォワードニューラルネットワーク**といいます．

フィードフォワードニューラルネットワークでは，ニューロンを層状にして，ある層のニューロンからの出力はすべてすぐ隣の層のニューロンへの入力とするのが一般的です．図 8.2 は，入力層，隠れ層（2 層），出力層の 4 層からなるニューラルネットワークです．層状のニューラルネットワークで，隠れ層がない場合を**パーセプトロン**（Perceptron）または単純パーセプトロン（simple perceptron），隠れ層が 1 層以上あるものを**多層パーセプトロン**（multilayer perceptron, MLP）といいます．図 8.2 のニューラルネットワークは 4 層からなるので，4 層パーセプトロンです．

文献によっては，重みを持つ層が 3 層なので，3 層ニューラルネットワークといいます．

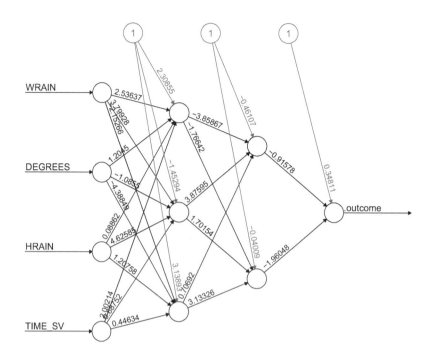

Error: 0.094101   Steps: 423

図 8.2 ニューラルネットワークの例（この画像は 8.7.2 項の R のコードの出力例である）．入力層（ニューロン 4 個），隠れ層（ニューロン 3 個），隠れ層（ニューロン 2 個），出力層（ニューロン 1 個）の 4 層のネットワークである．矢印に付随する数値は重み（w）．

　重みが決まると，入力から出力を具体的に計算できます．ニューラルネットワークの訓練では，データによく合う，つまり RMSE を小さくする（あるいは決定係数を大きくする）ような重みを求めます*18．

8.7.2 ニューラルネットワークの訓練

　データを用意します．

```
library(caret)
library(tidyverse)
my_url <- str_c("https://raw.githubusercontent.com/taroyabuki",
                "/fromzero/master/data/wine.csv")
my_data <- read_csv(my_url)
```

---

*18　重みを求める具体的な方法については，文献 [25, 26] などを参照してください．

Python

```python
import pandas as pd
import warnings
from sklearn.exceptions import ConvergenceWarning
from sklearn.neural_network import MLPRegressor
from sklearn.model_selection import cross_val_score, GridSearchCV, LeaveOneOut
from sklearn.pipeline import Pipeline
from sklearn.preprocessing import StandardScaler

my_url = ('https://raw.githubusercontent.com/taroyabuki'
          '/fromzero/master/data/wine.csv')
my_data = pd.read_csv(my_url)
X, y = my_data.drop(columns=['LPRICE2']), my_data['LPRICE2']
```

　ニューラルネットワークのモデルを訓練します．チューニングの余地がたくさんあるのですが，まずはデフォルトのまま訓練します．ただし，入力変数の標準化だけは行います[*19]．

標準化については 8.3 節を参照.

R

```r
my_model <- train(form = LPRICE2 ~ .,
                  data = my_data,
                  method = "neuralnet",         # ニューラルネットワーク
                  preProcess = c("center", "scale"), # 標準化
                  trControl = trainControl(method = "LOOCV"))
plot(my_model$finalModel) # 訓練済みネットワークの描画
```

R: 図 8.2 は，このコードで描かれるネットワークの例です.

Python

```python
warnings.simplefilter("ignore", ConvergenceWarning)  # これ以降，警告を表示しない
my_pipeline = Pipeline([('sc', StandardScaler()),    # 標準化
                        ('mlp', MLPRegressor())])     # ニューラルネットワーク
my_pipeline.fit(X, y)                                 # 訓練

my_scores = cross_val_score(my_pipeline, X, y, cv=LeaveOneOut(),
                            scoring='neg_mean_squared_error')
warnings.simplefilter("default", ConvergenceWarning) # これ以降，警告を表示する
```

RMSE（LOOCV）を求めます．

[*19]　ニューラルネットワークでは，入力変数は標準化か正規化をしておかないと，訓練がうまく行かないことが多いです．正規化は，値が 0 以上 1 以下になるように線形変換することです（使用例が 11.3.1 項にあります）．R では preProcess = c("range")，Python では MinMaxScaler() で行います．

R

```
my_model$results
#>    layer1 layer2 layer3      RMSE ...
#> 1      1      0      0 0.3504016 ...
#> 2      3      0      0 0.4380399 ...
#> 3      5      0      0 0.4325535 ...
```

Python

```
(-my_scores.mean())**0.5
#> 0.41735891601426384
```

8.7.3　ニューラルネットワークのチューニング

パラメータチューニングを行い，前項の RMSE（LOOCV）を改善します．

R: train はデフォルトで，隠れ層が 1 層（ニューロン数は 1, 3, 5 のいずれか）の場合の RMSE（検証）を，ブートストラップで見積もります．これを次のように変更します．

- 隠れ層を 2 層にする（1 層目のニューロン数は 1, 2, 3, 4, 5 のいずれか．2 層目のニューロン数は 0, 1, 2 のいずれか）．
- LOOCV を用いる．

R

```
my_model <- train(
  form = LPRICE2 ~ .,
  data = my_data,
  method = "neuralnet",
  preProcess = c("center", "scale"),
  trControl = trainControl(method = "LOOCV"),
  tuneGrid = expand.grid(layer1 = 1:5,
                         layer2 = 0:2,
                         layer3 = 0))
```

P: RMSE（LOOCV）を指標とし，隠れ層が 1 層または 2 層の場合を調べます．コードの（1，1）というのはニューロン数が 1 個の層が二つの場合，（3，1）はニューロン数が 3 個の層と 1 個の層がある場合を表しています．他も同様です．

Python

```
my_pipeline = Pipeline([
    ('sc', StandardScaler()),
    ('mlp', MLPRegressor(tol=1e-5,          # 改善したと見なす基準
                         max_iter=5000))])  # 改善しなくなるまでの反復数
my_layers = (1, 3, 5,                                    # 隠れ層1層の場合
            (1, 1), (3, 1), (5, 1), (1, 2), (3, 2), (5, 2))  # 隠れ層2層の場合
my_params = {'mlp__hidden_layer_sizes': my_layers}
my_search = GridSearchCV(estimator=my_pipeline,
                         param_grid=my_params,
                         cv=LeaveOneOut(),
                         scoring='neg_mean_squared_error',
                         n_jobs=-1).fit(X, y)
my_model = my_search.best_estimator_ # 最良モデル

my_search.best_params_                   # 最良パラメータ
#> {'mlp__hidden_layer_sizes': 5}
```

最良のパラメータを採用した場合の RMSE（LOOCV）を確認します. 　参考までに，チューニング前（8.7.2 項）の結果は，R は約 0.35, Python は約 0.42 でした.

R

```
my_model$results %>%
  filter(RMSE == min(RMSE))
#>   layer1 layer2 layer3      RMSE ...
#> 1      2      0      0 0.3165704 ...
```

Python

```
(-my_search.best_score_)**0.5
#> 0.3759690731968538
```

第 **9** 章

分類1（多値分類）

　本章と次章では，**分類**（classification）を行います．分類は，教師あり学習の一種です．第7，8章で扱った回帰では，教師データは数値でしたが，分類では，教師データはカテゴリになります．

　カテゴリが複数の場合を**多値分類**，カテゴリが2個の場合を**2値分類**といいます．多値分類の特別な場合が2値分類なので，多値分類さえ知っていればいいと思うかもしれません．しかし，2値分類でしか使わない概念があるので，2値分類は次章で別に扱います．

本章の内容

9.1

アヤメのデータ

本節の目標

　本章で用いるアヤメのデータを用意します（本章の目標は，教師データつまり Species がわかっているデータを使って，「？」のところを予測することです）．

Sepal.Length	Sepal.Width	Petal.Length	Petal.Width	Species
5.1	3.5	1.4	0.2	setosa
4.9	3.0	1.4	0.2	setosa
⋮	⋮	⋮	⋮	⋮
7.0	3.2	4.7	1.4	versicolor
6.4	3.2	4.5	1.5	versicolor
⋮	⋮	⋮	⋮	⋮
6.3	3.3	6.0	2.5	virginica
5.8	2.7	5.1	1.9	virginica
⋮	⋮	⋮	⋮	⋮
5.0	3.5	1.5	0.5	?
6.5	3.0	5.0	2.0	?

Python でアヤメのデータを扱う方法は 6.2.2 項を参照.

データを用意します．

R

```
my_data <- iris
head(my_data)
#>   Sepal.Length Sepal.Width Petal.Length Petal.Width Species
#> 1          5.1         3.5          1.4         0.2  setosa
#> 2          4.9         3.0          1.4         0.2  setosa
#> 3          4.7         3.2          1.3         0.2  setosa
#> 4          4.6         3.1          1.5         0.2  setosa
#> 5          5.0         3.6          1.4         0.2  setosa
#> 6          5.4         3.9          1.7         0.4  setosa
```

Python

```
import statsmodels.api as sm
my_data = sm.datasets.get_rdataset('iris', 'datasets').data
my_data.head()
#>    Sepal.Length  Sepal.Width  Petal.Length  Petal.Width  Species
#> 0           5.1          3.5           1.4          0.2  setosa
#> 1           4.9          3.0           1.4          0.2  setosa
#> 2           4.7          3.2           1.3          0.2  setosa
#> 3           4.6          3.1           1.5          0.2  setosa
#> 4           5.0          3.6           1.4          0.2  setosa
```

各変数の基本統計量を確認します．件数（R の n，Python の count）がすべて 150 なので，欠損はないことがわかります．

R

```
psych::describe(my_data)
#>              vars   n mean   sd median trimmed  mad min max range ...
#> Sepal.Length    1 150 5.84 0.83   5.80    5.81 1.04 4.3 7.9   3.6 ...
#> Sepal.Width     2 150 3.06 0.44   3.00    3.04 0.44 2.0 4.4   2.4 ...
#> Petal.Length    3 150 3.76 1.77   4.35    3.76 1.85 1.0 6.9   5.9 ...
#> Petal.Width     4 150 1.20 0.76   1.30    1.18 1.04 0.1 2.5   2.4 ...
#> Species*        5 150 2.00 0.82   2.00    2.00 1.48 1.0 3.0   2.0 ...
```

Python

```
my_data.describe()
#>        Sepal.Length  Sepal.Width  Petal.Length  Petal.Width
#> count    150.000000   150.000000    150.000000   150.000000
#> mean       5.843333     3.057333      3.758000     1.199333
# 以下省略
```

9.2

木による分類

本節の目標

次のような分類木を作って，アヤメを分類します.

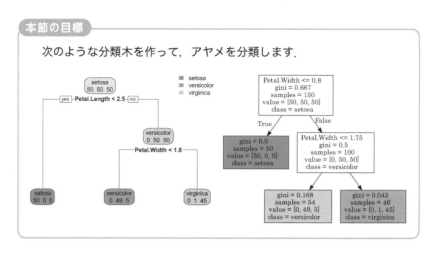

「本節の目標」に掲載したのは，アヤメを分類する**分類木** (classification tree) の例です[*1]. **木** (tree) は，複数の**点** (node) を**線** (edge) で結んでできる**グラフ** (graph) というデータ構造の一種です. グラフの中でサイクル (ある node からスタートして元の node に戻る経路) が存在しないものを木といいます. 木の形に似ているためにそういわれるのですが，描くときには**根** (root) に相当する部分を上にすることが多いです. 根でない末端は，**終端ノード** (terminal) または**葉** (leaf) といいます. 左側の分類木は次のようにアヤメを分類します.

分類木には，できたモデルを他人に見せて説明しやすいという利点があります.

1. 全体が「50, 50, 50」，つまり setosa，versicolor，virginica が 50 個ずつある.

2. Petal.Length が 2.5 未満なら，setosa とする. 該当するインスタンスの数は「50, 0, 0」.

3. Petal.Length が 2.5 以上であるインスタンスの数は「0, 50, 50」（誤分類なし）.

4. Petal.Width が 1.8 未満なら，versicolor とする. 該当するインスタンスの

[*1]　P: 分類木に記載されている「gini」は，分類の条件を決めるのに計算された指標です（文献 [16, 24, 27] を参照）. 訓練では，この値を使ってよい分岐を探します. 良さが同じ分岐が複数ある場合は，そのうちの一つがランダムに採用されます. 本節では random_state=0 としてこのランダム性を排除しているので，生成される分類木はいつも同じになります.

数は「0, 49, 5」（誤分類が 5 個）．

5. Petal.Width が 1.8 以上なら，virginica とする．該当するサンプルは「0, 1, 45」（誤分類が 1 個）．

この分類木で，次のようなインスタンスの Species を予測します．

	Sepal.Length	Sepal.Width	Petal.Length	Petal.Width	Species
1	5.0	3.5	1.5	0.5	?
2	6.5	3.0	5.0	2.0	?

1 番目は Petal.Length が 2.5 未満なので setosa，2 番目は，Petal.Length が 2.5 以上，Petal.Width が 1.8 以上なので virginica だと予測できます．

この予測が分類木のとおりであることを後で確認します．

9.2.1 分類木の作成と利用

分類木を作ります．

R

```
library(caret)
library(tidyverse)
my_data <- iris
my_model <- train(form = Species ~ ., data = my_data, method = "rpart")
```

Python

```
import graphviz
import pandas as pd
import statsmodels.api as sm
from sklearn import tree

my_data = sm.datasets.get_rdataset('iris', 'datasets').data
X, y = my_data.iloc[:, 0:4], my_data.Species

my_model = tree.DecisionTreeClassifier(max_depth=2, random_state=0)
my_model.fit(X, y)
```

分類木を描きます．結果は「本節の目標」に掲載済みなので，ここでは割愛します．

R

```
rpart.plot::rpart.plot(my_model$finalModel, extra = 1)
```

P:「max_depth=2」は R と同じ分類木を生成するためのオプションです．実はこれが最良であることを後で確認します．random_state=0 については脚註 1 を参照．

R: extra = 1 は，ノードに各カテゴリのサンプルサイズを表示するためのオプションです．

```
Python
my_dot = tree.export_graphviz(
    decision_tree=my_model,
    out_file=None,                 # ファイルに出力しない.
    feature_names=X.columns,       # 変数名
    class_names=my_model.classes_, # カテゴリ名
    filled=True)                   # 色を塗る
graphviz.Source(my_dot)
```

先の目視での予測（1 番目が setosa，2 番目が virginica）が分類木のとおりであったことを確認します.

```
R
my_test <- tribble(
~Sepal.Length, ~Sepal.Width, ~Petal.Length, ~Petal.Width,
         5.0,          3.5,           1.5,          0.5,
         6.5,          3.0,           5.0,          2.0)

my_model %>% predict(my_test)
#> [1] setosa     virginica
#> Levels: setosa versicolor virginica
```

```
Python
my_test = pd.DataFrame([[5.0, 3.5, 1.5, 0.5],
                        [6.5, 3.0, 5.0, 2.0]])
my_model.predict(my_test)
#> array(['setosa', 'virginica'], dtype=object)
```

カテゴリそのものではなく，カテゴリに属する確率を求めます[*2].

```
R
my_model %>% predict(my_test,
                type = "prob")
#>   setosa versicolor virginica
#> 1      1 0.00000000 0.0000000
#> 2      0 0.02173913 0.9782609
```

```
Python
pd.DataFrame(
    my_model.predict_proba(my_test),
    columns=my_model.classes_)
#>    setosa  versicolor  virginica
#> 0     1.0    0.000000   0.000000
#> 1     0.0    0.021739   0.978261
```

P: 見やすくするために，データフレームにして，列の名前を補っています.

[*2]　インスタンスの分類先のノードに属する，訓練データのインスタンスの割合です. 1 番目のインスタンスの分類先のノード（setosa [50, 0, 0]）では [1, 0, 0]，2 番目のサンプルの分類先のノード（virginica [0, 1, 45]）では約 [0, 0.022, 0.98] です.

9.3

正解率

> **本節の目標**
>
> 回帰には，当てはまりの良さの指標である RMSE（訓練）と，予測性能の見積もりの指標である RMSE（検証）がありました．それに相当する分類の指標，正解率（訓練）と正解率（検証）を導入します．

9.3.1 混同行列

訓練でできたモデルが，訓練データをどの程度再現できるかを調べます．回帰の場合と同様で，モデルが訓練データに合いすぎるのも問題（過学習・オーバーフィッティング）ですが，この段階では，そのことは心配せずに進みましょう．

訓練データをそのままモデルに入力し，出力変数（カテゴリ）を予測します．予想が当たったかどうかを集計し，**混同行列**（confusion matrix）という**表9.1**，**9.2** のような表にまとめます．

表 9.1　混同行列（R の `confusionMatrix`）

		正解		
		setosa	versicolor	virginica
予測	setosa	50	0	0
	versicolor	0	49	5
	virginica	0	1	45

表 9.2　混同行列（Python の `confusion_matrix`）

		予測		
		setosa	versicolor	virginica
正解	setosa	50	0	0
	versicolor	0	49	1
	virginica	0	5	45

表 9.1 と表 9.2 は互いに転置の関係にあるだけで，本質的には同じものです．表 9.1 では，列ラベル（横に並んだラベル）が正解，行ラベル（縦に並んだラ

261

ベル）が予測です．これは R の `confusionMatrix` の仕様です．表 9.2 では，列ラベル（横に並んだラベル）が予測，行ラベル（縦に並んだラベル）が正解です．これは Python の `confusion_matrix` の仕様です．

この混同行列は次のように読みます．

- 正解が setosa である 50 件は，すべてを正しく setosa と予測した．
- 正解が versicolor である 50 件のうち，49 件は正しく versicolor と予測したが，1 件を間違って virginica と予測した．
- 正解が virginica であるデータ 50 件のうち，45 件は正しく virginica と予測したが，5 件を間違って versicolor と予測した．

混合行列を作ります．

R: caret には rpart と rpart2 があります．内部のアルゴリズムは同じですが，チューニングできるパラメータが違います．

R

```
library(caret)
library(tidyverse)
my_data <- iris
my_model <- train(form = Species ~ ., data = my_data, method = "rpart2")

y  <- my_data$Species
y_ <- my_model %>% predict(my_data)
confusionMatrix(data = y_, reference = y)
#> Confusion Matrix and Statistics
#>
#>             Reference
#> Prediction   setosa versicolor virginica
#>   setosa         50          0         0
#>   versicolor      0         49         5
#>   virginica       0          1        45
# 以下は割愛
```

Python

```
import graphviz
import pandas as pd
import statsmodels.api as sm
from sklearn import tree
from sklearn.metrics import confusion_matrix
from sklearn.model_selection import cross_val_score, GridSearchCV, LeaveOneOut

my_data = sm.datasets.get_rdataset('iris', 'datasets').data
X, y = my_data.iloc[:, 0:4], my_data.Species
```

```
my_model = tree.DecisionTreeClassifier(max_depth=2, random_state=0).fit(X, y)
y_ = my_model.predict(X)
confusion_matrix(y_true=y, y_pred=y_)
#> array([[50,  0,  0],
#>        [ 0, 49,  1],
#>        [ 0,  5, 45]])
```

9.3.2 正解率（訓練）

全150件のデータのうち，正しく分類できたもの（$50 + 49 + 45 = 144$）の割合（$144/150 = 0.96$）を**正解率**（accuracy）といいます．訓練データをどの程度再現できたかを表すものなので，本書ではこれを**正解率（訓練）**ということにします．

正解率（訓練）を求めます．

3.3.2項で紹介した，真が1，偽が0になる性質を利用しています．

R
```
y  <- my_data$Species
y_ <- my_model %>% predict(my_data)
mean(y_ == y)
#> [1] 0.96
```

Python
```
my_model.score(X, y)
# あるいは
y_ = my_model.predict(X)
(y_ == y).mean()

#> 0.96
```

9.3.3 正解率（検証）

回帰における RMSE（訓練）や決定係数（訓練）と同様，分類における正解率（訓練）はあまり重要ではありません．重要なのは回帰の場合の RMSE（検証）や決定係数（検証）に相当する**正解率（検証）**です．問題によっては別の指標を使ったほうがいい場合もありますが，本書では予測性能の指標は主に正解率（検証）を使います[*3]．

正解率（検証）を求める基本的な手順は，回帰の場合（7.6.1項）と同様です．ここでは，LOOCV で正解率（検証）を求めます．

本書では，LOOCV で求めた正解率を**正解率（LOOCV）**と書くことがあります．

LOOCV は乱数を使いません．本書では分類木も乱数を使わないようにしているので（脚註1），分類木の正解率（LOOCV）はいつも同じになります．

[*3]　回帰の場合（7.6.5.4目）と違って，予測が同じなら，LOOCV で正解率を求めた結果は R と Python で同じになります．R が求める n 個の予測値の正解率と，Python が求める n 個の正解率（0 または 1）の平均は等しいからです．

```r
my_model <- train(form = Species ~ ., data = my_data, method = "rpart2",
                  trControl = trainControl(method = "LOOCV"))
my_model$results
#>   maxdepth  Accuracy Kappa
#> 1        1 0.3333333  0.00
#> 2        2 0.9533333  0.93
```

R: デフォルトのパラメータ
チューニングがあるため，結
果が 2 行になっています.

Python

```python
cross_val_score(my_model, X, y, cv=LeaveOneOut()).mean()
#> 0.9533333333333334
```

9.3.4　パラメータチューニング

正解率（検証）を求められるようになると，パラメータチューニングもでき

作っているのは「木」です
が，その高さのことを「深
さ」ということがあります.

るようになります．例として，分類木の高さ（深さ）の上限を，1 から 10 の範
囲でチューニングします.

R

```r
my_model <- train(form = Species ~ ., data = my_data, method = "rpart2",
                  tuneGrid = data.frame(maxdepth = 1:10),
                  trControl = trainControl(method = "LOOCV"))
my_model$results %>% filter(Accuracy == max(Accuracy))
#>   maxdepth  Accuracy Kappa
#> 1        2 0.9533333  0.93
```

Python

```python
my_search = GridSearchCV(estimator=tree.DecisionTreeClassifier(random_state=0),
                         param_grid={'max_depth': range(1, 11)},
                         cv=LeaveOneOut(),
                         n_jobs=-1).fit(X, y)
my_search.best_params_, my_search.best_score_
#> ({'max_depth': 2}, 0.9533333333333334)
```

R でも Python でも，高さの上限が 2 のときが最良で，正解率（検証）は約
0.953 になります.

9.3.5　補足：木の複雑さの制限

木を複雑にすると訓練データへの当てはまりがよくなり，正解率（訓練）が

表 9.3　木の複雑さに関係するパラメータとデフォルト値

パラメータ	R	Python
木の高さの上限	maxdepth = 1, 2	max_depth （無制限）
分岐させるかどうかの基準の調整	cp = 0.01	min_impurity_decrease=0
終端ノードに属するサンプルのサイズの下限	minbucket = 7	min_samples_leaf=1
分岐するノードに属するサンプルのサイズの下限	minsplit = 20	min_samples_split=2

上がることが期待できます．しかし，過学習によって正解率（検証）が下がる危険があります．ですから，何らかの方法で，木の複雑さを制限しなければなりません．

木の複雑さを制限する最も簡単な方法は，木の高さに上限を設けることです．先のパラメータチューニングではこれを実行し，木の高さは 2 が最良ということになりました．

木の複雑さに関係するパラメータは他にもあります（**表 9.3**）[4][5]．

木の高さの上限を大きくしても，ノードに分類されるインスタンス数に下限があるため，指定した高さに到達する前に，木の生長が止まることがあります．たとえば，高さの上限を 10 にしたからといって，実際に高さ 10 の木ができるわけではありません．

表 9.3 のパラメータをまとめてチューニングします．ただし，cp と min_impurity_decrease は 0.01 に固定します．

R: train の tuneGrid がサポートしているのは maxdepth だけです．他のパラメータも調整したいので，そのためのコードを自分で書きます．このようなコードを一度書いておくと，いろんな場面で応用できます．

```r
# パラメータを与えると正解率（LOOCV）を返す関数
my_loocv <- function(maxdepth, minbucket, minsplit) {
  my_model <- train(form = Species ~ ., data = my_data, method = "rpart2",
                    trControl = trainControl(method = "LOOCV"),
                    tuneGrid = data.frame(maxdepth = maxdepth),
                    control = rpart::rpart.control(cp = 0.01,
                                                   minbucket = minbucket,
                                                   minsplit = minsplit))
  list(maxdepth = maxdepth,
       minbucket = minbucket,
       minsplit = minsplit,
       Accuracy = my_model$results$Accuracy)
}
```

[4]　R の cp と Python の min_impurity_decrease には同じような効果がありますが，値を同じにしても結果が同じになるわけではありません．

[5]　R: maxdepth のデフォルト値はアヤメのデータを分類する場合のものです．minbucket のデフォルト値は round(minsplit / 3) で，この場合は 7 です．

チューニングを実行し，正解率が最大になる場合を表示します．

R

```
my_params <- expand.grid(
  maxdepth = 2:5,
  minbucket = 1:7,
  minsplit = c(2, 20))

library(furrr)
plan(multisession) # 並列処理の準備
my_results <- my_params %>% future_pmap_dfr(my_loocv, # 実行
  .options = furrr_options(seed = TRUE))

my_results %>% filter(Accuracy == max(Accuracy)) # 正解率（検証）の最大値
#>   maxdepth minbucket minsplit Accuracy
#>      <int>     <int>    <dbl>    <dbl>
#> 1        3         5        2    0.973
#> 2        4         5        2    0.973
#> 3        5         5        2    0.973
#> 4        3         5       20    0.973
#> 5        4         5       20    0.973
#> 6        5         5       20    0.973
```

Python

```
my_params = {
    'max_depth': range(2, 6),
    'min_samples_split': [2, 20],
    'min_samples_leaf': range(1, 8)}

my_search = GridSearchCV(
    estimator=tree.DecisionTreeClassifier(min_impurity_decrease=0.01,
                                          random_state=0),
    param_grid=my_params,
    cv=LeaveOneOut(),
    n_jobs=-1).fit(X, y)
my_search.best_params_, my_search.best_score_
#> ({'max_depth': 3, 'min_samples_leaf': 5, 'min_samples_split': 2},
#>  0.9733333333333334)

tmp = my_search.cv_results_
my_results = pd.DataFrame(tmp['params']).assign(
    Accuracy=tmp['mean_test_score'])
# 正解率（検証）の最大値
my_results[my_results.Accuracy == my_results.Accuracy.max()]
#>     max_depth  min_samples_leaf  min_samples_split  Accuracy
#> 22          3                 5                  2  0.973333
#> 23          3                 5                 20  0.973333
```

```
#> 36            4              5               2   0.973333
#> 37            4              5              20   0.973333
#> 50            5              5               2   0.973333
#> 51            5              5              20   0.973333
```

R: 最良のパラメータと全データを使って再訓練します（最良のパラメータの組合せは複数ありますが，再訓練が終わっている Python の結果に合わせます）．

R

```
my_model <- train(form = Species ~ ., data = my_data, method = "rpart2",
                  trControl = trainControl(method = "none"),
                  tuneGrid = data.frame(maxdepth = 3),
                  control = rpart::rpart.control(cp = 0.01,
                                                 minbucket = 5,
                                                 minsplit = 2))
```

最良のパラメータと全データで再訓練した分類木を描きます．

R

```
rpart.plot::rpart.plot(
  my_model$finalModel, extra = 1)
```

Python

```
my_model = my_search.best_estimator_
my_dot = tree.export_graphviz(
    decision_tree=my_model,
    out_file=None,
    feature_names=X.columns,
    class_names=my_model.classes_,
    filled=True)
graphviz.Source(my_dot)
```

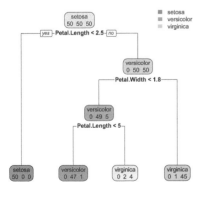

複数の木を使う方法

本節の目標

分類木の発展形であるランダムフォレストとブースティングでアヤメを分類します.

予測をするときに,一つの予測器ではなく,複数の予測器を使うことがあります.回帰なら複数の予測器の出力の平均,分類なら多数決によって,最終的な予測値を決めるのです.このような方法をアンサンブル学習といいます.アンサンブル学習はどんな手法でも使えますが,本章で紹介しているような,木を使う手法でよく使われます.アンサンブル学習において,4.4.5項で紹介したブートストラップで訓練データを作る場合を**バギング**(bagging)といいます.

前節で作った分類木と同様,バギングにおける個々の分類木はすべての入力変数を使って訓練されます.それに対して,個々の分類木の訓練に,入力変数の一部だけを使うのが**ランダムフォレスト**(random forest)です.

複数の予測器を使う手法には,**ブースティング**(boosting)といわれるものもあります.ブースティングでは,複数の予測器を順番に訓練します.分類木のブースティングの場合,最初の分類木は前節で作った分類木と同様に訓練します.2番目の分類木を訓練するときには,最初の分類木が間違って分類したインスタンスの重みを大きくします.3番目以降の分類木も同様です.こうして,あらかじめ決められた数の分類木ができたら,それらの多数決の結果を最終的な予測値とします[*6].

> ランダムフォレストにおいて,個々の分類木がすべての入力変数を使うようにしたものがバギングだということもできます.

9.4.1 ランダムフォレスト

ランダムフォレストでは,個々の分類木で,入力変数を何個まで使うかがハイパーパラメータになっています.アヤメのデータの入力変数は4個なので,このパラメータが2, 3, 4の場合を試してみます.

[*6] 実際はもう少し複雑で,多数決の際には,正解率に基づく重みがかけられます.

Ⓡ
```r
library(caret)
library(tidyverse)
my_data <- iris

my_model <- train(form = Species ~ ., data = my_data, method = "rf",
                  tuneGrid = data.frame(mtry = 2:4), # 省略可
                  trControl = trainControl(method = "LOOCV"))
my_model$results
#>   mtry Accuracy Kappa
#> 1    2     0.96  0.94
#> 2    3     0.96  0.94
#> 3    4     0.96  0.94
```

R: 引数 tuneGrid で指定しているパラメータの探索範囲は train のデフォルトのままなので，この引数は省略してかまいません.

Python
```python
import pandas as pd
import statsmodels.api as sm
import warnings
import xgboost
from sklearn.ensemble import RandomForestClassifier
from sklearn.model_selection import GridSearchCV, LeaveOneOut

my_data = sm.datasets.get_rdataset('iris', 'datasets').data
X, y = my_data.iloc[:, 0:4], my_data.Species

my_search = GridSearchCV(RandomForestClassifier(),
                         param_grid={'max_features': [2, 3, 4]},
                         cv=LeaveOneOut(),
                         n_jobs=-1).fit(X, y)
my_search.best_params_
#> {'max_features': 2}

my_search.cv_results_['mean_test_score']
#> array([0.96      , 0.96      , 0.95333333])
```

最良のパラメータは R では 2, 3, 4，Python では 2 で，そのときの正解率（検証）はいずれも 0.96 です.

ランダムフォレストは内部で乱数を使うので，結果がいつも同じとは限りません.

9.4.2 ブースティング

ブースティングの一種である **XGBoost** を使います[*7]．XGBoost のパラメータの一部（R の **train** がアヤメのデータで訓練する場合のデフォルトのチュー

[*7]　P: XGBoost は scikit-learn の手法と同じように使えますが，scikit-learn の一部ではありません．仕様を調べるときは，scikit-learn のウェブサイトではなく，https://xgboost.readthedocs.io/en/latest/python/python_api.html#module-xgboost.sklearn を参照してください.

表 9.4　XGBoost のハイパーパラメータ（一部）

R での名称	Python での名称とデフォルト値	本項での探索範囲
nrounds	n_estimators=100	50, 100, 150
max_depth	max_depth=6	1, 2, 3
eta	learning_rate=0.3	0.3, 0.4
gamma	gamma	0
colsample_bytree	colsample_bytree=1	0.6, 0.8
min_child_weight	min_child_weight	1
subsample	subsample=1	0.5, 0.75, 1

XGBBoost 自体に並列化が
実装されています． 7.6.4 項
で紹介した並列化を導入する
と，かえって遅くなります．

ニング範囲）を**表 9.4** に掲載します．

　表 9.4 のとおりにパラメータチューニングを実行します．

```
my_model <- train(
  form = Species ~ ., data = my_data, method = "xgbTree",
  tuneGrid = expand.grid(
    nrounds          = c(50, 100, 150),
    max_depth        = c(1, 2, 3),
    eta              = c(0.3, 0.4),
    gamma            = 0,
    colsample_bytree = c(0.6, 0.8),
    min_child_weight = 1,
    subsample        = c(0.5, 0.75, 1)),
  trControl = trainControl(method = "cv", number = 5)) # 5分割交差検証
my_model$results %>% filter(Accuracy == max(Accuracy)) %>% head(5) %>% t
#>                            1            2            3            4            5
#> eta               0.30000000   0.30000000   0.30000000   0.40000000   0.30000000
#> max_depth         1.00000000   1.00000000   1.00000000   1.00000000   3.00000000
#> gamma             0.00000000   0.00000000   0.00000000   0.00000000   0.00000000
#> colsample_bytree  0.60000000   0.60000000   0.80000000   0.60000000   0.80000000
#> min_child_weight  1.00000000   1.00000000   1.00000000   1.00000000   1.00000000
#> subsample         0.50000000   0.75000000   0.75000000   0.50000000   0.50000000
#> nrounds          50.00000000  50.00000000  50.00000000  50.00000000  50.00000000
#> Accuracy          0.96000000   0.96000000   0.96000000   0.96000000   0.96000000
#> Kappa             0.94000000   0.94000000   0.94000000   0.94000000   0.94000000
#> AccuracySD        0.02788867   0.02788867   0.02788867   0.01490712   0.01490712
#> KappaSD           0.04183300   0.04183300   0.04183300   0.02236068   0.02236068
```

R: 引数 tuneGrid で指定し
ているパラメータの探索範囲
は train のデフォルトのま
まなので，この引数は省略し
てかまいません．

Python
```
warnings.simplefilter('ignore', UserWarning) # これ以降，警告を表示しない
my_search = GridSearchCV(
    xgboost.XGBClassifier(eval_metric='mlogloss'),
    param_grid={'n_estimators'    : [50, 100, 150],
                'max_depth'       : [1, 2, 3],
                'learning_rate'   : [0.3, 0.4],
                'gamma'           : [0],
                'colsample_bytree': [0.6, 0.8],
                'min_child_weight': [1],
                'subsample'       : [0.5, 0.75, 1]},
    cv=5, # 5分割交差検証
    n_jobs=1).fit(X, y) # n_jobs=-1ではない
warnings.simplefilter('default', UserWarning) # これ以降，警告を表示する

my_search.best_params_
#> {'colsample_bytree': 0.6,
#>  'gamma': 0,
#>  'learning_rate': 0.3,
#>  'max_depth': 1,
#>  'min_child_weight': 1,
#>  'n_estimators': 50,
#>  'subsample': 0.75}

my_search.best_score_
#> 0.9666666666666668
```

RとPythonで最良のパラメータは違うところがありますが，最良の正解率（検証）はほぼ同じです．

XGBoostは内部で乱数を使うので，結果がいつも同じとは限りません．

9.4.3 入力変数の重要度

6.1節で述べたように，本書では，理解よりは予測に重点をおいています．しかしここで，理解に役立つものを一つ紹介しましょう．入力変数の重要度です．入力変数には，出力変数に大きく影響するものもあれば，そうでないものもあります．教師あり学習の訓練が終わると，各変数の重要度の目安が得られます．特に，木を使う手法では，変数の重要度を簡単に確認できるようになっています．ランダムフォレストの例を示します．

変数の重要度は木を使う手法以外でも得られますが，値の計算方法が手法によって異なるので，目安程度と思ってください．

R
```
my_model <- train(form = Species ~ ., data = my_data, method = "rf")
ggplot(varImp(my_model))
```

Python

```
my_model = RandomForestClassifier().fit(X, y)
tmp = pd.Series(my_model.feature_importances_, index=X.columns)
tmp.sort_values().plot(kind='barh')
```

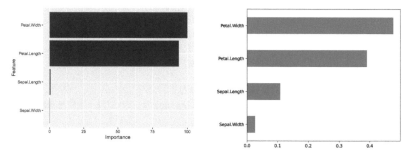

　R と Python で値は違いますが，Petal.Width と Petal.Length が Sepal.Width や Sepal.Length より重要だということは確かなようです．

欠損のあるデータでの学習

本節の目標

データに欠損がある場合の対策として，次の二つの方針を試します．

方針 1 欠損を埋めて学習する

方針 2 欠損があっても使える手法を使う

データを準備してから，二つの方針を試します．

9.5.1 欠損のあるデータの準備

欠損がある場合について学ぶために，アヤメのデータの $0, 10, 20, \ldots, 140$ 番目の Petal.Length と，$1, 11, 21, \ldots, 141$ 番目の Petal.Width を欠損値に置き換えます．

```r
library(caret)
library(tidyverse)
my_data <- iris

n <- nrow(my_data)
my_data$Petal.Length[0:(n - 1) %% 10 == 0] <- NA
my_data$Petal.Width[ 0:(n - 1) %% 10 == 1] <- NA

psych::describe(my_data) # n の値が 135 の変数に，150 - 135 = 15個の欠損がある
#>              vars   n mean   sd median trimmed  mad min max range ...
#> Sepal.Length    1 150 5.84 0.83    5.8    5.81 1.04 4.3 7.9   3.6 ...
#> Sepal.Width     2 150 3.06 0.44    3.0    3.04 0.44 2.0 4.4   2.4 ...
#> Petal.Length    3 135 3.75 1.76    4.3    3.75 1.78 1.0 6.9   5.9 ...
#> Petal.Width     4 135 1.20 0.77    1.3    1.18 1.04 0.1 2.5   2.4 ...
#> Species*        5 150 2.00 0.82    2.0    2.00 1.48 1.0 3.0   2.0 ...
```

R: ここでは順番を 0 から数えています.

Python

```python
import numpy as np
import statsmodels.api as sm
import warnings
import xgboost
from sklearn import tree
from sklearn.impute import SimpleImputer
from sklearn.model_selection import cross_val_score, LeaveOneOut
from sklearn.pipeline import Pipeline

my_data = sm.datasets.get_rdataset('iris', 'datasets').data

n = len(my_data)
my_data['Petal.Length'] = [np.nan if i % 10 == 0 else
                           my_data['Petal.Length'][i] for i in range(n)]
my_data['Petal.Width']  = [np.nan if i % 10 == 1 else
                           my_data['Petal.Width'][i]  for i in range(n)]

my_data.describe() # count の値が 135 の変数に，150-135=15個の欠損がある
#>         Sepal.Length  Sepal.Width  Petal.Length  Petal.Width
#> count    150.000000   150.000000    135.000000   135.000000
#> mean       5.843333     3.057333      3.751852     1.197037
# 以下省略

X, y = my_data.iloc[:, 0:4], my_data.Species
```

9.5.2　方針 1：欠損を埋めて学習する

　欠損を中央値（median）で埋めます[8][9]．欠損を埋めたデータで分類木を作り，正解率（検証）を求めます．

R: 木の複雑さに関係するパラメータ（表 9.3）を Python のものに近づけることで，できあがる木を複雑にして，欠損を補おうとしています．

 R

```r
my_model <- train(
  form = Species ~ ., data = my_data, method = "rpart2",
  na.action = na.pass,          # 欠損があっても学習を止めない
  preProcess = "medianImpute", # 欠損を中央値で埋める
  trControl = trainControl(method = "LOOCV"),
  tuneGrid = data.frame(maxdepth = 20),          # 木の高さの上限
  control = rpart::rpart.control(minsplit = 2,    # 分岐の条件
                                 minbucket = 1)) # 終端ノードの条件
max(my_model$results$Accuracy)
#> [1] 0.9266667
```

---

[8]　R: K 最近傍法で欠損を埋める方法（knnImpute）とバギングで欠損を埋める方法（bagImpute）が用意されています．

[9]　P: 平均で埋める方法（strategy='mean'），最頻値で埋める方法（strategy='most_frequent'），K 最近傍法で欠損を埋める方法（KNNImputer）が用意されています．

Python

```
my_pipeline = Pipeline([
    ('imputer', SimpleImputer(strategy='median')), # 欠損を中央値で埋める
    ('tree', tree.DecisionTreeClassifier(random_state=0))])
my_scores = cross_val_score(my_pipeline, X, y, cv=LeaveOneOut(), n_jobs=-1)
my_scores.mean()
#> 0.9333333333333333
```

9.5.3　方針2：欠損があっても使える手法を使う

欠損があっても使える手法の例として，XGBoost（9.4.2 項）を試します．
この例では，欠損があっても正解率（検証）が下がりません．

コードを簡潔にするために，
XGBoost のオプションはデ
フォルトのままとします．

R

```
my_model <- train(form = Species ~ ., data = my_data, method = "xgbTree",
                  na.action = na.pass,
                  trControl = trainControl(method = "cv", number = 5))
max(my_model$results$Accuracy)
#> [1] 0.966666666666667
```

Python

```
warnings.simplefilter('ignore', UserWarning)  # これ以降，警告を表示しない
my_scores = cross_val_score(
    xgboost.XGBClassifier(eval_metric='mlogloss'), X, y, cv=5)
warnings.simplefilter('default', UserWarning) # これ以降，警告を表示する

my_scores.mean()
#> 0.9666666666666668
```

9.6

他の分類手法

本節の目標

　分類のための手法は，分類木（とその拡張）だけではありません．ここでは，回帰でも利用したK最近傍法とニューラルネットワークでアヤメを分類します．

　話を簡単にするために，ハイパーパラメータはデフォルトの設定のままとします．これまでに紹介した結果と比較して正解率（検証）が極端に下がっていなければ，学習はできているといってよいでしょう．

9.6.1　K最近傍法

　K最近傍法（7.5節）を試します[*10]．

R

```
library(caret)
library(tidyverse)
my_data <- iris

my_model <- train(form = Species ~ ., data = my_data, method = "knn",
                  trControl = trainControl(method = "LOOCV"))
my_model$results %>% filter(Accuracy == max(Accuracy))
#>   k Accuracy Kappa
#> 1 9 0.9733333  0.96
```

Python

```
import statsmodels.api as sm
from sklearn.model_selection import cross_val_score, LeaveOneOut
from sklearn.neighbors import KNeighborsClassifier
```

[*10]　R: 7.5節で行った回帰では，近くのインスタンスの出力変数の値の平均を予測値としていました．分類では，出力変数の値の多数決の結果を予測値とします．異なる値が同数ある場合は，その中からランダムに一つが選ばれます．ですから，K最近傍法による分類の結果は，いつも同じとは限りません．

```
my_data = sm.datasets.get_rdataset('iris', 'datasets').data
X, y = my_data.iloc[:, 0:4], my_data.Species

my_scores = cross_val_score(KNeighborsClassifier(), X, y, cv=LeaveOneOut())
my_scores.mean()
#> 0.9666666666666667
```

9.6.2 ニューラルネットワーク

ニューラルネットワーク（8.7 節）を試します[11].

図 11.2 にここで試そうとしているニューラルネットワークの例があります.

```
library(caret)
library(tidyverse)
my_data <- iris

my_model <- train(form = Species ~ ., data = my_data, method = "nnet",
                  preProcess = c("center", "scale"), # 標準化
                  trControl = trainControl(method = "LOOCV"),
                  trace = FALSE) # 途中経過を表示しない
my_model$results %>% filter(Accuracy == max(Accuracy))
#>   size decay  Accuracy Kappa
#> 1    3   0.1 0.9733333  0.96
#> 2    5   0.1 0.9733333  0.96
```

R: size は隠れ層のニューロン数，decay は大きな重みにペナルティをかけることで過学習の抑制を試みるための定数です.

Python

```
import statsmodels.api as sm
from sklearn.model_selection import cross_val_score, LeaveOneOut
from sklearn.neural_network import MLPClassifier
from sklearn.pipeline import Pipeline
from sklearn.preprocessing import StandardScaler

my_data = sm.datasets.get_rdataset('iris', 'datasets').data
X, y = my_data.iloc[:, 0:4], my_data.Species

my_pipeline = Pipeline([('sc', StandardScaler()),  # 標準化
                        ('mlp', MLPClassifier())]) # ニューラルネットワーク
my_scores = cross_val_score(my_pipeline, X, y, cv=LeaveOneOut(), n_jobs=-1)
my_scores.mean()
#> 0.9533333333333334
```

---

[11] カテゴリと同じ数のニューロンを出力層に並べ，出力が最大のノードに対応するカテゴリを分類結果とします．アヤメのデータではカテゴリが 3 個（setosa, versicolor, virginica）なので，出力層のノード数も 3 個になります．

10

分類2（2値分類）

前章で扱ったアヤメの分類は，setosa, versicolor, virginica の3種の分類，つまり3値分類でした．本章では2値分類を行います．2値分類は（3値を含む）多値分類の特別な場合ですが，2値分類でしか使わない手法や性能指標があります．そこで，2値分類で登場する概念について解説してから，具体的なデータで実践します．

本章の内容

2値分類の性能指標

本節の目標

2値分類特有の用語（陽性・陰性など）と，それらを使った評価指標（精度・再現率・感度・特異度など）の定義と計算方法をまとめます．

10.1.1　陽性と陰性

病気の診断をしているとしましょう．病気だと診断された人を**陽性**，病気でないと診断された人を**陰性**といいます．

被験者（$n = 10$ 人）が 0（陰性）と 1（陽性）のどちらに属するかを診断するアルゴリズムが，**図 10.1** や**表 10.1** のような結果を出したとします．陽性か陰性の 2 通り，病気か病気でないかの 2 通りのすべての組合せは 4 通りあり，それぞれに名前が付いています．

何を「陽性」とするかは，何に注目しているかによります．病気に注目しているなら，検査の結果病気かもしれないと思われる人が陽性になります．

		正解		
		0	1	
予測	0	真陰性 TN 3人	偽陰性 FN 1人	陰性 N 4人
	1	偽陽性 FP 2人	真陽性 TP 4人	陽性 P 6人

図 10.1　陽性，真陽性，偽陽性，陰性，真陰性，偽陰性の定義

図 10.1 のような結果になるデータを用意します．変数 y が正解，y_score は対象者を陽性だと見なす確率で，ここでは陽性確率ということにします．

7
（単回帰）
回帰1

8
（重回帰）
回帰2

9
（多値分類）
分類1

10
（2値分類）
分類2

11
深層学習と
AutoML

12
時系列予測

表 10.1　病気の診断結果（アルファベット大文字は説明のための略称）

指標	人数	意味
陽性（positive, P）	6	病気だと診断された（P = TP + FN としている文献もあることに注意）
真陽性（true positive, TP）	4	病気だと診断され，実際に病気だった
偽陽性（false positive, FP）	2	病気だと診断されたが，実際は病気ではなかった（第 1 種の過誤ともいう）
陰性（negative, N）	4	病気ではないと診断された（N = TN + FP としている文献もあることに注意）
真陰性（true negative, TN）	3	病気ではないと診断され，実際に病気でなかった
偽陰性（false negative, FN）	1	病気ではないと診断されたが，実際は病気だった（第 2 種の過誤ともいう）

R

```
y       <- c( 0,   1,   1,   0,   1,   0,    1,   0,   0,   1)
y_score <- c(0.7, 0.8, 0.3, 0.4, 0.9, 0.6, 0.99, 0.1, 0.2, 0.5)
```

Python

```
import numpy as np
from sklearn.metrics import classification_report, confusion_matrix

y       = np.array([ 0,   1,   1,   0,   1,   0,    1,   0,   0,   1])
y_score = np.array([0.7, 0.8, 0.3, 0.4, 0.9, 0.6, 0.99, 0.1, 0.2, 0.5])
```

試みに，陽性確率が 0.5 以上の場合は陽性ということにします．

R

```
y_ <- ifelse(y_score >= 0.5, 1, 0)
y_
#> [1] 1 1 0 0 1 1 1 0 0 1
```

Python

```
y_ = np.array([1 if p >= 0.5 else 0 for p in y_score])
y_
#> array([1, 1, 0, 0, 1, 1, 1, 0, 0, 1])
```

混同行列を作り，2 値分類の性能指標を計算します．

R

```
library(caret)
confusionMatrix(data      = as.factor(y_), # 予測
                reference = as.factor(y),  # 正解
                positive = "1",            # 「1」を陽性とする
```

R: 出力変数を数値と見なすべきではないので as.factor() で囲ってファクタ（3.3.1.2目を参照）にしています．

R:「positive = "1"」のように，何が陽性なのかを指定するのが大切で，これを忘れると，陽性と陰性を逆にして計算してしまうことがあります．

```
                   mode = "everything")        # すべての指標を求める
#> Confusion Matrix and Statistics
#>
#>           Reference
#> Prediction 0 1
#>          0 3 1
#>          1 2 4
#>
#>              Accuracy : 0.7
#>                95% CI : (0.3475, 0.9333)
#>   No Information Rate : 0.5
#>   P-Value [Acc > NIR] : 0.1719
#>
#>                 Kappa : 0.4
#>
#> Mcnemar's Test P-Value : 1.0000
#>
#>           Sensitivity : 0.8000
#>           Specificity : 0.6000
#>        Pos Pred Value : 0.6667
#>        Neg Pred Value : 0.7500
#>             Precision : 0.6667
#>                Recall : 0.8000
#>                    F1 : 0.7273
#>            Prevalence : 0.5000
#>        Detection Rate : 0.4000
#>  Detection Prevalence : 0.6000
#>     Balanced Accuracy : 0.7000
#>
#>      'Positive' Class : 1
```

P: 混合行列の仕様が図 10.1 や R と異なり，行ラベルが正解で列ラベルが予測であることに注意してください．

P: 1 を陽性とすると，精度（precision）が 0.67，再現率（recall）が 0.80 ということです．この結果は R の結果と整合しています．また，0 を陽性とすると精度は 0.75 です．

Python

```
confusion_matrix(y_true=y, y_pred=y_)
#> array([[3, 2],
#>        [1, 4]])

print(classification_report(y_true=y, y_pred=y_))
#>              precision    recall  f1-score   support
#>
#>           0       0.75      0.60      0.67         5
#>           1       0.67      0.80      0.73         5
#>
#>    accuracy                           0.70        10
#>   macro avg       0.71      0.70      0.70        10
#> weighted avg       0.71      0.70      0.70        10
```

　R の結果には，混同行列の他にも，さまざまな数値が掲載されています．それらを**表10.2**にまとめます．これらを一度に全部覚える必要はありません．と

表 10.2　2値分類の性能指標（n はサンプルサイズ，$\mathrm{P} = \mathrm{TP} + \mathrm{FP}$，$\mathrm{N} = \mathrm{TN} + \mathrm{FN}$）

指標	定義	補足
Accuracy	$(\mathrm{TP} + \mathrm{TN})/n$	正解率（正答率，正確度）．Acc と略記することがある
Kappa	$(\mathrm{Acc} - e)/(1 - e)$	k 統計量．ランダムに予測しても当たる可能性を正解率から差し引いたもの．e は $(\mathrm{P}/n)(\mathrm{TP} + \mathrm{FN})/n + (\mathrm{N}/n)(\mathrm{TN} + \mathrm{FP})/n$
Sensitivity	$\mathrm{TP}/(\mathrm{TP} + \mathrm{FN})$	感度（再現率，真陽性率，検出力）
Specificity	$\mathrm{TN}/(\mathrm{TN} + \mathrm{FP})$	特異度
Positive Predictive Value	TP/P	陽性的中度（精度，適合率）
Negative Predictive Value	TN/N	陰性的中度
Precision	TP/P	精度（陽性的中度，適合率）
Recall	$\mathrm{TP}/(\mathrm{TP} + \mathrm{FN})$	再現率（感度，真陽性率，検出力）
F1	精度と再現率の調和平均	F1 スコア（F1 score），F-measure（F 値）
Prevalence	$(\mathrm{TP} + \mathrm{FN})/n$	有病率
Detection Rate	TP/n	検出率
Detection Prevalence	P/n	
Balanced Accuracy	（感度 ＋ 特異度）/2	
True Positive Rate	$\mathrm{TP}/(\mathrm{TP} + \mathrm{FN})$	真陽性率（感度，再現率，検出力）
False Positive Rate	$\mathrm{FP}/(\mathrm{TN} + \mathrm{FP})$	偽陽性率．（1 － 特異度）と同じ．`confusionMatrix` の結果には含まれない

りあえずは，**正解率**（accuracy），**精度**（precision），**再現率**（recall）あたりに注目するとよいでしょう．情報検索では精度と再現率の組合せ，疫学では，**感度**（sensitivity）と**特異度**（specificity）の組合せがよく使われます[*1]．

　本書では，分類の性能指標として正解率を使っています．しかし，分類を使う場面によっては，正解率はよい指標ではないことに注意してください．1 万人に 1 人がかかる病気の検査を，10 万人を対象に実施した場合を例に説明します（**図 10.2**）．

　全員を陰性とした場合（図 10.2 の左）の正解率が最大ですが，患者 10 人全員を発見できていません．

　99 人を陽性とした場合（図 10.2 の中央）では，正解率は下がってしまいました．しかし，患者 10 人のうち 9 人を発見できました．1 人を発見できていないのが問題になるかもしれません．

　90,010 人を陽性とした場合（図 10.2 の右）では，患者 10 人全員を発見できました．しかし，陽性で再検査を受ける人が多すぎることが問題になるかもしれません．

　理想的な検査は，99 人を陽性とした場合（中央）と 90,010 人を陽性とした

[*1]　R: `confusionMatrix` のオプションで，「`mode = "prec_recall"`」とすると精度，再現率，F1 スコア，「`mode = "sens_spec"`」とすると感度と特異度が出力されます．

場合（右）の中間にあるはずですが，それを見出す基準は正解率ではありません．どういう検査が望ましいかという，適用分野での判断が必要です．

	0	1
0	真陰性 99990	偽陰性 10
1	偽陽性 0	真陽性 0

正解率：0.99990
感　度：0
特異度：1
精　度：なし
再現率：0

	0	1
0	真陰性 99900	偽陰性 1
1	偽陽性 90	真陽性 9

正解率：0.99909
感　度：0.9
特異度：0.99909
精　度：0.09091
再現率：0.9

	0	1
0	真陰性 9990	偽陰性 0
1	偽陽性 90000	真陽性 10

正解率：0.1
感　度：1
特異度：0.09991
精　度：0.00011
再現率：1

図 10.2　1 万人に 1 人の病気を 10 万人で検査した例．正解率は左が最高だが，10 人の患者全員を発見できていない（注意：「同一の検査技術を用い，陽性と陰性の境界だけを変える」という状況を想定している）．

トレードオフ

本節の目標

2 値分類における，真陽性率と偽陽性率のトレードオフを ROC 曲線で，精度と再現率のトレードオフを PR 曲線で可視化します．

10.2.1　偽陽性率と真陽性率のトレードオフ（ROC 曲線）

偽陽性率（False Positive Rate, FPR）は低いほうが良く，**真陽性率**（True Positive Rate, TPR）は高いほうが良い指標です．両者はトレードオフの関係にあり，FPR を低くすると TPR も低くなり，TPR を高くすると FPR も高くなります．このことは，**ROC 曲線**（Receiver Operating Characteristic curve）という，FPR と TPR の関係を可視化する曲線を描くとよくわかります．

まずは，FPR と TPR の計算方法を確認します．前節では，スコアが 0.5 以上のものを陽性としていました．この条件の元で FPR と TPR を計算すると，FPR は 0.4，TPR は 0.8 になります．

正解が 0 のもののうちの誤って 1 と予測したものの割合が FPR，正解が 1 のもののうちの正しく 1 と予測したものの割合が TPR です．

```
library(PRROC)
library(tidyverse)

y       <- c( 0,   1,   1,   0,   1,   0,    1,   0,   0,   1)
y_score <- c(0.7, 0.8, 0.3, 0.4, 0.9, 0.6, 0.99, 0.1, 0.2, 0.5)
y_      <- ifelse(0.5 <= y_score, 1, 0)

c(sum((y == 0) & (y_ == 1)) / sum(y == 0), # FPR
  sum((y == 1) & (y_ == 1)) / sum(y == 1)) # TPR
#> [1] 0.4 0.8
```

Python

```
import numpy as np
from sklearn.metrics import (roc_curve, RocCurveDisplay,
    precision_recall_curve, PrecisionRecallDisplay, auc)

y       = np.array([  0,   1,   1,   0,   1,   0,    1,   0,   0,   1])
y_score = np.array([0.7, 0.8, 0.3, 0.4, 0.9, 0.6, 0.99, 0.1, 0.2, 0.5])
y_      = np.array([1 if 0.5 <= p else 0 for p in y_score])

[sum((y == 0) & (y_ == 1)) / sum(y == 0), # FPR
 sum((y == 1) & (y_ == 1)) / sum(y == 1)] # TPR
#> [0.4, 0.8]
```

ROC 曲線は，しきい値（上の例では 0.5）を変えて得られる (FPR, TPR) の散布図（の点を結んだもの）です．ROC 曲線を描きます．

先に求めた (0.4, 0.8) は ROC 曲線上の点です．

R

```
my_roc <- roc.curve(scores.class0 = y_score[y == 1], # 答えが 1のもののスコア
                    scores.class1 = y_score[y == 0], # 答えが 0のもののスコア
                    curve = TRUE)
my_roc %>% plot(xlab = "False Positive Rate",
               ylab = "True Positive Rate",
               legend = FALSE)
```

Python

```
my_fpr, my_tpr, _ = roc_curve(y_true=y,
                              y_score=y_score,
                              pos_label=1) # 1が陽性である
RocCurveDisplay(fpr=my_fpr, tpr=my_tpr).plot()
```

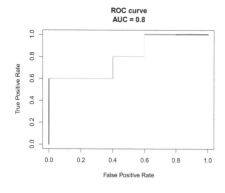

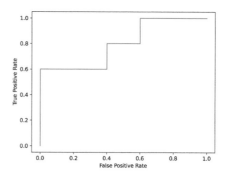

偽陽性率が 0 で真陽性率が 1 という理想が実現すると，TPR = 1 という直

線になります．この理想への近さを，ROC 曲線の下（ROC 曲線，FPR $= 1$，TPR $= 0$ で囲まれる部分）の面積（Area Under the ROC Curve, **AUC**）で測ります[*2][*3]．先に描いた ROC 曲線の AUC を求めます．

R
```
my_roc$auc
#> [1] 0.8
```

Python
```
auc(x=my_fpr, y=my_tpr)
#> 0.8
```

R: R の結果は ROC 曲線のキャプションにも表示されています．

10.2.2 再現率と精度のトレードオフ（PR 曲線）

精度（Precision）と再現率（Recall）は，いずれも高いほうが良い指標です．これらもトレードオフの関係にあり，精度を高くすると再現率が低くなり，再現率を高くすると精度が低くなります．このことは，両者の関係を可視化する PR 曲線を描くとよくわかります．

まずは，先と同じしきい値（0.5）での，再現率と精度を求めます．

1 と予測してそれが正解だったものの割合が精度です．正解が 1 のもののうちで 1 と予測したものの割合が再現率です．

R
```
c(sum((y == 1) & (y_ == 1)) / sum(y  == 1), # Recall == TPR
  sum((y == 1) & (y_ == 1)) / sum(y_ == 1)) # Precision
#> [1] 0.8000000 0.6666667
```

Python
```
[sum((y == 1) & (y_ == 1)) / sum(y  == 1), # Recall == TPR
 sum((y == 1) & (y_ == 1)) / sum(y_ == 1)] # Precision
#> [0.8, 0.6666666666666666]
```

PR 曲線は，しきい値（上の例では 0.5）を変えて得られる (Recall, Precision) の散布図（の点を結んだもの）です．PR 曲線を描きます．

先に求めた (0.8, 0.67) は PR 曲線上の点です．

R
```
my_pr <- pr.curve(scores.class0 = y_score[y == 1],
                  scores.class1 = y_score[y == 0],
                  curve = TRUE)
my_pr %>% plot(xlab = "Recall",
               ylab = "Precision",
               legend = FALSE)
```

[*2] R: train に，metric = "ROC", trControl = trainControl(classProbs = TRUE, summary Function = twoClassSummary) というオプションを与えると，ROC 曲線の AUC を基準にしてパラメータチューニングが行われます．

[*3] P: GridSearchCV に scoring='roc_auc' というオプションを与えると，ROC 曲線の AUC を基準にしてパラメータチューニングが行われます．

```
my_precision, my_recall, _ = precision_recall_curve(y_true=y,
                                                    probas_pred=y_score,
                                                    pos_label=1)
PrecisionRecallDisplay(precision=my_precision, recall=my_recall).plot()
```

R と Python の結果の違い
は本質的なものではありませ
ん．ROC 曲線や PR 曲線
は，本当は散布図です．点だ
けを描くなら，R と Python
の結果は一致します．

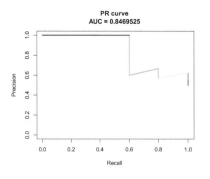

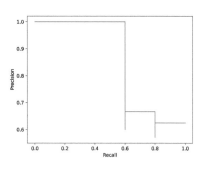

ROC 曲線の AUC と同様に，PR 曲線の下（PR 曲線, Recall $= 0$, Recall $= 1$, Precision $= 0$ で囲まれる部分）の面積も，手法の良さの指標になります．この面積を求めます．

値が違うのは点の結び方が違
うからです．

```
my_pr$auc.integral
#> [1] 0.8469525
```

```
auc(x=my_recall, y=my_precision)
#> 0.8463095238095237
```

R: R の結果は PR 曲線のキ
ャプションにも表示されてい
ます．

2値分類の実践

本節の目標

1912 年に起きた客船タイタニックの沈没事故の乗客・乗員についての
データで，2 値分類を実践します.

Class	Sex	Age	Survived
1st	Male	Child	Yes
1st	Male	Child	Yes
1st	Male	Child	Yes
⋮	⋮	⋮	⋮

データを用意します[4].

R

```r
library(caret)
library(PRROC)
library(tidyverse)

my_url <- str_c("https://raw.githubusercontent.com/taroyabuki",
                "/fromzero/master/data/titanic.csv")
my_data <- read_csv(my_url)
```

Python

```python
import graphviz
import pandas as pd
from sklearn import tree
from sklearn.metrics import roc_curve, RocCurveDisplay, auc
from sklearn.model_selection import cross_val_score, LeaveOneOut
from sklearn.pipeline import Pipeline
from sklearn.preprocessing import OneHotEncoder

my_url = ('https://raw.githubusercontent.com/taroyabuki'
          '/fromzero/master/data/titanic.csv')
my_data = pd.read_csv(my_url)
```

---

[4]　このデータは実は R に組み込まれていて，epitools::expand.table(Titanic) で利用できます.

データの形式を確認します．

R

```
head(my_data)
#> # A tibble: 6 x 4
#>   Class Sex   Age   Survived
#>   <chr> <chr> <chr> <chr>
#> 1 1st   Male  Child Yes
#> 2 1st   Male  Child Yes
#> 3 1st   Male  Child Yes
#> 4 1st   Male  Child Yes
#> 5 1st   Male  Child Yes
#> 6 1st   Male  Adult No
```

Python

```
my_data.head()
#>   Class  Sex    Age Survived
#> 0  1st  Male  Child      Yes
#> 1  1st  Male  Child      Yes
#> 2  1st  Male  Child      Yes
#> 3  1st  Male  Child      Yes
#> 4  1st  Male  Child      Yes
```

10.3.1　質的入力変数の扱い方

入力変数（Class, Sex, Age）はいずれも質的変数です．このような質的入力変数の扱い方には，次の 3 通りがあります．

1. 質的入力変数のまま学習する．
2. ワンホットエンコーディングで変換して学習する．冗長性を排除しない．
3. ワンホットエンコーディングで変換して学習する．冗長性を排除する．

第 1 の方法では，先に掲載した形式のデータをそのまま使います．

第 2 の方法では，次のような形に変換したデータを使います．

	Class1st	Class2nd	Class3rd	ClassCrew	SexFemale	SexMale	AgeAdult	AgeChild	Survived
1	1	0	0	0	0	1	0	1	Yes
2	1	0	0	0	0	1	0	1	Yes
3	1	0	0	0	0	1	0	1	Yes
4	1	0	0	0	0	1	0	1	Yes
5	1	0	0	0	0	1	0	1	Yes
6	1	0	0	0	0	1	1	0	No

Class は 1st, 2nd, 3rd, Crew のいずれかなので，2nd, 3rd, Crew でなければ 1st であることがわかります．つまり，上のデータの Class1st は冗長です．同様に，SexFemale と AgeAdult も冗長です．

第 3 の方法では，このような冗長性を排除した，次のようなデータを使います．

	Class2nd	Class3rd	ClassCrew	SexMale	AgeChild	Survived
1	0	0	0	1	1	Yes
2	0	0	0	1	1	Yes
3	0	0	0	1	1	Yes
4	0	0	0	1	1	Yes
5	0	0	0	1	1	Yes
6	0	0	0	1	0	No

ここでは，RとPythonで同じ結果を得やすい，第3の方法を使います[*5]．他の方法については10.3.5項で補足します．

10.3.2 決定木の訓練

質的入力変数をワンホットエンコーディング（5.2.2項）で量的変数に変換して学習し，**決定木**（2値分類の分類木）を作ります．木が複雑にならないように，高さの上限を2にします[*6]．

R: train はワンホットエンコーディング（冗長性は排除）を自動的に実行します．ですから，そのための記述は不要です．

> タイタニックのデータのサンプルサイズは2201です．決定木の訓練にはあまり時間がかからないので（訓練を2201回行う）LOOCVでも大丈夫ですが，ランダムフォレストやブースティングの訓練には時間がかかるので，反復的5分割交差検証のような，訓練回数の少ない方法で検証したほうがよいでしょう．

```
my_model <- train(form = Survived ~ ., data = my_data, method = "rpart2",
                  tuneGrid = data.frame(maxdepth = 2),
                  trControl = trainControl(method = "LOOCV"))
```

P: ワンホットエンコーディングで変換してから決定木を生成するようなパイプラインを構築し，訓練します．

Python

```
X, y = my_data.iloc[:, 0:3], my_data.Survived

my_pipeline = Pipeline([
    ('ohe', OneHotEncoder(drop='first')),
    ('tree', tree.DecisionTreeClassifier(max_depth=2, random_state=0,
                                         min_impurity_decrease=0.01))])
my_pipeline.fit(X, y)
```

> P: 引数 drop='first' によってダミー変数の冗長性が排除されます（5.2.3項）．

[*5]　第3の方法を使う理由は，①Python の DecisionTreeClassifier は第1の方法に対応していないから，②Rで train(form...) とすると第3の方法になるからです．本来は正解率（検証）など，性能を見て決めるべきことです．

[*6]　高さの上限を4くらいに増やしたほうが正解率（検証）はよくなります．ただし，Python で生成される決定木をRと同じにするためには，min_impurity_decrease を調整する必要があります．

10.3.3 決定木の描画

生成された決定木を描きます．いずれの決定木も，男性は死亡，女性・3 等は死亡ということになっています．

R

```
rpart.plot::rpart.plot(my_model$finalModel, extra = 1)
```

Python

```
my_enc  = my_pipeline.named_steps['ohe']  # パイプラインからエンコーダを取り出す.
my_tree = my_pipeline.named_steps['tree'] # パイプラインから木を取り出す.

my_dot = tree.export_graphviz(
    decision_tree=my_tree,
    out_file=None,
    feature_names=my_enc.get_feature_names(),
    class_names=my_pipeline.classes_,
    filled=True)
graphviz.Source(my_dot)
```

P: パイプラインから木を取
り出し，変数名を補ってい
ます．

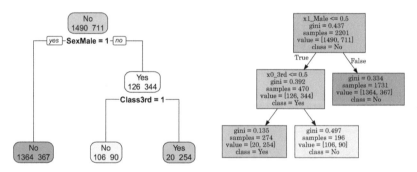

10.3.4 決定木の評価

正解率（検証）を求めます．

R

```
my_model$results
#>   maxdepth Accuracy    Kappa
#> 1        2 0.7832803 0.4096365
```

Python

```
my_scores = cross_val_score(
    my_pipeline, X, y,
    cv=LeaveOneOut(),
    n_jobs=-1)
my_scores.mean()
#> 0.7832803271240345
```

ROC 曲線を描き，AUC を求めます．

R

```r
y <- my_data$Survived
tmp <- my_model %>% predict(newdata = my_data, type = "prob")
y_score <- tmp$Yes

my_roc <- roc.curve(scores.class0 = y_score[y == "Yes"],
                    scores.class1 = y_score[y == "No"],
                    curve = TRUE)
my_roc$auc
#> [1] 0.7114887

my_roc %>% plot(xlab = "False Positive Rate",
                ylab = "True Positive Rate",
                legend = FALSE)
```

Python

```python
tmp = pd.DataFrame(
    my_pipeline.predict_proba(X),
    columns=my_pipeline.classes_)
y_score = tmp.Yes

my_fpr, my_tpr, _ = roc_curve(y_true=y,
                              y_score=y_score,
                              pos_label='Yes')
my_auc = auc(x=my_fpr, y=my_tpr)
my_auc
#> 0.7114886868858494

RocCurveDisplay(fpr=my_fpr, tpr=my_tpr, roc_auc=my_auc).plot()
```

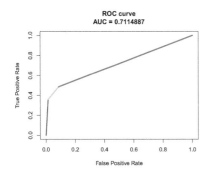

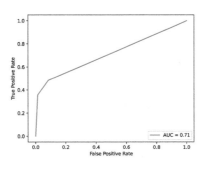

10.3.5　補足：質的入力変数の扱い

10.3.1 項で挙げた，質的入力変数を扱う三つの方法について補足します．話を簡単にするために，入力変数は Class だけを使います．また，Python の `DecisionTreeClassifier` が質的入力変数に対応していないので，R でのみ実行します．

R: 第 1 の方法です．`train(form = ...)` とするとワンホットエンコーディングが行われるので，それを避けるために，`train(x = ...)` とします．

Ⓡ
```
X <- my_data %>% select(Class) # 質的入力変数
y <- my_data$Survived           # 出力変数

options(warn = -1) # これ以降，警告を表示しない
my_model1 <- train(x = X, y = y, method = "rpart2",
                   tuneGrid = data.frame(maxdepth = 2),
                   trControl = trainControl(method = "LOOCV"))
options(warn = 0)  # これ以降，警告を表示する

rpart.plot::rpart.plot(my_model1$finalModel, extra = 1)
my_model1$results
#>   maxdepth Accuracy      Kappa
#> 1        2 0.7137665 0.2373133
```

第 2 の方法です．訓練の前にワンホットエンコーディングでデータを変換します．

Ⓡ
```
my_enc <- my_data %>% dummyVars(formula = Survived ~ Class)
my_data2 <- my_enc %>%
  predict(my_data) %>%
  as.data.frame %>%
  mutate(Survived = my_data$Survived)

my_model2 <- train(form = Survived ~ ., data = my_data2, method = "rpart2",
                   tuneGrid = data.frame(maxdepth = 2),
                   trControl = trainControl(method = "LOOCV"))
rpart.plot::rpart.plot(my_model2$finalModel, extra = 1)
my_model2$results
#>   maxdepth Accuracy      Kappa
#> 1        2 0.7137665 0.2373133
```

R: テストデータを使う場合は，my_enc を使ってワンホットエンコーディングを行う必要があります．

第 3 の方法です．10.3.2 項ではこの方法を採用しました．R で `train(form = ...)` とするとこの方法になります．

```
my_model3 <- train(form = Survived ~ Class, data = my_data, method = "rpart2",
                   tuneGrid = data.frame(maxdepth = 2),
                   trControl = trainControl(method = "LOOCV"))
rpart.plot::rpart.plot(my_model3$finalModel, extra = 1)
my_model3$results
#>   maxdepth Accuracy     Kappa
#> 1        2 0.6915039 0.2674485
```

R: ワンホットエンコーディングがモデルに組み込まれるので，テストデータを使う場合に，変換のためのコードを書く必要はありません．

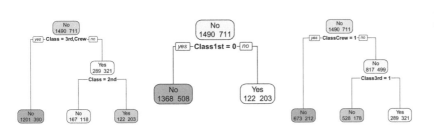

　第1の方法では，「3rd または Crew」という条件で分岐する木（左）が生成されています．こういう条件での分岐は，質的変数をそのまま入力しているからできることです．

　第2の方法では，変数 Class1st で分岐する木（中央）が生成されています．いわゆる「貪欲」に分岐の基準を選ぶと，この変数で分岐することになります[*7]．

　第3の方法では，冗長性の排除によって変数 Class1st がなくなり，別の変数（ClassCrew, Class3rd）で分岐する木（右）が生成されています．この木の二つの分岐は，第1の方法の木（左）では最初の分岐に集約されています．

　このように，質的入力変数の扱い方によって，生成される決定木は変わります．どの方法が良いかは事前にはわからないので，正解率（検証）を見て判断するとよいでしょう．

---

*7　分岐の基準については文献 [16, 24, 27] を参照.

10.4

ロジスティック回帰

本節の目標

タイタニックのデータをロジスティック回帰で分類します.

重回帰分析で使ったようなパラメータの線形の式で, タイタニックのデータを分類します. 線形の式から求められる値を, 次に示すような**標準ロジスティック関数** (standard logistic function)[*8] で 0 から 1 の値に変換し, それが 0.5 より大きければ生還, そうでなければ死亡とするのです. このような分類手法を**ロジスティック回帰**といいます. 名前は「回帰」ですが, 回帰ではなく分類のための手法です.

R

```
curve(1 / (1 + exp(-x)), -6, 6)
```

Python

```
import matplotlib.pyplot as plt
import numpy as np

x = np.arange(-6, 6, 0.1)
y = 1 / (1 + np.exp(-x))
plt.plot(x, y)
```

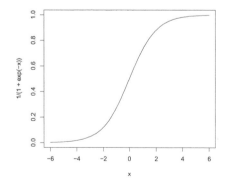

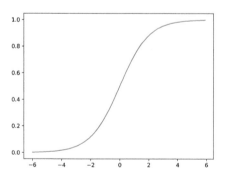

[*8]　標準ロジスティック関数は, **ロジスティック関数** $f(x) = L/(1 + \exp(-k(x - x_0)))$ において, $k = 1, x_0 = 0, L = 1$ とした特殊形です. **シグモイド関数** $f(x) = 1/(1 + \exp(-ax))$ において $a = 1$ とした特殊形 (**標準シグモイド関数**) は同じものです.

データを用意して，訓練します．

R

```r
library(caret)
library(PRROC)
library(tidyverse)

my_url <- str_c("https://raw.githubusercontent.com/taroyabuki",
                "/fromzero/master/data/titanic.csv")
my_data <- read_csv(my_url)

my_model <- train(form = Survived ~ ., data = my_data, method = "glm",
                  trControl = trainControl(method = "LOOCV"))
```

Python

```python
import pandas as pd
from sklearn.linear_model import LogisticRegression
from sklearn.model_selection import cross_val_score, LeaveOneOut
from sklearn.pipeline import Pipeline
from sklearn.preprocessing import OneHotEncoder

my_url = ('https://raw.githubusercontent.com/taroyabuki'
          '/fromzero/master/data/titanic.csv')
my_data = pd.read_csv(my_url)

X, y = my_data.iloc[:, 0:3], my_data.Survived

my_pipeline = Pipeline([('ohe', OneHotEncoder(drop='first')),
                        ('lr', LogisticRegression(penalty='none'))])
my_pipeline.fit(X, y)
```

パラメータを確認します[9]．

P: penalty='none' は，デフォルトで有効になっているL2正則化（8.6節）を無効にするためのオプションです．

ロジスティック回帰は乱数を使わないので，結果はいつも同じです．正解率（検証）も，LOOCV を使うならいつも同じです．

---

[9]　この結果から，1st 以外のクラス（2nd, 3rd, Crew），男性（Male）には生還確率を下げる効果，子供（Child）には生還確率を上げる効果があったように見えるかもしれませんが，本書の目的は理解ではなく予測なので，そういう考察は割愛します．8.2 節の脚註 3 を参照してください．

R

```
coef(my_model$finalModel) %>%
  as.data.frame
#>                        .
#> (Intercept)  2.0438374
#> Class2nd    -1.0180950
#> Class3rd    -1.7777622
#> ClassCrew   -0.8576762
#> SexMale     -2.4200603
#> AgeChild     1.0615424
```

Python

```
my_ohe = my_pipeline.named_steps.ohe
my_lr  = my_pipeline.named_steps.lr

my_lr.intercept_[0]
#> 2.043878162056783

tmp = my_ohe.get_feature_names()
pd.Series(my_lr.coef_[0],
          index=tmp)
#> x0_2nd     -1.018069
#> x0_3rd     -1.777746
#> x0_Crew    -0.857708
#> x1_Male    -2.420090
#> x2_Child    1.061531
#> dtype: float64
```

正解率（検証）を求めます．

R

```
my_model$results
#>   parameter  Accuracy     Kappa
#> 1      none 0.7782826 0.4448974
```

Python

```
my_scores = cross_val_score(
    my_pipeline, X, y,
    cv=LeaveOneOut(),
    n_jobs=-1)
my_scores.mean()
#> 0.7782825988187188
```

ROC 曲線を描き AUC を求める作業は決定木の場合（10.3.4 項）と同じなので割愛します．計算すると，AUC は約 0.76 になります．

参考までに，決定木の AUC は約 0.71 でした．

第 **11** 章

深層学習とAutoML

　深層学習（**ディープラーニング**，deep learning）と **AutoML** を紹介します．深層学習は，8.7 節や 9.6.2 項で紹介したニューラルネットワークを大規模にしたものです．AutoML は，教師あり学習を（ほぼ）全自動で行う手法の総称です．R と Python の両方に対応したパッケージである **Keras**（深層学習）と **H2O**（AutoML）を使います．

Kerasによる回帰

本節の目標

第8章で行ったワインの価格の予測を，Kerasで試します．

深層学習の実践のためには，まず，ニューラルネットワークを自分で構築しなければなりません．本節では，第8章と同じ問題（回帰）を使って，ネットワークの構築方法を学びます．

R

```
library(keras)
library(tidyverse)
my_url <- str_c("https://raw.githubusercontent.com/taroyabuki",
                "/fromzero/master/data/wine.csv")
tmp <- read_csv(my_url)
```

Python

```
import matplotlib.pyplot as plt
import numpy as np
import pandas as pd
from keras import activations, callbacks, layers, models
from sklearn.preprocessing import StandardScaler
from sklearn.utils import shuffle

my_url = ('https://raw.githubusercontent.com/taroyabuki'
          '/fromzero/master/data/wine.csv')
tmp = pd.read_csv(my_url)
```

Kerasの訓練では，検証データをデータセットの後ろからとります．そこで，検証データに偏りが生じないように，データをシャッフルします．

R

```
my_data <- tmp[sample(nrow(tmp)), ]
```

Python

```
my_data = shuffle(tmp)
```

データを入力変数と出力変数に分け，入力変数を標準化します[*1]．

R

```
X <- my_data %>%
  select(-LPRICE2) %>% scale
y <- my_data$LPRICE2
```

Python

```
my_scaler = StandardScaler()
X = my_scaler.fit_transform(
    my_data.drop(columns=['LPRICE2']))
y = my_data['LPRICE2']
```

図 11.1 のような層状のネットワークを構築します．隠れ層で使っている**活性化関数 ReLU**（図の f）は次のようなものです[*2][*3]．

標準シグモイド関数（8.7.1項）より ReLU のほうがうまく行くことが多いようです．重要なのは，活性化関数が $y = ax + b$ のような直線ではないことです．

WRAIN　DEGREES　HRAIN　TIME_SV　# 入力層

```
# 隠れ層
layer_dense(
    units = 3,               # ニューロン数
    activation = "relu",     # 活性化関数
    input_shape = c(4))      # 前の層（入力層）のニューロン数
```

```
# 出力層
layer_dense(units = 1) # ニューロン数
```

LPRICE2

図 11.1　（左）回帰のための 4 入力多層（隠れ層 1 層）パーセプトロン（定数の入力は割愛）と
（右）左のネットワークの R での実装

R

```
curve(activation_relu(x), -3, 3)
```

Python

```
x = np.linspace(-3, 3, 100)
plt.plot(x, activations.relu(x))
plt.xlabel('x')
plt.ylabel('ReLU(x)')
```

[*1]　話を簡単にするために，訓練前に標準化しています．テストデータに対して予測する際には，訓練データの平均と標準偏差を使ってテストデータを標準化しなければなりませんが，その処理は割愛します．次節のアヤメの分類でも同様です．

[*2]　他の活性化関数については https://keras.io/ja/activations/ を参照．

[*3]　R では activation = activation_relu, Python では activation=activations.relu のように指定することもできるのですが，ここでは入力文字数が少ない記法を採用しています．損失関数や最適化器などについても同様です．ただし，引数があってそれを設定したい場合は，ここでの記法は使えません．

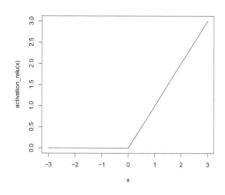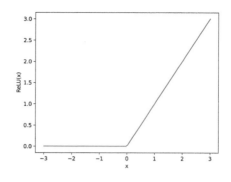

　図 11.1 のネットワークでは，各ニューロンが前後の層のすべてのニューロンとつながっています．そのようなニューロンからなる層を**全結合層**（fully connected layer）といいます．全結合層は，R では `layer_dense`, Python では `layer.Dense` で作ります．

 引数 `input_shape` を省略しても訓練はできますが，`summary` は使えなくなります．

R

```
my_model <- keras_model_sequential() %>%
  layer_dense(units = 3, activation = "relu", input_shape = c(4)) %>%
  layer_dense(units = 1)

summary(my_model) # ネットワークの概要
# 割愛（Python の結果を参照）
```

Python

```
my_model = models.Sequential()
my_model.add(layers.Dense(units=3, activation='relu', input_shape=[4]))
my_model.add(layers.Dense(units=1))

my_model.summary() # ネットワークの概要
#> Model: "sequential"
#>
#> _____
#> Layer (type)                 Output Shape              Param #
#> =================================================================
#> dense (Dense)                (None, 3)                 15
#>
#> _____
#> dense_1 (Dense)              (None, 1)                 4
#> =================================================================
#> Total params: 19
#> Trainable params: 19
#> Non-trainable params: 0
```

　Total params（パラメータ数）19 の内訳は，図 11.1 の各ニューロンに入る矢印の数（$4 \times 3 + 3 = 15$）と，定数（ニューロンごとに 1 個，計 4 個）です

$(15 + 4 = 19)$.

ネットワークをどのように訓練するか，具体的には**損失関数（loss）**と**最適化器**を指定します．損失関数は，ネットワークの出力と正解とのずれを表す関数で，回帰では通常 MSE を使います[*4]．最適化器は，損失関数の値に基づいてネットワークを更新するためのものです．最適化器にはさまざまな選択肢がありますが，ここでは **RMSProp** を使います[*5]．

R
```r
my_model %>% compile(
    loss = "mse",
    optimizer = "rmsprop")
```

Python
```python
my_model.compile(
        loss='mse',
        optimizer='rmsprop')
```

訓練の際には，損失関数の値が小さくなるようにネットワークを更新します．損失関数の値が減少しないことが 20 エポック（後述）続くと訓練を止め，それまでに見つかった最良のネットワークを返すようにします．

R
```r
my_cb <- callback_early_stopping(
    patience = 20,
    restore_best_weights = TRUE)
```

Python
```python
my_cb = callbacks.EarlyStopping(
        patience=20,
        restore_best_weights=True)
```

訓練します．全インスタンス（27 件）の 25% を検証に使うことにします．ネットワークの更新は**ミニバッチ**ごとに行います．そのサイズ，つまり**バッチサイズ**（batch_size）を 10 とします．訓練データは 27 件の 75% つまり 20 件，バッチサイズは 10 なので，バッチを $20/10 = 2$ 回処理すると，全データを処理したことになります．これが 1 **エポック**です．ここではエポック数の上限を 500 にします．

引数 verbose を 0 にして，途中経過を表示しないようにしています．

R
```r
my_history <- my_model %>% fit(
    x = X,
    y = y,
    validation_split = 0.25,
    batch_size = 10,
    epochs = 500,
    callbacks = list(my_cb),
    verbose = 0)
```

Python
```python
my_history = my_model.fit(
        x=X,
        y=y,
        validation_split=0.25,
        batch_size=10,
        epochs=500,
        callbacks=[my_cb],
        verbose=0)
```

損失関数の値が訓練が進むにつれて減少していく様子を可視化します．

R と Python で結果が異なる原因としては，最初にデータをシャッフルしていることと，パラメータを乱数で初期化していることが挙げられます．

[*4] 他の損失関数については https://keras.io/losses/ を参照.

[*5] 他の最適化器については https://keras.io/optimizers/ を参照.

R

```
plot(my_history)
```

Python

```
tmp = pd.DataFrame(my_history.history)
tmp.plot(xlabel='epoch')
```

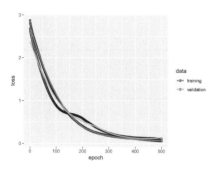

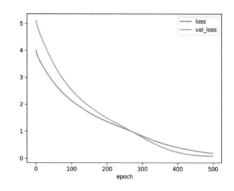

参考までに，線形回帰分析（8.2 節）での RMSE（LOOCV）は約 0.32 でした．対応する MSE（検証）は $0.32^2 \simeq 0.10$ です．

損失関数の最終的な値を確認します．訓練での MSE が `loss`，検証での MSE が `val_loss` です．

R

```
my_history
#> Final epoch (plot to see history):
#>     loss: 0.06124
#> val_loss: 0.1132
```

Python

```
tmp.iloc[-1, ]
#> loss        0.192743
#> val_loss    0.342249
#> Name: 499, dtype: float64
```

訓練済みモデルを使った予測の例として，RMSE（訓練）を求めます．

R

```
y_ <- my_model %>% predict(X)
mean((y_ - y)^2)**0.5
#> [1] 0.2724372
```

Python

```
y_ = my_model.predict(X)
((y_.ravel() - y)**2).mean()
#> 0.23050613964540986
```

P: ravel はアレイを 1 次元に展開するメソッドです．

Kerasによる分類

第9章で行ったアヤメの分類を，Kerasで試します．

11.2.1 分類の実行

手順は前節の回帰とほぼ同じです．違うところに注意して進めます．
データを用意し，シャッフルします．

R

```
library(keras)
library(tidyverse)
my_data <- iris[sample(nrow(iris)), ]
```

Python

```
import numpy as np
import pandas as pd
import statsmodels.api as sm
from keras import callbacks, layers, losses, models
from sklearn.preprocessing import StandardScaler, LabelEncoder
from sklearn.utils import shuffle

tmp = sm.datasets.get_rdataset('iris', 'datasets').data
my_data = shuffle(tmp)
```

データを入力変数と出力変数に分け，入力変数は標準化し，出力変数は0か
ら始まる整数に変換します．つまり，setosaを0，versicolorを1，virginica
を2にします[6]．

---

[6] ワンホットエンコーディングを使ってもかまいません．その場合は，後述の損失関数を
categorical_crossentropyにします．

```
X <- my_data %>%
  select(-Species) %>% scale
y <- as.integer(my_data$Species) - 1
```

```
my_scaler = StandardScaler()
X = my_scaler.fit_transform(
    my_data.drop(columns=['Species']))
my_enc = LabelEncoder()
y = my_enc.fit_transform(
    my_data['Species'])
```

　　図 **11.2** のような層状のネットワークを構築します．出力層のニューロンは，回帰では 1 個でしたが，分類ではカテゴリ数と同じになります[*7]．出力層で活性化関数 softmax を使います[*8]．

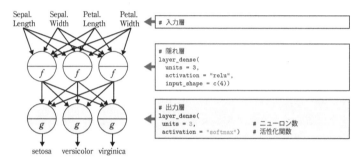

図 11.2　（左）分類のための 4 入力多層（隠れ層 1 層）パーセプトロン（定数の入力は割愛）と（右）左のネットワークの R での実装

```
my_model <- keras_model_sequential() %>%
  layer_dense(units = 3, activation = "relu", input_shape = c(4)) %>%
  layer_dense(units = 3, activation = "softmax")
```

```
my_model = models.Sequential()
my_model.add(layers.Dense(units=3, activation='relu', input_shape=[4]))
my_model.add(layers.Dense(units=3, activation='softmax'))
```

　　損失関数を交差エントロピー（sparse_categorical_crossentropy）に

[*7]　2 値分類は，本文のように出力層のニューロン数が 2 個でもできますし，1 個でもできます．1 個にする場合は，出力変数の値は 0 または 1，出力層の活性化関数は sigmoid，損失関数は binary_crossentropy にします．

[*8]　活性化前の i 番目のノードの値を y_i とすると，活性化後のノードの出力は $z_i = \exp(y_i) / \sum_j \exp(y_j)$ とします．これにより，各ノードの出力は 0 以上 1 以下，出力の総計が 1 となります．このように softmax は，出力層のすべてのニューロンへの入力データを使って個々のニューロンの出力値を決めるものなので，ニューロン単独で（「g」で）計算するかのような図 11.2 の描き方は不正確です．

します．最適化器は回帰と同じ RMSProp を使います．訓練時の正解率（accuracy）の変化も記録するようにします．

交差エントロピーについては 11.2.2 項で説明します．訓練では，正解率の最大化ではなく，損失関数の最小化を目指します．

R
```r
my_model %>% compile(loss = "sparse_categorical_crossentropy",
                     optimizer = "rmsprop",
                     metrics = c("accuracy"))
```

Python
```python
my_model.compile(loss='sparse_categorical_crossentropy',
                 optimizer='rmsprop',
                 metrics=['accuracy'])
```

訓練し，損失関数や正解率の変化を可視化します．

R
```r
my_cb <- callback_early_stopping(
  patience = 20,
  restore_best_weights = TRUE)

my_history <- my_model %>%
  fit(x = X,
      y = y,
      validation_split = 0.25,
      batch_size = 10,
      epochs = 500,
      callbacks = list(my_cb),
      verbose = 0)

plot(my_history)
```

Python
```python
my_cb = callbacks.EarlyStopping(
    patience=20,
    restore_best_weights=True)

my_history = my_model.fit(
    x=X,
    y=y,
    validation_split=0.25,
    batch_size=10,
    epochs=500,
    callbacks=[my_cb],
    verbose=0)

tmp = pd.DataFrame(my_history.history)
tmp.plot(xlabel='epoch')
```

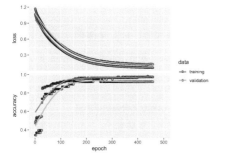

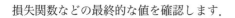

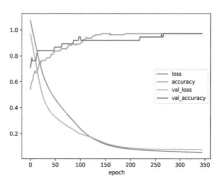

損失関数などの最終的な値を確認します．

参考までに，分類木での正解率（LOOCV）は約 0.95 でした（9.3.3 項）．

R

```
my_history
#> Final epoch (plot to see history):
#>        loss: 0.06206
#>    accuracy: 0.9732
#>    val_loss: 0.1269
#> val_accuracy: 0.9211
```

Python

```
tmp.iloc[-1, ]
#> loss          0.067497
#> accuracy      0.973214
#> val_loss      0.143529
#> val_accuracy  0.921053
```

訓練済みモデルを使った予測の例として，正解率（訓練）を求めます．

R

```
tmp <- my_model %>% predict(X)
y_ <- apply(tmp, 1, which.max) - 1
mean(y_ == y)
#> [1] 0.9666667
```

Python

```
tmp = my_model.predict(X)
y_ = np.argmax(tmp, axis=-1)
(y_ == y).mean()
#> 0.96
```

11.2.2　補足：交差エントロピー

交差エントロピー（cross entropy）は，ニューラルネットワークによる分類
でよく使われる指標です．これまで，分類の成績は正解率で測定してきました．
交差エントロピーは正解率と似ていますが，正解とのずれを，正解率よりも細
かく表現できます．

交差エントロピーと正解率の違いを，**表 11.1** を使って説明します．

表 11.1 には，4 個のインスタンスを分類した結果を二つ（予測例 1, 2）掲載
しています．

確率が最も大きいものが予測カテゴリになるので，予測例 1 の予測カテゴリ
と予測例 2 の予測カテゴリはいずれも 2, 1, 1, 1 です．正解は 2, 1, 0, 1 なの
で，予測例 1 と予測例 2 はいずれも 3 番目の予測に失敗していて，正解率は
$3/4 = 0.75$ です．

しかし，正解に対応する確率（表 11.1 の下線部分）は，予測例 1 では 0.8,
0.7, 0.3, 0.8，予測例 2 では 0.7, 0.6, 0.2, 0.7 で，すべて予測例 1 のほうが大
きいです．ですから，予測例 1 のほうが予測例 2 よりも良い予測をしているよ

表 11.1　正解率は同じだが交差エントロピーは異なる分類結果の例

正解	予測例 1			予測例 2		
	0 の確率	1 の確率	2 の確率	0 の確率	1 の確率	2 の確率
2	0.1	0.1	○ 0.8	0.1	0.2	○ 0.7
1	0.1	○ 0.7	0.2	0.2	○ 0.6	0.2
0	0.3	× 0.4	0.3	0.2	× 0.5	0.3
1	0.1	○ 0.8	0.1	0.2	○ 0.7	0.1

うに見えます.

このことを定量化するのが交差エントロピーです.交差エントロピーは,正解に対応する確率の対数の平均の (-1) 倍です.予測例 1 の交差エントロピーは約 0.5,予測例 2 の交差エントロピーは約 0.7 です.交差エントロピーは小さいほうがよい指標なので,予測例 1 のほうが予測例 2 より良いということになります.

ここで示すコードは説明のためのものです.実践時にこのコードを書く必要はありません.

R

```r
-mean(log(c(0.8, 0.7, 0.3, 0.8)))
#> 0.5017337

-mean(log(c(0.7, 0.6, 0.2, 0.7)))
#> 0.7084034
```

Python

```python
-np.log([0.8, 0.7, 0.3, 0.8]).mean()
#> 0.5017337127232719

-np.log([0.7, 0.6, 0.2, 0.7]).mean()
#> 0.708403356019389
```

予測結果から計算します.

R

```r
y <- c(2, 1, 0, 1)
y_1 <- list(c(0.1, 0.1, 0.8),
            c(0.1, 0.7, 0.2),
            c(0.3, 0.4, 0.3),
            c(0.1, 0.8, 0.1))
y_2 <- list(c(0.1, 0.2, 0.7),
            c(0.2, 0.6, 0.2),
            c(0.2, 0.5, 0.3),
            c(0.2, 0.7, 0.1))
```

Python

```python
y = [2, 1, 0, 1]
y_1 = [[0.1, 0.1, 0.8],
       [0.1, 0.7, 0.2],
       [0.3, 0.4, 0.3],
       [0.1, 0.8, 0.1]]
y_2 = [[0.1, 0.2, 0.7],
       [0.2, 0.6, 0.2],
       [0.2, 0.5, 0.3],
       [0.2, 0.7, 0.1]]
```

R

```r
c(mean(as.array(loss_sparse_categorical_crossentropy(y_true = y, y_pred = y_1))),
  mean(as.array(loss_sparse_categorical_crossentropy(y_true = y, y_pred = y_2))))
#> [1] 0.5017337 0.7084033
```

Python

```python
[losses.sparse_categorical_crossentropy(y_true=y, y_pred=y_1).numpy().mean(),
 losses.sparse_categorical_crossentropy(y_true=y, y_pred=y_2).numpy().mean()]
#> [0.5017337, 0.70840335]
```

MNIST：手書き数字の分類

　手書き数字の画像とそれが表す数字の例を使って学習し，未知の画像を分類します（紙面を節約するために，インスタンス1件を1列で掲載しています）．

image	3	6	4	...	9
label	3	6	4	...	?

MNISTは深層学習界隈ではとても有名なもので，深層学習のパイオニアであるGeoffrey Hintonをして，「機械学習のショウジョウバエ」といわしめるほどです（文献[26]）．その分野の発展に大きく貢献した実験対象だということです．

ここで使うのは，**MNIST**（エムニスト）というデータセットです．

　出力変数は0から9ですが，これらは数値ではなくカテゴリです．$|3-1| < |4-1|$だから「3」は「4」よりも「1」に近い，というようなことはありません．データを0から9のいずれかのカテゴリに「分類」するという意味で，これは教師あり学習の分類です．

　手書き文字の認識のような，人間の感覚（この場合は視覚）で比較的うまく処理できるようなタスクは，深層学習を使うと，他の方法と比べてよい結果になることが多いようです．

2012年頃に始まった第3次人工知能ブームは，画像認識における深層学習の成功がきっかけでした．

　本節ではまずデータの形式を確認します．次に，多層パーセプトロンでMNISTの学習を試み，その結果を性能の目安とします．その後，より複雑なネットワークを試します．

11.3.1　データの形式

MNISTのデータを読み込みます．

Ⓡ

```
library(keras)
library(tidyverse)
c(c(x_train, y_train), c(x_test, y_test)) %<-% dataset_mnist()
```

```Python
import matplotlib.pyplot as plt
import numpy as np
import pandas as pd
import tensorflow as tf
from random import sample
from keras import callbacks, layers, models
from sklearn.metrics import confusion_matrix

(x_train, y_train), (x_test, y_test) = tf.keras.datasets.mnist.load_data()
```

訓練データは 60,000 件，各画像は縦 28 ピクセル，横 28 ピクセルです．　　画像の形式はテストデータ x_test も同様です．

```R
dim(x_train)
#> [1] 60000    28    28
```

```Python
x_train.shape
#> (60000, 28, 28)
```

例として 5 枚目のインスタンスを取り出します．Jupyter Notebook を使っている場合は，次のようにしてコード領域の横幅を広げておきましょう．

```
%%HTML
<style>
    div#notebook-container    { width: 95%; }
    div#menubar-container     { width: 65%; }
    div#maintoolbar-container { width: 99%; }
</style>
```

```R
x_train[5, , ]
```

```Python
np.set_printoptions(linewidth=170)
x_train[4, :, :]
```

掲載しているのは R の結果です．

311

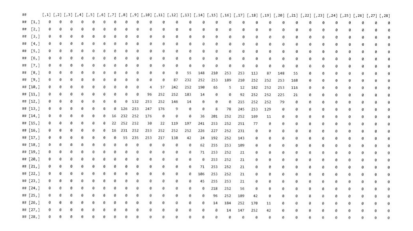

学習には不要ですが，画像として表示させてみます．

R
```
plot(as.raster(x = x_train[5, , ],
               max = max(x_train)))
```

Python
```
plt.matshow(x_train[4, :, :])
```

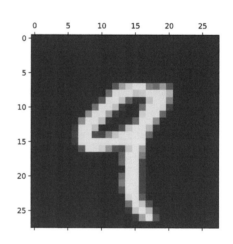

　この画像が表す数字が出力変数（ラベル）で，その値は 0 から 9 の整数です．
訓練データのラベル（y_train）の一部を確認します（テストデータ y_test
も同様です）．

R
```
head(y_train)
#> [1] 5 0 4 1 9 2
```

Python
```
y_train
#> array([5, 0, 4, ..., 5, 6, 8],
#>       dtype=uint8)
```

入力変数の最小値と最大値を確認します.

最も暗い部分が 0, 最も明るい部分が 255 です.

R
```
c(min(x_train), max(x_train))
#> [1]   0 255
```

Python
```
x_train.min(), x_train.max()
#> (0, 255)
```

ニューラルネットワークで学習しやすいように，255 で割って，0 から 1 の数に変換しておきます．このような変換を**正規化**といいます．画素ごとの相対的な明暗が変わってしまうので，列ごとの標準化はしません.

正規化を省略しても，この場合は，学習は成功します.

R
```
x_train <- x_train / 255
x_test  <- x_test  / 255
```

Python
```
x_train = x_train / 255
x_test  = x_test  / 255
```

訓練データは 60,000 件あります．次に試す多層パーセプトロンは大丈夫ですが，後で試す畳み込みニューラルネットワークでは，CPU だけで訓練するとかなり時間がかかります．そこで，次のようにして，利用するデータを 6,000 件に減らします.

R
```
my_index <- sample(1:60000, 6000)
x_train <- x_train[my_index, , ]
y_train <- y_train[my_index]
```

Python
```
my_index = sample(range(60000), 6000)
x_train = x_train[my_index, :, :]
y_train = y_train[my_index]
```

11.3.2 多層パーセプトロン

3 層パーセプトロン（11.2 節）による分類を試みます.

入力層では，2 次元（$28 \times 28 = 784$）のデータを，`layer_flatten` (R) や `layer.Flatten` (Python) で 1 次元に変換します．隠れ層のニューロン数は 256 とします．出力層のニューロン数はカテゴリ数と同じ，つまり 10 です.

R
```
my_model <- keras_model_sequential() %>%
  layer_flatten(input_shape = c(28, 28)) %>%
  layer_dense(units = 256, activation = "relu") %>%
  layer_dense(units = 10, activation = "softmax")
summary(my_model)
# 割愛（Python の結果を参照）

my_model %>% compile(loss = "sparse_categorical_crossentropy",
```

```
                                    optimizer = "rmsprop",
                                    metrics = c("accuracy"))

        my_cb <- callback_early_stopping(patience = 5,
                                         restore_best_weights = TRUE)
```

Python

```
my_model = models.Sequential()
my_model.add(layers.Flatten(input_shape=[28, 28]))
my_model.add(layers.Dense(units=256, activation="relu"))
my_model.add(layers.Dense(units=10, activation="softmax"))

my_model.summary()
#> Model: "sequential"
#> _____
#> Layer (type)                 Output Shape              Param #
#> =================================================================
#> flatten (Flatten)            (None, 784)               0
#> _____
#> dense (Dense)                (None, 256)               200960
#> _____
#> dense_1 (Dense)              (None, 10)                2570
#> =================================================================
#> Total params: 203,530
#> Trainable params: 203,530
#> Non-trainable params: 0
#> _____

my_model.compile(loss='sparse_categorical_crossentropy',
                 optimizer='rmsprop',
                 metrics=['accuracy'])

my_cb = callbacks.EarlyStopping(patience=5, restore_best_weights=True)
```

訓練し，損失関数と正解率の変化を可視化します．

7 回帰1（単回帰）

8 回帰2（重回帰）

9 分類1（多値分類）

10 分類2（2値分類）

11 深層学習と AutoML

12 時系列予測

R
```r
my_history <- my_model %>%
  fit(x = x_train,
      y = y_train,
      validation_split = 0.2,
      batch_size = 128,
      epochs = 20,
      callbacks = list(my_cb),
      verbose = 0)

plot(my_history)
```

Python
```python
my_history = my_model.fit(
    x=x_train,
    y=y_train,
    validation_split=0.2,
    batch_size=128,
    epochs=20,
    callbacks=[my_cb],
    verbose=0)

tmp = pd.DataFrame(my_history.history)
tmp.plot(xlabel='epoch', style='o-')
```

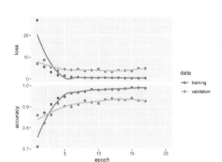

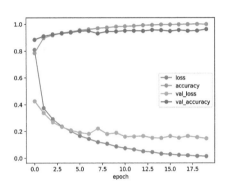

テストデータを分類し，混同行列を作ります（対角線上以外の数は小さいので，予測性能は良さそうに見えます）．

R
```r
tmp <- my_model %>% predict(x_test)
y_ <- apply(tmp, 1, which.max) - 1
table(y_, y_test)
```

Python
```python
tmp = my_model.predict(x_test)
y_ = np.argmax(tmp, axis=-1)
confusion_matrix(y_true=y_test,
                 y_pred=y_)
```

R
```
#>    y_test
#> y_    0    1    2    3    4    5    6    7    8    9
#> 0   962    0    8    2    0    6   11    0    8   11
#> 1     0 1110    1    0    3    1    3    8    2    4
#> 2     0    5  959   13    4    4    2   16    6    1
#> 3     1    1   22  958    1   27    0    7   33   13
#> 4     2    0    6    1  905    8    6    6    3   14
#> 5     5    2    0   12    1  809    9    1   15    4
#> 6     6    3    8    0    8   11  922    0    5    1
#> 7     1    1    7    7    1    2    0  963    4    8
```

R では行ラベルが予測結果，列ラベルが正解です．Python では列ラベルが予測結果，行ラベルが正解です．

```
#>  8    2   13   19   13    4   16    5    0  890    5
#>  9    1    0    2    4   55    8    0   27    8  948
```

Python
```
#> [[ 962    0    2    1    1    2    7    1    2    2]
#>  [   0 1123    4    0    0    1    3    0    4    0]
#>  [  11    4  954   11    6    2    7    9   26    2]
#>  [   3    0   20  930    2   12    2   11   21    9]
#>  [   1    1    7    0  927    1   11    1    5   28]
#>  [  10    1    3   16    4  812   11    7   24    4]
#>  [   9    3    4    0    9   10  919    0    4    0]
#>  [   3    6   17    4   11    0    0  965    2   20]
#>  [   8    4    6   12    6    9    9    7  901   12]
#>  [   9    8    0    8   31    4    1   14    7  927]]
```

正解率（テスト）を求めます.

R
```
mean(y_ == y_test)
#> [1] 0.9426000
```

Python
```
(y_ == y_test).mean()
#> 0.942
```

予測結果や混同行列が不要な場合は，次のようにして正解率（テスト）を得ます.

R
```
my_model %>%
  evaluate(x = x_test, y = y_test)
#>      loss  accuracy
#> 0.2071411 0.9426000
```

Python
```
my_model.evaluate(x=x_test, y=y_test)
#> [0.20125965774059296,
#>  0.9419999718666077]
```

11.3.3　畳み込みニューラルネットワーク（CNN）

畳み込みニューラルネットワーク（convolutional neural network, **CNN**)
は，畳み込みという処理を利用するネットワークの総称です．CNN の基本的
な構造は次のようなものです（2 と 3 は複数回使われることもあります）.

1. 入力層
2. 畳み込み層
3. プーリング層
4. 全結合層

5. 出力層

CNN で画像認識を行う際は，入力層はこれまでのようなピクセルを数値化して 1 列に並べたものではなく，2 次元のデータをそのまま入力できる形にします．本章で扱っているのは縦横 28 ピクセル，1 色（1 チャンネル）のデータなので，(28, 28, 1) という形式になります．

畳み込み層（convolutional layer）では，**図 11.3** のような処理を行います．

「畳み込み層」という用語が，畳み込み処理を行う層とプーリング層（後述）を合わせたものを指す場合と，畳み込み処理を行う層のみを指す場合があります．本書では後者を採用しています．

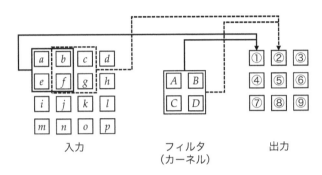

入力　　　　フィルタ　　　　出力
　　　　　（カーネル）

図 11.3　**畳み込み処理の概要．実線の矢印のように，入力の左上からフィルタ（ここでは 2 行 2 列）と同サイズの要素を取り出す．各要素にフィルタの値をかけ，全体の合計を出力とする．つまり，① $= aA + bB + eC + fD$ となる．点線のように対象領域を右にずらし，同様の計算をすると，② $= bA + cB + fC + gD$ となる．以下同様に，③ $= cA + dB + gC + hD$，④ $= eA + fB + iC + jD, \cdots$ となる．いずれも最後にフィルタごとに決まった定数を足して，活性化関数を作用させる．**

図 11.3 に描いているのは 2 行 2 列のフィルタ（またはカーネル）による畳み込み処理の様子です．4 行 4 列のデータを入力すると，図のような処理によって，3 行 3 列の結果が出力されます．図 11.3 では 1 枚しか描いていませんが，フィルタは複数枚使われることが多いです．フィルタのサイズや数はユーザが指定します．

プーリング層（pooling layer）では**図 11.4** のような処理を行います[9]．

図 11.4 は，サイズが 2×2，ストライドが 2 の場合のプーリングの様子です．4 行 4 列のデータを入力すると，図のような処理によって，2 行 2 列の結果が出力されます．サイズやストライドはユーザが指定します．

ストライドはサイズと同じにすることが多いです．Keras では，ストライドの指定を省略すると，ストライドはサイズと同じになります．

畳み込み層とプーリング層によって画像の局所的な特徴が捉えられ，それらの特徴の情報が，次の全結合層によって，望ましい出力形式に変換されると考えられています．

訓練データ（`x_train`）とテストデータ（`x_test`）を CNN に入力できる形式（インスタンス数, 28, 28, 1）に変換します．

---

[9]　ここで紹介した最大値プーリングの他に，決まった範囲の平均をとる平均値プーリングなど，別のプーリング法もあります．

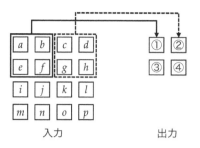

図 11.4　プーリングの概要．実線の矢印のように，決まったサイズの範囲（ここでは 2 行 2 列）の要素の最大値を出力する．つまり，① $= \max(a, b, e, f)$ となる．次に，点線のように対象領域を右にずらし（ストライドが 2 の場合），同様の計算をすると，② $= \max(c, d, g, h)$ となる．以下同様に，③ $= \max(i, j, m, n)$，④ $= \max(k, l, o, p)$ となる．

「-1」の部分は自動的に決まります．

```r
x_train2d <- x_train %>% array_reshape(c(-1, 28, 28, 1))
x_test2d  <- x_test  %>% array_reshape(c(-1, 28, 28, 1))
```

Python

```python
x_train2d = x_train.reshape(-1, 28, 28, 1)
x_test2d = x_test.reshape(-1, 28, 28, 1)
```

11.3.3.1　単純な CNN

入力層，畳み込み層，プーリング層，全結合層，出力層からなる CNN を構築します．入力層の形式は $(28, 28, 1)$ です．畳み込み層のフィルタ数は 32，カーネルサイズは 3 行 3 列とします．プーリング層のサイズは 2 行 2 列です．記述を省略しているので，ストライドはサイズと同じ 2 になります．プーリング層の出力は 2 次元，その次の全結合層（ニューロンは 128 個）の入力は 1 次元なので，プーリング層と全結合層をつなぐ際には，2 次元データを 1 次元データに変換するための層である layer_flatten（R）や layer.Flatten（Python）が必要です．最後の出力層はこれまでと同じです．活性化関数はすべて ReLU とします．

R

```r
my_model <- keras_model_sequential() %>%
  layer_conv_2d(filters = 32, kernel_size = 3,  # 畳み込み層
                activation = "relu",
                input_shape = c(28, 28, 1)) %>%
  layer_max_pooling_2d(pool_size = 2) %>%        # プーリング層
  layer_flatten() %>%
  layer_dense(units = 128, activation = "relu") %>%
```

```
        layer_dense(units = 10, activation = "softmax")

summary(my_model)
# 割愛（Python の結果を参照）

my_model %>% compile(loss = "sparse_categorical_crossentropy",
                     optimizer = "rmsprop",
                     metrics = c("accuracy"))

my_cb <- callback_early_stopping(patience = 5,
                                 restore_best_weights = TRUE)
```

Python

```
my_model = models.Sequential()
my_model.add(layers.Conv2D(filters=32, kernel_size=3, # 畳み込み層
                           activation='relu',
                           input_shape=[28, 28, 1]))
my_model.add(layers.MaxPooling2D(pool_size=2))        # プーリング層
my_model.add(layers.Flatten())
my_model.add(layers.Dense(128, activation='relu'))
my_model.add(layers.Dense(10, activation='softmax'))

my_model.summary()
#> Model: "sequential"
#> _____
#> Layer (type)                 Output Shape              Param #
#> =================================================================
#> conv2d (Conv2D)              (None, 26, 26, 32)        320
#> _____
#> max_pooling2d (MaxPooling2D) (None, 13, 13, 32)        0
#> _____
#> flatten (Flatten)            (None, 5408)              0
#> _____
#> dense (Dense)                (None, 128)               692352
#> _____
#> dense_1 (Dense)              (None, 10)                1290
#> =================================================================
#> Total params: 693,962
#> Trainable params: 693,962
#> Non-trainable params: 0
#> _____

my_model.compile(loss='sparse_categorical_crossentropy',
                 optimizer='rmsprop',
                 metrics=['accuracy'])

from keras.callbacks import EarlyStopping
my_cb = EarlyStopping(patience=5,
                      restore_best_weights=True)
```

693,962 というパラメータ数は，深層学習では少ないほうです．2012 年に深層学習のブームが起こした AlexNet（画像認識のためのネットワーク）には約 600 万個，2020 年に発表された GPT-3（自然言語処理のためのネットワーク）には約 1,750 億個のパラメータがあります．深層学習には，「パラメータが多く複雑なモデルは過学習のせいで性能が落ちる」という原則があてはまらないように見えるのですが，その理由はまだよくわかっていません（文献 [28] を参照）．

summary の結果は次のように読みます．

1. 入力は縦横 28 ピクセル，1 チャンネル画像である（記載なし）．畳み込み層には 3 行 3 列のカーネルが 32 枚ある．図 11.3 のような処理による出力は (None, 26, 26, 32) となる．None の部分はバッチサイズで，訓練時に決まる．訓練で調整されるパラメータは $(3 \times 3 + 1) \times 32 = 320$ 個である（「+1」はフィルタごとの定数の分）．

2. プーリングのサイズは 2．ストライドは指定しなかったためサイズと同じ 2 になる（記載なし）．図 11.4 のような処理による出力は (None, 13, 13, 32) となる．

3. プーリング層の出力には $13 \times 13 \times 32 = 5,408$ 個の数値がある．全結合層につなげるためにこれらを 1 列に並べた結果は（None, 5408）となる．

4. 全結合層には 128 個のニューロンがあるから，出力は (None, 128) となる．前の層には 5,408 個のニューロンがあるから，層の間にはエッジが $(5408 + 1) \times 128 = 692,352$ 本ある（「+1」はニューロンごとの定数の分）．

5. 出力層（全結合層）には 10 個のニューロンがあるから，出力は (None, 10) となる．前の層には 128 個のニューロンがあるから，層の間にはエッジが $(128 + 1) \times 10 = 1,290$ 本ある（「+1」はニューロンごとの定数）．

訓練，テストの方法は多層パーセプトロンの場合と同じです．

R

```
my_history <- my_model %>%
  fit(x = x_train2d,
      y = y_train,
      validation_split = 0.2,
      batch_size = 128,
      epochs = 20,
      callbacks = list(my_cb),
      verbose = 0)

plot(my_history)
```

Python

```
my_history = my_model.fit(
    x=x_train2d,
    y=y_train,
    validation_split=0.2,
    batch_size=128,
    epochs=20,
    callbacks=my_cb,
    verbose=0)

tmp = pd.DataFrame(my_history.history)
tmp.plot(xlabel='epoch', style='o-')
```

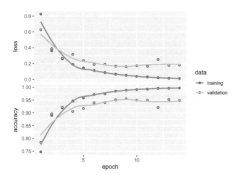

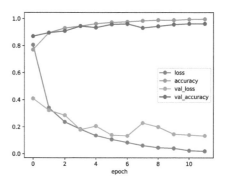

正解率（テスト）を求めます．

R
```
my_model %>%
  evaluate(x = x_test2d, y = y_test)
#>       loss  accuracy
#> 0.1392894 0.9607000
```

Python
```
my_model.evaluate(x=x_test2d, y=y_test)
#> [0.1359061449766159,
#>  0.9581000208854675]
```

> layer_dropout （R）や layers.Dropout （Python）では，一定の割合のニューロンの出力が 0 になります．これにより，過学習を避けることが期待されます．ただし，出力を 0 にするのは訓練中のみで，対象とするニューロンはネットワークの更新ごとにランダムに選ばれます．

11.3.3.2 LeNet

CNN のパイオニア的な存在である **LeNet**（文献 [29]）を試します．

R
```
my_model <- keras_model_sequential() %>%
  layer_conv_2d(filters = 20, kernel_size = 5, activation = "relu",
                input_shape = c(28, 28, 1)) %>%
  layer_max_pooling_2d(pool_size = 2, strides = 2) %>%
  layer_conv_2d(filters = 50, kernel_size = 5, activation = "relu") %>%
  layer_max_pooling_2d(pool_size = 2, strides = 2) %>%
  layer_dropout(rate = 0.25) %>%
  layer_flatten() %>%
  layer_dense(units = 500, activation = "relu") %>%
  layer_dropout(rate = 0.5) %>%
  layer_dense(units = 10, activation = "softmax")

my_model %>% compile(
  loss = "sparse_categorical_crossentropy",
  optimizer = "rmsprop",
  metrics = c("accuracy"))

my_cb <- callback_early_stopping(patience = 5,
                                 restore_best_weights = TRUE)
```

Python

```python
my_model = models.Sequential()
my_model.add(layers.Conv2D(filters=20, kernel_size=5, activation='relu',
                           input_shape=(28, 28, 1)))
my_model.add(layers.MaxPooling2D(pool_size=2, strides=2))
my_model.add(layers.Conv2D(filters=20, kernel_size=5, activation='relu'))
my_model.add(layers.MaxPooling2D(pool_size=2, strides=2))
my_model.add(layers.Dropout(rate=0.25))
my_model.add(layers.Flatten())
my_model.add(layers.Dense(500, activation='relu'))
my_model.add(layers.Dropout(rate=0.5))
my_model.add(layers.Dense(10, activation='softmax'))

my_model.compile(loss='sparse_categorical_crossentropy',
                 optimizer='rmsprop',
                 metrics=['accuracy'])

my_cb = callbacks.EarlyStopping(patience=5,
                                restore_best_weights=True)
```

訓練，テスト方法はこれまでと同じです．

R

```r
my_history <- my_model %>%
  fit(x = x_train2d,
      y = y_train,
      validation_split = 0.2,
      batch_size = 128,
      epochs = 20,
      callbacks = list(my_cb),
      verbose = 0)

plot(my_history)
```

Python

```python
my_history = my_model.fit(
    x=x_train2d,
    y=y_train,
    validation_split=0.2,
    batch_size=128,
    epochs=20,
    callbacks=my_cb,
    verbose=0)

tmp = pd.DataFrame(my_history.history)
tmp.plot(xlabel='epoch', style='o-')
```

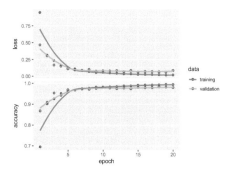

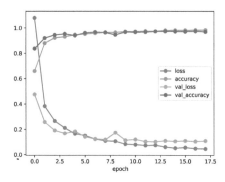

正解率（テスト）を求めます．

<table>
<tr><td>

R

```
my_model %>%
  evaluate(x = x_test2d, y = y_test)
#>      loss  accuracy
#> 0.07309694 0.98060000
```

</td><td>

Python

```
my_model.evaluate(x=x_test2d, y=y_test)
#> [0.06491111218929291,
#>  0.9797000288963318]
```

</td></tr>
</table>

11.3.3.3　補足：LeNet が自信満々で間違う例

　3種類のネットワーク（多層パーセプトロン，CNN，LeNet）の中では LeNet の正解率（テスト）が最高でしたが，100％ではありません．ここで，LeNet が自信満々で間違う例を見てみましょう．

　各カテゴリに属する確率 my_prob を計算します．確率の最大値になるところが予測カテゴリです．確率の最大値，予測カテゴリ，正解をデータフレームにまとめ，予測がはずれたものだけを取り出し，確率の大きい順に並べます．

R

```
y_prob <- my_model %>% predict(x_test2d) # カテゴリに属する確率

my_result <- data.frame(
  y_prob = apply(y_prob, 1, max),         # 確率の最大値
  y_    = apply(y_prob, 1, which.max) - 1, # 予測カテゴリ
  y     = y_test,                          # 正解
  id    = seq_len(length(y_test))) %>%     # 番号
  filter(y_ != y) %>%                      # 予測がはずれたものを残す
  arrange(desc(y_prob))                    # 確率の大きい順に並べ替える
```

Python

```
y_prob = my_model.predict(x_test2d)                     # カテゴリに属する確率

tmp = pd.DataFrame({
    'y_prob': np.max(y_prob, axis=1),                   # 確率の最大値
    'y_': np.argmax(y_prob, axis=1),                    # 予測カテゴリ
    'y': y_test,                                        # 正解
    'id': range(len(y_test))})                          # 番号

tmp = tmp[tmp.y_ != tmp.y]                              # 予測がはずれたものを残す
my_result = tmp.sort_values('y_prob', ascending=False) # 確率の大きい順に並べ替える
```

結果を確認します．

R

```
head(my_result)
#>          y_prob y_ y   id
#> 1 0.9998116  9  4 2131
#> 2 0.9988768  6  5 9730
#> 3 0.9986107  3  5 2598
#> 4 0.9971705  3  5 2036
#> 5 0.9888211  1  6 2655
#> 6 0.9857675  0  6 2119
```

Python

```
my_result.head()
#>           y_prob  y_  y    id
#> 2654  0.999997   1   6  2654
#> 1232  0.999988   4   9  1232
#> 3520  0.999926   4   6  3520
#> 9729  0.999881   6   5  9729
#> 2896  0.999765   0   8  2896
```

R: この結果の 1 番目は，「id が 2131 の画像は，9 だと予測したが，正解は 4 だった」と読みます．

P: この結果の 1 番目は，「id が 2654 の画像は，1 だと予測したが，正解は 6 だった」と読みます．

画像の上のラベルは「正解 (id)」です．R の結果と Python の結果で，画像が同じなのに id が違うのは，R では 1 から，Python では 0 から数えた番号を id としているからです．

画像を表示します．間違ってもしょうがないと思えるものもあります．

R

```
tmp <- my_result[1:5, ]$id
my_labels <- sprintf("%s (%s)",
  my_result[1:5, ]$y, tmp)
my_fig <- expand.grid(
  label = my_labels,
  y = 28:1,
  x = 1:28)
my_fig$z <- as.vector(
  x_test[tmp, , ])

my_fig %>% ggplot(
  aes(x = x, y = y, fill = z)) +
  geom_raster() +
  coord_fixed() +
  theme_void() +
  theme(legend.position = "none") +
  facet_grid(. ~ label)
```

Python

```
for i in range(5):
    plt.subplot(1, 5, i + 1)
    ans = my_result['y'].iloc[i]
    id = my_result['id'].iloc[i]
    plt.title(f'{ans} ({id})')
    plt.imshow(x_test[id])
    plt.axis('off')
```

4 (2131)　5 (9730)　5 (2598)　5 (2036)　6 (2655)

6 (2654)　9 (1232)　6 (3520)　5 (9729)　8 (2896)

AutoML

本節の目標

複数の教師あり学習アルゴリズムを自動的に比較する **AutoML** を試します.

これまで行ってきた教師あり学習（回帰・分類）では，次のような作業が必要でした.

1. 手法（線形回帰分析，K 最近傍法，ニューラルネットワーク，分類木，ランダムフォレスト，ブースティング，ロジスティック回帰）を決める.
2. データの形式を整える.
3. パラメータを設定もしくはチューニングする（7.7 節）.
4. 必要なら，入力変数を標準化する（8.3 節）.
5. 必要なら，欠損を補完する（9.5 節）.
6. 必要なら，入力変数をワンホットエンコーディングで変換する（10.3 節）.

パラメータチューニング（7.7 節）では，複数のパラメータを試して，RMSE（検証）や正解率（検証）が最良になるものを採用していました.

AutoML では，この考え方を，上の作業全体に適用します. つまり，さまざまな手法を試して，RMSE（検証）や正解率（検証）が最良になるものを採用するのです. ユーザがしなければならないのは，「回帰または分類用にデータの形式を整えること」だけになります.

AutoML の実現方法は複数ありますが，ここでは，R と Python の両方で使える **H2O**[*10] を試します.

> 「全自動の方法だけあればいい」と思うかもしれませんが，教師あり学習の基本を知らずに AutoML を使うのは難しいでしょう. また，AutoML は手軽ではありますが，必ずしも高性能のモデルができるわけではありません. そもそも，基本を知らずに性能を判断するのは難しいでしょう.

11.4.1　H2O の起動と停止

H2O を起動します.

> no_progress() で計算中に出るプログラスバーを非表示にしています.

---

*10　http://docs.h2o.ai/#h2o

R

```
library(h2o)
library(keras)
library(tidyverse)

h2o.init()
h2o.no_progress()
# h2o.shutdown(prompt = FALSE) # 停止
```

Python

```
import h2o
import pandas as pd
import tensorflow as tf
from h2o.automl import H2OAutoML
from random import sample

h2o.init()
h2o.no_progress()
# h2o.cluster().shutdown() # 停止
```

　R と Python の両方で H2O を起動しようとすると，バージョンが合わないせいで失敗することがあります．そういう場合は，R で起動したものを `h2o.shutdown` で停止させるか，Python で起動したものを `h2o.cluster().shutdown` で停止させます．

　H2O には**図 11.5** のようなウェブアプリもあります．ウェブアプリには，H2O についてよく知らなくてもマウスクリックで処理が進められるという利点があります．その一方で，同じような処理を反復したり，作業を人に伝えたりするのは面倒です．たとえば，この後で紹介する AutoML の使い方を説明するためには，画面キャプチャをたくさんしたり，動画を作ったりしなければならないでしょう．ですから，本書ではウェブアプリではなく，R や Python で H2O

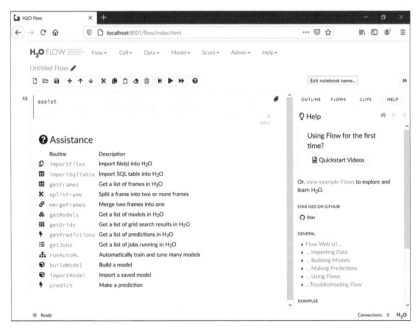

図 11.5　H2O のウェブアプリ

を使います.

11.4.2　H2O のデータフレーム

H2O を使うためには,通常のデータフレームではなく,H2O 専用のデータフレーム（H2OFrame）が必要です.H2OFrame は,通常のデータフレームを変換するか,専用のデータ読み込み関数で作ります.

次項で使うワインのデータを例に,H2OFrame を作る方法を説明します.

ファイル名や URL から H2OFrame を作る際の引数 header は,1 行目をラベルにするためのものです.これを省略すると,1 行目がラベルかどうかが推測されます.

R

```
my_url <- str_c("https://raw.githubusercontent.com/taroyabuki",
                "/fromzero/master/data/wine.csv")
my_data <- read_csv(my_url)
my_frame <- as.h2o(my_data) # 通常のデータフレームをH2OFrame に変換する
# あるいは
my_frame <- h2o.importFile(my_url, header = TRUE) # データを読み込む
```

Python

```
my_url = ('https://raw.githubusercontent.com/taroyabuki'
          '/fromzero/master/data/wine.csv')
my_data = pd.read_csv(my_url)
my_frame = h2o.H2OFrame(my_data) # 通常のデータフレームをH2OFrame に変換する
# あるいは
my_frame = h2o.import_file(my_url, header=1) # データを読み込む
```

作った H2OFrame を確認してから,通常のデータフレームに戻します.

R

```
my_frame
#>    LPRICE2 WRAIN DEGREES HRAIN ...
#> 1 -0.99868   600 17.1167   160 ...
#> 2 -0.45440   690 16.7333    80 ...
#> 3 -0.80796   502 17.1500   130 ...
#> 4 -1.50926   420 16.1333   110 ...
#> 5 -1.71655   582 16.4167   187 ...
#> 6 -0.41800   485 17.4833   187 ...
#>
#> [27 rows x 5 columns]

# 通常のデータフレームに戻す
my_frame %>% as.data.frame %>% head
# 結果は割愛（見た目は同じ）
```

Python

```
my_frame.head(5)
#>    LPRICE2     WRAIN    DEGREES   ...
#> ---------  -------  ---------   ...
#>  -0.99868      600    17.1167   ...
#>  -0.4544       690    16.7333   ...
#>  -0.80796      502    17.15     ...
#>  -1.50926      420    16.1333   ...
#>  -1.71655      582    16.4167   ...

# 通常のデータフレームに戻す
h2o.as_list(my_frame).head()
# 結果は割愛（見た目は同じ）
```

11.4.3　AutoML による回帰

第 8 章で行ったワインのデータを使った回帰を行います.

H2OFrame はすでにできているので, さっそく訓練します. 訓練の際には,
出力変数名, H2OFrame, 訓練時間（秒）を指定します.

訓練時間のデフォルトは
3,600 秒です.

R
```
my_model <- h2o.automl(
    y = "LPRICE2",
    training_frame = my_frame,
    max_runtime_secs = 60)
```

Python
```
my_model = H2OAutoML(
    max_runtime_secs=60)
my_model.train(
    y='LPRICE2',
    training_frame=my_frame)
```

参考までに, 線形回帰分析で
の RMSE（LOOCV）は約
0.32 でした（8.2 節）. 性
能がよくない場合は訓練時間
（max_runtime_secs）を増
やしてみてください. そうい
う判断のためには, AutoML
以外の手法も結局は必要かも
しれません.

RMSE（検証）を求めます[11].

R
```
min(my_model@leaderboard$rmse)
#> [1] 0.2922861
```

Python
```
my_model.leaderboard['rmse'].min()
#> 0.2704643402377778
```

AutoML の結果をそのまま受
け入れるのではなく, RMSE
（検証）や訓練データの再現
結果を見て, 訓練がうまく行
っていることを確認すること
をお勧めします.

訓練済みのモデルを使って, predict で予測します. 構文はこれまでと同じ
ですが, 引数は H2OFrame です. 例として, 訓練データを再現し, 正解と予
測結果の散布図を描きます.

R
```
tmp <- my_model %>%
  predict(my_frame) %>%
  as.data.frame
y_ <- tmp$predict
y  <- my_data$LPRICE2

plot(y, y_)
```

Python
```
tmp = h2o.as_list(
    my_model.predict(my_frame))

pd.DataFrame({
    'y': my_data['LPRICE2'],
    'y_': tmp['predict']}
).plot('y', 'y_', kind='scatter')
```

---

*11　RMSE（検証）は 5 分割交差検証の結果です. 分割数は訓練時に引数 nfolds で指定できます.

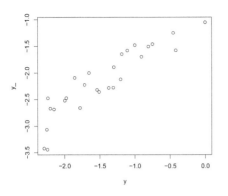
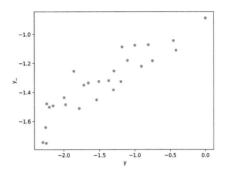

11.4.4 AutoML による分類

MNIST の学習（11.3 節）を試します.

R

```
c(c(x_train, y_train), c(x_test, y_test)) %<-% dataset_mnist()
my_index <- sample(1:60000, 6000)
x_train <- x_train[my_index, , ]
y_train <- y_train[my_index]
```

Python

```
(x_train, y_train), (x_test, y_test) = tf.keras.datasets.mnist.load_data()
my_index = sample(range(60000), 6000)
x_train = x_train[my_index, :, :]
y_train = y_train[my_index]
```

　Keras で読み込んだ MNIST のデータは，1 件が 28 行 28 列で表現されてい
ます．これを，1 件が 1 行（$28 \times 28 = 784$ 要素）で表現されるように変換し
ます．さらに，出力変数がカテゴリ（factor）であることを明示します.

出力変数が数値のままだと，
回帰なのか分類なのかが判断
できません.

R

```
tmp <- x_train %>%
  array_reshape(c(-1, 28 * 28)) %>%
  as.data.frame
tmp$y <- as.factor(y_train)
my_train <- as.h2o(tmp)

tmp <- x_test %>%
  array_reshape(c(-1, 28 * 28)) %>%
  as.data.frame
my_test <- as.h2o(tmp)
```

Python

```
tmp = pd.DataFrame(
    x_train.reshape(-1, 28 * 28))
y = 'y'
tmp[y] = y_train
my_train = h2o.H2OFrame(tmp)
my_train[y] = my_train[y].asfactor()

tmp = pd.DataFrame(
    x_test.reshape(-1, 28 * 28))
my_test = h2o.H2OFrame(tmp)
```

訓練します.

R
```
my_model <- h2o.automl(
    y = "y",
    training_frame = my_train,
    max_runtime_secs = 120)
```

Python
```
my_model = H2OAutoML(
    max_runtime_secs=120)
my_model.train(
    y=y,
    training_frame=my_train)
```

数字ごとの誤分類率（検証）を確認します.

R
```
min(my_model@leaderboard$
    mean_per_class_error)
#> [1] 0.0806190885648608
```

Python
```
my_model.leaderboard[
    'mean_per_class_error'].min()
#> 0.06803754348177862
```

参考までに，LeNet での
正解率は約 0.98 でした
（11.3.3.2 目）．

テストデータに対して予測し，正解率（テスト）を求めます.

R
```
tmp <- my_model %>%
  predict(my_test) %>% as.data.frame
y_ <- tmp$predict

mean(y_ == y_test)
#> [1] 0.9306
```

Python
```
tmp = h2o.as_list(
    my_model.predict(my_test))
y_ = tmp.predict

(y_ == y_test).mean()
#> 0.938
```

第**12**章

時系列予測

　本章では，**時系列データ**の予測を行います．時系列データは，表形式で表現されるという点では，これまでと同じですが，表の各行が独立ではなく，その順番に意味がある点で，これまでとは違います．

本章の内容

- 12.1　日時と日時の列
- 12.2　時系列データの予測

日時と日時の列

時系列データを扱うための準備として，次の 2 点を確認します．

1. 日時（例：2021 年 1 月 1 日）の表現方法
2. 等間隔の日時（例：2021 年 1 月，2021 年 2 月，2021 年 3 月）の表現方法

12.1.1 日時

日時は「日付と時刻」のことですが，誤解の恐れがない場合は，日付のみ，あるいは時刻のみの場合も「日時」ということにします．

「2021-01-01」という文字列は，人間の目には「2021 年 1 月 1 日」を表しているように見えますが，コンピュータにとっては単なる文字列です．**日時**として処理するためには，日時であることを明示しなければなりません．

「2021-01-01」という文字列を日時に変換します．

```r
as.POSIXct("2021-01-01")
#> [1] "2021-01-01 JST"
```

Python

```python
import pandas as pd
pd.to_datetime('2020-01-01')
#> Timestamp('2020-01-01 00:00:00')
```

R:「JST」は日本時間のことです．このようなタイムゾーンの設定には，本書ではこだわりません．

R も Python も，「年」はふつうの整数で表現できる場合が多いでしょう．ただし，西暦には 0 年がなく，−1（紀元前 1 年）の次は 1 になることに注意してください．

「日時」の表現方法を**表 12.1** と**表 12.2** に掲載します．「%Y」や「%Y%m」は，日時の形式を指示するためのものです．年月日時分秒の順に，%Y, %m, %d, %H, %M, %S となります．形式の指定は省略しても大丈夫なことが多いです（表 12.1 と表 12.2 では，省略するとうまく行かない場合にのみ，この指示を書いています）．

表 12.1 R の「日時」

種類	例	作り方
年	2021	2021 （ふつうの整数）
		`as.integer("2021")` （ふつうの整数）
年月	2021 年 1 月	`yearmonth("2021/01")`
		`yearmonth("2020-01")`
年月日	2021 年 1 月 1 日	`as.POSIXct("20210101", format = "%Y%m%d")`
		`as.POSIXct("2021/01/01")`
		`as.POSIXct("2021-01-01")`
日時	2021 年 1 月 1 日 12:00:00	`as.POSIXct("2021/01/01 12:00:00")`

表 12.2 Python の「日時」

種類	例	作り方
年	2021	2021 （ふつうの整数）
		`int('2021')` （ふつうの整数）
		`pd.to_datetime('2021', format='%Y')`
年月	2021 年 1 月	`pd.to_datetime('202101', format='%Y%m')`
		`pd.to_datetime('2021/01')`
		`pd.to_datetime('2021-01')`
年月日	2021 年 1 月 1 日	`pd.to_datetime('20210101')`
		`pd.to_datetime('2021/01/01')`
		`pd.to_datetime('2021-01-01')`
日時	2021 年 1 月 1 日 12:00:00	`pd.to_datetime('2021/01/01 12:00:00')`

12.1.2 等間隔の日時

R: 等間隔の日時の列を `seq(from = 開始日時, to = 終了日時, by = 間隔)` で作ります．開始日時と終了日時は，`as.POSIXct` で指定します．年と年月の間隔は数値で，年月日と日時の間隔は `day` や `hour` などの英単語を使って指定します．

例として，年，月（2 ヶ月間隔），日，時間（2 時間間隔）の列を作ります[*1]．

---

*1 R: 統一感がないのは，等間隔だと見なされるようにするためです．たとえば，`yearmonth("202101")`，`yearmonth("202102")`，`yearmonth("202103")` は等間隔と見なされますが，`as.POSIXct("2021/01/01")`，`as.POSIXct("2021/02/01")`，`as.POSIXct("2021/03/01")` は等間隔とは見なされません．

7 回帰1（単回帰）

8 回帰2（重回帰）

9 分類1（多値分類）

10 分類2（2値分類）

11 深層学習とAutoML

12 時系列予測

ⓡ

```r
library(tsibble)

seq(from = 2021, to = 2023, by = 1)
#> [1] 2021 2022 2023

seq(from = yearmonth("202101"), to = yearmonth("202103"), by = 2)
#> <yearmonth[2]>
#> [1] "2021 1" "2021 3"

seq(from = as.POSIXct("2021-01-01"), to = as.POSIXct("2021-01-03"), by = "1 day")
#> [1] "2021-01-01 JST" "2021-01-02 JST" "2021-01-03 JST"

seq(from = as.POSIXct("2021-01-01 00:00:00"),
    to  = as.POSIXct("2021-01-01 03:00:00"), by = "2 hour")
#> [1] "2021-01-01 00:00:00 JST" "2021-01-01 02:00:00 JST"
```

R: 数値が 1 なら省略でき
ます（例：「1 hour」でな
く「hour」）．数値が 2 以
上の場合は英単語を複数形に
してもかまいません（例「2
hours」）．

P: 等間隔の日時の列を pd.date_range(start=開始日時，end=終了日時，freq=
間隔) で作ります．間隔は A （年），M （月），D （日），H （時），T （分），S
（秒）を使って指定します．A や M の後に S を付けると，対応する最初の日になりま
す（AS なら各年の 1 月 1 日，MS なら各月の 1 日）．

例として，年，月（2 ヶ月間隔），日，時間（2 時間間隔）の列を作ります．

Python

```python
pd.date_range(start='2021-01-01', end='2023-01-01', freq='1A')
#> DatetimeIndex(['2021-12-31', '2022-12-31'],
#>               dtype='datetime64[ns]', freq='A-DEC')


pd.date_range(start='2021-01-01', end='2023-01-01', freq='1AS')
#> DatetimeIndex(['2021-01-01', '2022-01-01', '2023-01-01'],
#>               dtype='datetime64[ns]', freq='AS-JAN')


pd.date_range(start='2021-01-01', end='2021-03-01', freq='2M')
#> DatetimeIndex(['2021-01-31'], dtype='datetime64[ns]', freq='2M')


pd.date_range(start='2021-01-01', end='2021-03-01', freq='2MS')
#> DatetimeIndex(['2021-01-01', '2021-03-01'],
#>               dtype='datetime64[ns]', freq='2MS')


pd.date_range(start='2021-01-01', end='2021-01-03', freq='1D')
#> DatetimeIndex(['2021-01-01', '2021-01-02', '2021-01-03'],
#>               dtype='datetime64[ns]', freq='D')


pd.date_range(start='2021-01-01 00:00:00', end='2021-01-01 03:00:00'
    , freq='2H')
#> DatetimeIndex(['2021-01-01 00:00:00', '2021-01-01 02:00:00'],
#>               dtype='datetime64[ns]', freq='2H')
```

本節の目標

　1949 年 1 月から 1960 年 12 月までの，1 ヶ月ごとの航空機の利用客数のデータがあります．1949 年 1 月から 1957 年 12 月までのデータを使って学習し，1958 年 1 月から 1960 年 12 月までの利用客数を予測します．

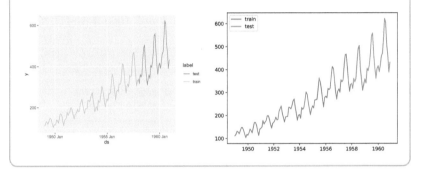

ここで紹介する方法は，次のことを仮定して使います．

- 日時は等間隔とする．1 ヶ月の長さは厳密には年月によって異なるが，ここではすべて同じと見なす．
- 時系列は 1 系列のみとする[*2]．

データを準備してから，次の 3 手法を試します．

1. 線形回帰分析（12.2.2 項）
2. SARIMA（12.2.3 項）
3. Prophet（12.2.4 項）

12.2.1　データの準備

本節で使うデータは，R でも Python でも，1 次元データとして用意されて

---

*2　たとえば，捕食者と被食者の数の時間変化を調べるなら，捕食者と被食者という 2 系列を使うのが自然でしょう．ここではそういう状況のことは考慮しないということです．

います．応用しやすいように，`my_data` という名前を付けて使います[*3]．

R
```
my_data <- as.vector(AirPassengers)
```

Python
```
import matplotlib.pyplot as plt
import pandas as pd
from pmdarima.datasets import airpassengers
from sklearn.metrics import mean_squared_error

my_data = airpassengers.load_airpassengers()
```

データは 144 個（12 年 × 12 ヶ月）の数値です．1949 年 1 月から 1957 年 12 月までの 108 個を訓練データに，1958 年 1 月から 1960 年 12 月までの 36 個をテストデータにします．

R
```
n <- length(my_data) # データ数（144）
k <- 108             # 訓練データ数
```

Python
```
n = len(my_data) # データ数（144）
k = 108          # 訓練データ数
```

作業用のデータフレームを作ります．このデータフレームの仕様は次のとおりです．

- 列 `ds` は年月である．この変数名は，Prophet（12.2.4 項）の仕様に合わせたものである．
- 列 `x` は 0 から 143 までの整数である．線形回帰分析（12.2.2 項）でこの列を使う．
- 列 `y` はその月の利用客数である．この変数名は，Prophet の仕様に合わせたものである．
- （R のみ）通常のデータフレームではなく，時系列データ用のデータフレーム `tsibble` を使う（日時の列を `index` として指定する必要がある）．
- （R のみ）`label` という列は，データを識別するラベルである（値は `"train"`, `"test"`, `"model"`のいずれか）．
- （Python のみ）年月を行の名前にする．可視化の際に，この変数を横軸のラベルにする．

[*3]　R: AirPassengers は時系列専用の 1 次元データ（ts）で，日時や周期の情報を保持しています．このまま使う方が簡単なのですが，ここでは，自分のデータを使う場合の参考になるように，あえて単なる 1 次元データにしています．

R
```
library(tidyverse)
library(tsibble)

my_ds <- seq(
  from = yearmonth("1949/01"),
  to   = yearmonth("1960/12"),
  by   = 1)
my_label <- rep(
  c("train", "test"),
  c(k, n - k))
my_df <- tsibble(
  ds    = my_ds,
  x     = 0:(n - 1),
  y     = my_data,
  label = my_label,
  index = ds) # 日時の列の指定

head(my_df)
#> # A tsibble: 6 x 4 [1M]
#>      ds     x     y label
#>    <mth> <int> <dbl> <chr>
#> 1 1949 1     0   112 train
#> 2 1949 2     1   118 train
#> 3 1949 3     2   132 train
#> 4 1949 4     3   129 train
#> 5 1949 5     4   121 train
#> 6 1949 6     5   135 train
```

Python
```
my_ds = pd.date_range(
    start='1949/01/01',
    end='1960/12/01',
    freq='MS')
my_df = pd.DataFrame({
    'ds': my_ds,
    'x': range(n),
    'y': my_data},
    index=my_ds)
my_df.head()
#>                  ds x      y
#> 1949-01-01 1949-01-01 0  112.0
#> 1949-02-01 1949-02-01 1  118.0
#> 1949-03-01 1949-03-01 2  132.0
#> 1949-04-01 1949-04-01 3  129.0
#> 1949-05-01 1949-05-01 4  121.0
```

訓練データのデータフレームと，テストデータのデータフレームを作ります.
テストデータの y の列はよく使うので，別に取り出しておきます.

R
```
my_train <- my_df[  1:k , ]
my_test  <- my_df[-(1:k), ]
y <- my_test$y
```

Python
```
my_train = my_df[        :k]
my_test  = my_df[-(n - k): ]
y = my_test.y
```

可視化して，データの概要を確認します（結果は「本節の目標」に掲載済み）.

R
```
my_plot <- my_df %>%
  ggplot(aes(x = ds,
             y = y,
             color = label)) +
  geom_line()
my_plot
```

Python
```
plt.plot(my_train.y, label='train')
plt.plot(my_test.y,  label='test')
plt.legend()
```

R: my_plot は後で再利用します.

7
（単回帰）

8
回帰2
（重回帰）

9
分類1
（多値分類）

10
分類2
（2値分類）

11
深層学習と
AutoML

12
時系列予測

12.2.2　線形回帰分析による時系列予測

線形回帰分析（第 7 章）を試します．データによく合う $y = \beta_0 + \beta_1 x$（β_0, β_1 は定数）という式を求め，この式を使って未来を予測するのです．この方法は単純すぎますが，他の方法を試すときの最低限の基準にはなるでしょう．

訓練データで訓練し，テストデータでテストすると，RMSE（テスト）は約 71 になります．

> x として，0 から 143 の整数を用意してあります．等間隔なら何でもよいです．

R

```r
library(caret)
my_lm_model <- train(form = y ~ x, data = my_train, method = "lm")
y_ <- my_lm_model %>% predict(my_test)
caret::RMSE(y, y_) # RMSE （テスト）
#> [1] 70.63707
```

Python

```python
from sklearn.linear_model import LinearRegression

my_lm_model = LinearRegression()
my_lm_model.fit(my_train[['x']], my_train.y)

X = my_test[['x']]
y_ = my_lm_model.predict(X)
mean_squared_error(y, y_)**0.5 # RMSE （テスト）
#> 70.63707081783771
```

予測結果を可視化すると，長期的なトレンドは捉えられていますが，周期的な変動は捉えられていないことがわかります．

R

```r
y_ <- my_lm_model %>% predict(my_df)
tmp <- my_df %>%
  mutate(y = y_, label = "model")
my_plot + geom_line(data = tmp)
```

Python

```python
y_ = my_lm_model.predict(my_df[['x']])
tmp = pd.DataFrame(y_,
                   index=my_df.index)
plt.plot(my_train.y, label='train')
plt.plot(my_test.y,  label='test')
plt.plot(tmp, label='model')
plt.legend()
```

> R: 前項で作った my_plot を再利用しています．

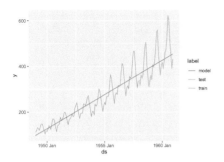 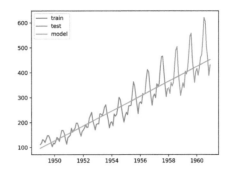

12.2.3 SARIMA による時系列予測

　時系列データのためのモデルの一種である **SARIMA**（季節自己回帰和分移動平均モデル）を試します．SARIMA は 7 個のパラメータ (p, d, q, P, D, Q, m) を持っていて，SARIMA$(p, d, q)(P, D, Q)[m]$ という形式で表記します．（最初の S を省いて）ARIMA$(p, d, q)(P, D, Q)[m]$ と表記することもあります．

　SARIMA のパラメータは，次のような，より単純なモデルのパラメータです（文献 [30]）．

AR 自己回帰モデル AR(p) は，ある時点のデータがそれより前の p 個のデータと相関するようなモデル．

MA 移動平均モデル MA(q) は，ある時点のデータがそれより前の q 個の値の誤差と相関するようなモデル．

ARMA 自己回帰移動平均モデル ARMA(p, q) は，AR(p) と MA(q) を合わせたモデル．

ARIMA 自己回帰和分移動平均モデル ARIMA(p, d, q) は，ARMA(p, q) の，隣り合うデータの差分が d となるモデル．

12.2.3.1 モデルの構築

　良いモデル，良いパラメータを自動的に求めるしくみが用意されているので，ここではそれを使います[*4]．

R: model(ARIMA(1 次元データ)) でモデルとパラメータを求めます．

[*4] 最も複雑なモデルである SARIMA をいつも使えばよいと思うかもしれませんが，7.4.3 項や 7.7.2 項で述べたように，複雑なモデルには過学習の危険が伴います．ですから，予測性能を考慮してモデルを選ばなければなりません．ここで紹介する自動化では，7.6 節で紹介した交差検証のような方法ではなく，7.6.1 項の脚註 13 で紹介した情報量規準を使ってモデルやパラメータが決められます．交差検証自体の実装はありますが，モデルとパラメータの決定も含めて自動化されてはいないので，その紹介はここでは割愛します．

```r
library(fable)
my_arima_model <- my_train %>% model(ARIMA(y))
my_arima_model
#> # A mable: 1 x 1
#>                   'ARIMA(y)'
#>                     <model>
#> 1 <ARIMA(1,1,0)(0,1,0)[12]>
```

P: `pmdarima.auto_arima`(1 次元データ) でモデルとパラメータを求めます. 周期変動がある場合には, その周期を指定しなければなりません. 先に可視化した結果から, 周期は 12 (1 年) になりそうなので, `m=12` とします.

Python

```python
import pmdarima as pm
my_arima_model = pm.auto_arima(my_train.y, m=12, trace=True)
#> （省略）
#> Best model:  ARIMA(1,1,0)(0,1,0)[12]
#> Total fit time: 0.838 seconds
```

R でも Python でも, $\text{ARIMA}(1,1,0)(0,1,0)[12]$ が最良ということになりました.

12.2.3.2　予測

1958 年 1 月から 1960 年 12 月までの 3 年分 (36 ヶ月分) の利用客数を予測します. R の「.mean」の列, Python の「y」の列が予測結果です. たとえば, 1958 年 1 月の利用客数の予測値は約 346 です.

```r
tmp <- my_arima_model %>% forecast(h = "3 years")
head(tmp)
#> # A fable: 6 x 4 [1M]
#> # Key:      .model [1]
#>   .model        ds           y .mean
#>   <chr>      <mth>      <dist> <dbl>
#> 1 ARIMA(y) 1958 1 N(346, 94)  346.
#> 2 ARIMA(y) 1958 2 N(332, 148) 332.
#> 3 ARIMA(y) 1958 3 N(387, 210) 387.
#> 4 ARIMA(y) 1958 4 N(379, 271) 379.
#> 5 ARIMA(y) 1958 5 N(386, 332) 386.
#> 6 ARIMA(y) 1958 6 N(453, 393) 453.
```

Python

```python
y_, my_ci = my_arima_model.predict(len(my_test),          # 期間はテストデータと同じ
                                    alpha=0.05,            # 有意水準（デフォルト）
                                    return_conf_int=True)  # 信頼区間を求める
tmp = pd.DataFrame({'y': y_,
                    'Lo': my_ci[:, 0],
                    'Hi': my_ci[:, 1]},
                   index=my_test.index)
tmp.head()
#>                       y          Lo          Hi
#> 1958-01-01   345.964471  327.088699  364.840243
#> 1958-02-01   331.731920  308.036230  355.427610
#> 1958-03-01   386.787992  358.515741  415.060244
#> 1958-04-01   378.774472  346.695454  410.853490
#> 1958-05-01   385.777732  350.270765  421.284700
```

RMSE（テスト）は約 22，線形回帰分析の場合（約 70.6）より小さい値になります．

R

```r
y_ <- tmp$.mean
caret::RMSE(y_, y)
#> [1] 22.13223
```

Python

```python
mean_squared_error(y, y_)**0.5
#> 22.132236727738697
```

予測結果を可視化します[5]．

R

```r
# 予測結果のみでよい場合
#tmp %>% autoplot

tmp %>% autoplot +
  geom_line(data = my_df,
            aes(x = ds,
                y = y,
                color = label))
```

Python

```python
plt.plot(my_train.y, label='train')
plt.plot(my_test.y,  label='test')
plt.plot(tmp.y,      label='model')
plt.fill_between(tmp.index,
                 tmp.Lo,
                 tmp.Hi,
                 alpha=0.25) # 不透明度
plt.legend(loc='upper left')
```

---

[5] R の結果の塗られている部分は信頼区間です（信頼係数 80%と 95%）．信頼係数を明示する場合は，
`autoplot(level = c(80, 95))` とします．

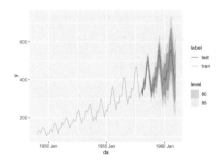

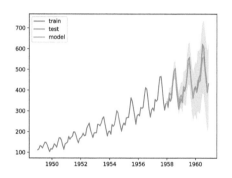

12.2.4　Prophet による時系列予測

　時系列予測のためのパッケージ **Prophet** を試します．Prophet には，時系列に影響する変数を簡単に導入できるという利点があります．ここで扱っているデータは，変数が一つだけ（利用客数）なので，Prophet のこの利点を活かせるものではありません．基本的な使い方を確認して，将来に備えましょう．

　Prophet で使うデータフレームは，日時が ds，データが y でなければなりません．この条件を満たすデータフレームを 12.2.1 項で作っているので，それをそのまま使います．

　訓練データを使ってモデルを作ります．その際，パラメータ seasonality mode の指定が必要です．周期変動が乗法的つまり数値の大きさに比例するなら multiplicative，加法的つまり数値の大きさによらず一定なら additive とします．本節冒頭の「本節の目標」のグラフを見ると，数値が大きくなるにつれて周期変動の振れ幅も大きくなっていますから，ここでは multiplicative とします．

Ⓡ

```
library(prophet)
my_prophet_model <- my_train %>%
  prophet(seasonality.mode = "multiplicative")
```

Python

```
from fbprophet import Prophet
my_prophet_model = Prophet(seasonality_mode='multiplicative')
my_prophet_model.fit(my_train)
```

　テストデータに対して予測します．yhat が予測値で，たとえば 1958 年 1 月は 359 ということです．

R

```
tmp <- my_prophet_model %>% predict(my_test)
head(tmp[, c("ds", "yhat", "yhat_lower", "yhat_upper")])
#> # A tibble: 6 x 4
#>   ds                     yhat yhat_lower yhat_upper
#>   <dttm>                <dbl>      <dbl>      <dbl>
#> 1 1958-01-01 00:00:00    359.       350.       368.
#> 2 1958-02-01 00:00:00    350.       342.       360.
#> 3 1958-03-01 00:00:00    407.       398.       416.
#> 4 1958-04-01 00:00:00    398.       389.       407.
#> 5 1958-05-01 00:00:00    402.       393.       411.
#> 6 1958-06-01 00:00:00    459.       450.       469.
```

Python

```
tmp = my_prophet_model.predict(my_test)
tmp[['ds', 'yhat', 'yhat_lower', 'yhat_upper']].head()
#>            ds        yhat  yhat_lower  yhat_upper
#> 0 1958-01-01  359.239305  350.910898  368.464588
#> 1 1958-02-01  350.690546  341.748862  359.964881
#> 2 1958-03-01  407.188556  398.483316  415.463759
#> 3 1958-04-01  398.481739  389.244105  406.742333
#> 4 1958-05-01  402.595604  393.721421  411.331761
```

RMSE（テスト）は約 33，SARIMA の場合（約 22）より大きい値です．

R

```
y_ <- tmp$yhat
caret::RMSE(y_, y)
#> [1] 33.68719
```

Python

```
y_ = tmp.yhat
mean_squared_error(y, y_)**0.5
#> 33.795549086036466
```

予測結果を可視化します（赤線は観測値です）．

R

```
# my_prophet_model %>% plot(tmp) # 予測結果のみでよい場合

my_prophet_model %>% plot(tmp) +
  geom_line(data = my_train, aes(x = as.POSIXct(ds))) +
  geom_line(data = my_test,  aes(x = as.POSIXct(ds)), color = "red")
```

Python

```
# my_prophet_model.plot(tmp) # 予測結果のみでよい場合

fig = my_prophet_model.plot(tmp)
fig.axes[0].plot(my_train.ds, my_train.y)
fig.axes[0].plot(my_test.ds, my_test.y, color='red')
```

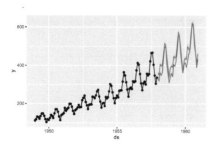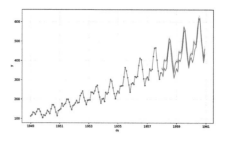

13

教師なし学習

本章では，**教師なし学習**を扱います．第 7〜12 章で扱った教師あり学習では，出力変数の値が既知のデータ（訓練データ）を使って，テストデータの出力変数の値を予測することを目標にしていました．教師なし学習で目標にするのは，予測ではなく，データを整理したり，データからパターンを発見したりすることです．ですから，教師なし学習は，何らかの結論を出すためというよりは，調査の出発点を見つけるために使うことが多いでしょう．ここでは，教師なし学習の代表的な手法である，主成分分析とクラスタ分析を紹介します．

本章の内容

主成分分析

本節の目標

5個の変数を持つデータセットがあります.

name	language	english	math	science	society
A	0	0	100	0	0
B	20	20	20	20	20
C	20	40	5	5	30
D	25	20	30	25	0
E	22	24	17	16	21
F	17	18	25	23	17

主成分分析によって, インスタンス間の差異を残しながら変数を減らし, 2次元平面上で可視化します.

13.1.1 主成分分析とは何か

主成分分析 (principal component analysis) は, 複数の変数で表現されるデータを, より少ない変数で表現したいときに使う手法です.

本節の目標に掲載したのは, 5科目, つまり国語 (language), 英語 (english), 数学 (math), 理科 (science), 社会 (society) の試験を6人 (A, B, C, D, E, F) が受験した結果です. このデータについて考えます.

受験者の違いについて調べる最も簡単な方法は, 合計点で比較することでしょう. しかし, 合計点が, 受験者の違いを調べる最良の方法というわけではありません. 上の6人の受験者は, 合計点は全員同じです. しかし, 入学試験のような, 誰が見ても納得する指標が必要な場面を除けば, 数学以外は0点の受験者Aと, 全科目20点のBの能力を, 同じと見なすべきではないでしょう. ですから, 少ない変数でデータの差異がわかるようにしたいと思うなら, 合計点は必ずしもよい指標ではありません.

英語と数学のような, 2科目の試験なら, 横軸を英語, 縦軸を数学にして散布図を描くことで, 合計点だけを見るよりは受験生についてよく理解できるかもしれません. しかし残念ながら, ここで分析したいのは5科目の試験の結果

なので，散布図を描くわけにはいきません．

データの差異を残しながら，変数を減らせると便利です．そういうときに使うのが，主成分分析です．

主成分分析を実行します[*1]．

R

```
library(tidyverse)

my_data <- data.frame(
  language = c(  0,  20,  20,  25,  22,  17),
  english  = c(  0,  20,  40,  20,  24,  18),
  math     = c(100,  20,   5,  30,  17,  25),
  science  = c(  0,  20,   5,  25,  16,  23),
  society  = c(  0,  20,  30,   0,  21,  17),
  row.names = c("A", "B", "C", "D", "E", "F"))
my_result <- my_data %>% prcomp # 主成分分析の実行
```

Python

```
import numpy as np
import pandas as pd
from pca import pca
from scipy.stats import zscore

my_data = pd.DataFrame(
    {'language': [  0,  20,  20,  25,  22,  17],
     'english':  [  0,  20,  40,  20,  24,  18],
     'math':     [100,  20,   5,  30,  17,  25],
     'science':  [  0,  20,   5,  25,  16,  23],
     'society':  [  0,  20,  30,   0,  21,  17]},
    index=      ['A', 'B', 'C', 'D', 'E', 'F'])
my_model = pca(n_components=5)
my_result = my_model.fit_transform(my_data) # 主成分分析の実行
```

主成分分析の結果を表示します．元の変数が5個なので，変換の結果も一応5個（PC1からPC5）あるのですが，ここでは最初の二つ（PC1とPC2）だけに注目します．それでいいかどうかは後で確認します．PC1を第1主成分スコア，PC2を第2主成分スコアといいます．

[*1] scikit-learn にも主成分分析のためのモジュール sklearn.decomposition.PCA がありますが，ここでは，バイプロットを描きやすい pca (https://github.com/erdogant/pca) を使います．

R
```
my_result$x # 主成分スコア
#>        PC1        PC2 ...
#> A -74.907282  -7.010808 ...
#> B  13.818842   2.753459 ...
#> C  33.714034 -18.417290 ...
#> D   1.730630  17.876372 ...
#> E  17.837474  -1.064998 ...
#> F   7.806303   5.863266 ...
```

Python
```
my_result['PC'] # 主成分スコア
#>        PC1        PC2 ...
#> A  74.907282   7.010808 ...
#> B -13.818842  -2.753459 ...
#> C -33.714034  18.417290 ...
#> D  -1.730630 -17.876372 ...
#> E -17.837474   1.064998 ...
#> F  -7.806303  -5.863266 ...
```

変数が二つになれば，散布図を描けます．

R
```
my_result %>% ggbiplot::ggbiplot(
  labels = row.names(my_data),
  scale = 0)
```

Python
```
my_model.biplot(legend=False)
```

R: バイプロットを描く際の
「scale = 0」は解説どおり
の結果にするためのオプショ
ンです.

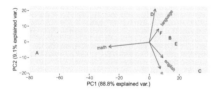

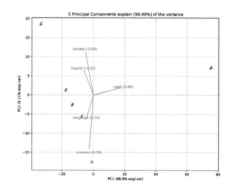

このように主成分分析の結果を可視化したものを**バイプロット**といいます．

バイプロット上の点は，各インスタンスの (PC1, PC2) を座標と見なしてプロットしたものです．バイプロット上の矢印は，主成分スコアの計算に使う係数（のベクトル）です（詳細は後述）．math の得点が高い受験者は左側（Python では右側），そうでない受験者は右側（Python では左側）にいるようです．また，science と language の得点が高い受験者が上側（Python では下側），society と english の得点が高い受験者が下側（Python では上側）にいるようです．

R と Python で上下左右が逆
になっていますが，本質的に
は同じ結果です（ばらつきが
最大になればいいので，上下
左右は関係ありません）．

主成分スコアは，変数の値に係数をかけて合計したものです[*2]．たとえば，R の PC1 は，$0.207 \times$ language $+ 0.304 \times$ english $+ \cdots + 0.245 \times$ society で

*2 正確には，最初にデータから科目の平均値を引いて，各科目の平均を 0 にしておく必要があります．

す．そのための係数を確認します．バイプロット上の矢印はこの数値のベクトルです．

Ⓡ
```
my_result$rotation %>% t
#>      language    english        math   science    society
#> PC1 0.2074983  0.3043604 -0.887261240 0.1301984  0.2452041
#> PC2 0.2794627 -0.3250521 -0.097642669 0.7026667 -0.5594347
#> PC3 -0.3061175 -0.6157986 -0.056345381 0.3384462  0.6398152
#> PC4 0.7649426 -0.4716969 -0.007654992 -0.4180454 0.1324548
#> PC5 0.4472136  0.4472136  0.447213595 0.4472136  0.4472136
```

R: Python の結果と合わせるために，データフレームを t で転置しています．

Python
```
my_result['loadings']
#>      language   english      math   science   society
#> PC1 -0.207498 -0.304360  0.887261 -0.130198 -0.245204
#> PC2 -0.279463  0.325052  0.097643 -0.702667  0.559435
#> PC3  0.306117  0.615799  0.056345 -0.338446 -0.639815
#> PC4  0.764943 -0.471697 -0.007655 -0.418045  0.132455
#> PC5 -0.447214 -0.447214 -0.447214 -0.447214 -0.447214
```

PC1 と PC2 のための係数は，バイプロットに描かれています．たとえば math の矢印は，R のバイプロットでは $(-0.887, -0.0976)$，Python のバイプロットでは $(0.887, 0.0976)$ というベクトルになっています．

ここまで，PC1 と PC2 しか見てきませんでしたが，それでよかったかどうかを，**累積寄与率**を見て判断します．

Ⓡ
```
summary(my_result)
#> Importance of components:
#>                           PC1      PC2     PC3     PC4     PC5
#> Standard deviation     38.2644 12.25566 5.58845 1.52970 1.232e-15
#> Proportion of Variance  0.8885  0.09115 0.01895 0.00142 0.000e+00
#> Cumulative Proportion   0.8885  0.97963 0.99858 1.00000 1.000e+00
```

Python
```
my_result['explained_var']
#> array([0.88848331, 0.97962854, 0.99858005, 1.        , 1.        ])
```

この結果は，PC1 の分散が元データの分散の約 88.8%，PC2 の分散が元データの分散の約 9.1%，PC1 の分散と PC2 の分散を合わせると元データの分散の約 98% になることを表しています．元データには 5 個の変数がありますが，うまく変換すれば，2 個の変数（PC1 と PC2）だけで，受験者の差異の 98% は

表現できるということです.

13.1.2　標準化＋主成分分析

変数によって分布が大きく異なる場合や, 単位の影響をなくしたい場合には, データを標準化してから主成分分析を実行します.

$\sqrt{\text{不偏分散}}$ を使って標準化してから, 主成分分析を行い, 主成分スコアを求めます[*3].

R

```
my_result <- prcomp(
  x = my_data,
  scale = TRUE)        # 標準化
# あるいは
my_result <- prcomp(
  x = scale(my_data)) # 標準化データ

my_result$x # 主成分スコア
#>         PC1         PC2 ...
#> A -3.6737215 -0.5688501 ...
#> B  0.6528793  0.2469258 ...
#> C  1.5682936 -1.7425981 ...
#> D  0.2505043  1.6400394 ...
#> E  0.8861864 -0.1104931 ...
#> F  0.3158579  0.5349762 ...
```

Python

```
tmp = zscore(my_data, ddof=1) # 標準化
my_result = my_model.fit_transform(
    tmp)
my_result['PC'] # 主成分スコア
#>            PC1        PC2 ...
#> 1.0   3.673722   0.568850 ...
#> 1.0  -0.652879  -0.246926 ...
#> 1.0  -1.568294   1.742598 ...
#> 1.0  -0.250504  -1.640039 ...
#> 1.0  -0.886186   0.110493 ...
#> 1.0  -0.315858  -0.534976 ...
```

行列の計算方法を紹介しているのは, 本書とは別に理論を勉強するときの参考にしてもらうためです.

cumsum で 1 次元データの累積和を求めます. たとえば, $\{1, 2, 3, 4\}$ の累積和は $\{1, 3, 6, 10\}$ です.

13.1.3　補足：行列計算による再現

主成分分析の実態は, **分散共分散行列**の**固有値分解**（スペクトル分解）です（文献 $[21, 31, 32]$）. その計算で, 主成分分析の結果を再現します.

[*3]　Python では my_model = pca(n_components=5, normalize=True) とすると, $\sqrt{\text{標本分散}}$ を使った標準化が行われます. 本文では, R の結果に合わせるために, $\sqrt{\text{不偏分散}}$ を使った標準化を行っています（4.1.1 項を参照）.

R

```
Z  <- my_data %>% scale(scale = FALSE) %>% as.matrix # 標準化しない場合
#Z <- my_data %>% scale(scale = TRUE)  %>% as.matrix # 標準化する場合

n <- nrow(my_data)
S <- var(Z)                          # 分散共分散行列
#S <- t(Z) %*% Z / (n - 1)           # （同じ結果）
tmp <- eigen(S)                      # 固有値と固有ベクトル
Z %*% tmp$vectors                    # 主成分スコア（結果は割愛）
cumsum(tmp$values) / sum(tmp$values) # 累積寄与率
#> [1] 0.8884833 0.9796285 0.9985801 1.0000000 1.0000000
```

Python

```
tmp = my_data - my_data.mean()
Z = np.matrix(tmp)                      # 標準化しない場合
#Z = np.matrix(tmp / my_data.std(ddof=1)) # √不偏分散で標準化する場合
#Z = np.matrix(tmp / my_data.std(ddof=0)) # pca(normalize=True)に合わせる場合

n = len(my_data)
S = np.cov(Z, rowvar=0, ddof=0) # 分散共分散行列
#S = Z.T @ Z / n                # （同じ結果）
vals, vecs = np.linalg.eig(S)   # 固有値と固有ベクトル
Z @ vecs                        # 主成分スコア（結果は割愛）
vals.cumsum() / vals.sum()      # 累積寄与率
#> array([0.88848331, 0.97962854, 0.99858005, 1.        , 1.        ])
```

特異値分解を使って計算することもできます（文献 [21]）[*4].

[*4]　行列 Z の特異値分解の結果を U, d, V とします．W を diag(d) で作られる対角行列とすると，
R では $Z = UWV^{\top}$（ただし $U^{\top}U = I, V^{\top}V = I$），Python では $Z = UWV$（ただし
$U^{\top}U = I, VV^{\top} = I$）です（$U^{\top}$ は U，$V^{\top}$ は V の転置行列．I は左辺のサイズに合った単位
行列）．

R

```
udv <- svd(Z) # 特異値分解
U <- udv$u
d <- udv$d
V <- udv$v
W <- diag(d)

c(all.equal(Z, U %*% W %*% t(V), check.attributes = FALSE), # 確認 1
  all.equal(t(U) %*% U, diag(dim(U)[2])),                    # 確認 2
  all.equal(t(V) %*% V, diag(dim(V)[2])))                    # 確認 3
#> [1] TRUE TRUE TRUE

U %*% W              # 主成分スコア（結果は割愛）

e <- d^2 / (n - 1) # 分散共分散行列の固有値
cumsum(e) / sum(e) # 累積寄与率
#> [1] 0.8884833 0.9796285 0.9985801 1.0000000 1.0000000
```

Python

```
U, d, V =  np.linalg.svd(Z, full_matrices=False)      # 特異値分解
W = np.diag(d)

[np.isclose(Z, U @ W @ V).all(),                       # 確認 1
 np.isclose(U.T @ U, np.identity(U.shape[1])).all(),  # 確認 2
 np.isclose(V @ V.T, np.identity(V.shape[0])).all()] # 確認 3
#> [True, True, True]

U @ W                # 主成分スコア（結果は割愛）

e = d ** 2 / n       # 分散共分散行列の固有値
e.cumsum() / e.sum() # 累積寄与率
#> array([0.88848331, 0.97962854, 0.99858005, 1.        , 1.        ])
```

クラスタ分析

本節の目標

インスタンス間の類似度を計算して，インスタンスをグループ（クラスタ）に分けます．

クラスタ分析（cluster analysis）は，複数の変数で表現されるデータの，似ているものをグループ（クラスタ）にまとめる手法です．クラスタ分析の具体的な二つの方法（階層的クラスタ分析と非階層的クラスタ分析）を紹介します．

13.2.1 階層的クラスタ分析

階層的クラスタ分析を実行します．

R

```r
library(tidyverse)

my_data <- data.frame(
  x         = c(  0, -16,  10,  10),
  y         = c(  0,   0,  10, -15),
  row.names = c("A", "B", "C", "D"))

my_result <- my_data %>%
  dist("euclidian") %>% # dist だけでも可
  hclust("complete")    # hclust だけでも可
```

Python

```python
import pandas as pd
from scipy.cluster import hierarchy

my_data = pd.DataFrame(
    {'x': [  0, -16,  10,  10],
     'y': [  0,   0,  10, -15]},
    index=['A', 'B', 'C', 'D'])

my_result = hierarchy.linkage(
    my_data,
    metric='euclidean', # 省略可
    method='complete')
```

階層的クラスタ分析の結果を**デンドログラム**（樹形図，樹状図）で可視化します．

R

```r
my_result %>% factoextra::fviz_dend(
  k = 3, # クラスタ数
  rect = TRUE, rect_fill = TRUE)
```

Python

```python
hierarchy.dendrogram(my_result,
    labels=my_data.index)
```

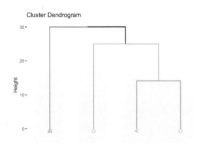

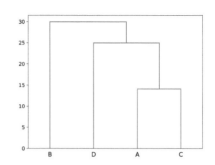

点の類似度については 3.5 節を参照.

　まず，最も近い A と C がクラスタ {A, C} になります．次に，クラスタ {A, C}，点 B，点 D の距離を考えます．クラスタ {A, C} と点 B の距離は，AB と CB の大きいほう，つまり点 C と点 B の距離で代用します．同様に，クラスタ {A, C} と点 D の距離は，点 C と点 D の距離で代用します．そうすると，クラスタ {A, C}，点 B，点 D で，近いのは {A, C} と点 D になるので，これらをまとめてクラスタ {D, A, C} にします．この過程を可視化すると，デンドログラムになります．

　このデンドログラムで，A と C が似ていることはわかりますが，A と D が似ているかどうかはわからないことに注意してください．A と D が隣り合っているのは，A と D が似ているからではなく，クラスタ {A, C} と D が近かったからです．

　R: この問題の解決策の一つに，次のような可視化があります．

```
my_result %>% factoextra::fviz_dend(
  k = 3,
  rect = TRUE, rect_fill = TRUE,
  type = "phylogenic")
```

　点とクラスタ，クラスタ同士の距離の決め方には選択肢があります．上の説明では，クラスタ {A, C} と点 B の距離を，AB と CB の大きいほう，つまり CB で代用しました．たとえば，クラスタ {A, C} と点 B の距離を，AB と CB の小さいほう，つまり AB で代用することもできます．R で標準で用意されている方法を**表 13.1** にまとめます[5]．

---

[5]　他に median と centroid がありますが，解釈しづらいデンドログラムを作ることがあるので，割愛しました．

表 13.1　クラスタ同士の距離の決め方

名前	R	Python	説明
ウォード法	ward.D2	ward	クラスタの分散比を最大にする
最短距離法	single	single	インスタンス間の最小距離をとる（Python のデフォルト）
最長距離法	complete	complete	インスタンス間の最大距離をとる（R のデフォルト）
群平均法	average	average	インスタンス間の距離の平均をとる
McQuitty 法	mcquitty	weighted	A と B がクラスタ C になったとき，クラスタ C とクラスタ D の距離を AD，BD から決める

距離の決め方を選ぶ明確な基準がある場合はそれを使えばいいのですが，そうでない場合は，いろいろ試して結果を解釈しやすいものを採用するとよいでしょう.

階層的クラスタ分析の長所は，デンドログラムを描けることです. 後で紹介する非階層的クラスタ分析では，デンドログラムは描けません. 階層的クラスタ分析の短所は，すべての点同士の距離を計算しなければならないため，計算に時間がかかることです.

クラスタ数を 3 にする場合に，各点がどのクラスタに属しているかを確認します.

```
my_result %>% cutree(3)
#> A B C D
#> 1 2 1 3
```

```
hierarchy.cut_tree(my_result, 3)
#> array([[0], [1], [0], [2]])
```

{A, C}，{B}，{D} というクラスタができていることがわかります.

このように，クラスタ数を後で指定できることも，階層的クラスタ分析の長所です. しかしそのせいで，後で紹介する非階層的クラスタ分析よりも，結果が悪くなる可能性があります. たとえば，複数の男女の身体的特徴と学力のデータがあるとしましょう. このデータを二つのクラスタに分けるなら，男性のクラスタと女性のクラスタができることが期待されます. このデータを三つのクラスタに分けるなら，学力の違うクラスタができることが期待されます. しかし，階層的クラスタ分析では，この 2 種類の分け方は両立しません. デンドログラムをクラスタが二つになるところで切ることと，クラスタが三つになるところで切ることは関連していて，両方を最適なものにするというわけにはいかないのです.

R: 先の R のデンドログラムは，クラスタ分析の後で，クラスタ数を 3 として描いたものです.

13.2.2　階層的クラスタ分析とヒートマップ

クラスタ分析結果のデンドログラムからは，変数についての定量的な情報が

　　　　　　　　　ほとんど読み取れません．この欠点の解決方法の一つとして，**ヒートマップ**が
　　　　　　　　　挙げられます．ヒートマップはデンドログラムとともに，変数の値を色の濃淡
　　　　　　　　　で表現するものです．

　　　　　　　　　　13.1 節で使ったデータで試します．科目間の点数のばらつきが大きいので，
　　　　　　　　　科目ごとに点数を標準化してからヒートマップを描きます[6][7]．

R

```r
library(tidyverse)

my_data <- data.frame(
  language = c(  0,  20,  20,  25,  22,  17),
  english  = c(  0,  20,  40,  20,  24,  18),
  math     = c(100,  20,   5,  30,  17,  25),
  science  = c(  0,  20,   5,  25,  16,  23),
  society  = c(  0,  20,  30,   0,  21,  17),
  row.names = c("A", "B", "C", "D", "E", "F"))

try( # RMarkdown で発生するエラーを回避する.
  my_data %>% scale %>%                          # 列ごとの標準化
    gplots::heatmap.2(cexRow = 1, cexCol = 1),   # ラベルのサイズを指定して描画する
  silent = TRUE)
```

Python

```python
import pandas as pd
import seaborn as sns

my_data = pd.DataFrame(
    {'language': [  0,  20,  20,  25,  22,  17],
     'english':  [  0,  20,  40,  20,  24,  18],
     'math':     [100,  20,   5,  30,  17,  25],
     'science':  [  0,  20,   5,  25,  16,  23],
     'society':  [  0,  20,  30,   0,  21,  17]},
    index=       ['A', 'B', 'C', 'D', 'E', 'F'])

sns.clustermap(my_data, z_score=1) # 列ごとの標準化
```

---

[6]　R: 類似度の指標を指定する場合は，`heatmap.2` に引数 `distfun = function(m) { dist(x = m, method = "euclidean") }` や `hclustfun = function(d) { hclust(d = d, method = "complete") }` を与えます．

[7]　P: 類似度の指標を指定する場合は，`sns.clustermap` に引数 `metric='euclidean'` や `method='complete'` を与えます．

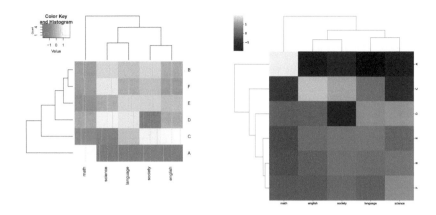

　ここでは，受験者（A，B，・・・）のデンドログラムだけでなく，科目（math，science，・・・）のデンドログラムも描いています．科目を使って受験者の類似度を測れるのと同様に，受験者を使って科目の類似度を測ることもできるのです．

13.2.3　非階層的クラスタ分析

　非階層的クラスタ分析は，データを指定した数のクラスタに分ける手法です．非階層的クラスタ分析の長所は，（階層的クラスタ分析と比較して）計算に時間がかからないことです．非階層的クラスタ分析の短所は，クラスタ数を先に指定しなければならないことと[*8]，デンドログラムを描けないことです．ただし，階層的クラスタ分析には，先に複数の男女の身体的特徴と学力のデータを例に説明した欠点があるので，適切なクラスタ数を指定できれば，非階層的クラスタ分析では階層的クラスタ分析より良い結果が得られるかもしれません．

　非階層的クラスタ分析の代表的な手法である **k-means 法**（**k 平均法**）は，次のようにしてクラスタを作ります．これは確率的なアルゴリズムなので，結果がいつも同じとは限りません．

1. ランダムに k 個のインスタンスを選び，クラスタ中心とする．
2. クラスタ中心が変化しなくなるまで，3 から 5 を繰り返す．
3. n 個のインスタンスの k 個のクラスタ中心点までの距離を計算する．
4. n 個のインスタンスを，最も近いクラスタ中心に対応するクラスタに割り当てる．
5. クラスタに属するインスタンスの平均（重心）を，そのクラスタのクラスタ中心とする．

[*8]　これは本項で用いる k-means 法でのことです．クラスタ数を先に指定しなくても使える手法もあります（例：Affinity Propagation）．

クラスタ数を 3 にして，k-means 法を実行します．

R

```
library(tidyverse)

my_data <- data.frame(
    x          = c(  0, -16,  10,  10),
    y          = c(  0,   0,  10, -15),
    row.names = c("A", "B", "C", "D"))

my_result <- my_data %>% kmeans(3)
```

Python

```
import pandas as pd
from sklearn.cluster import KMeans

my_data = pd.DataFrame(
    {'x': [  0, -16,  10,  10],
     'y': [  0,   0,  10, -15]},
    index=['A', 'B', 'C', 'D'])

my_result = KMeans(
    n_clusters=3).fit(my_data)
```

各インスタンスがどのクラスタに属しているかを確認します．

R

```
my_result$cluster
#> A B C D
#> 2 3 2 1
```

Python

```
my_result.labels_
#> array([1, 0, 1, 2], dtype=int32)
```

13.2.4　クラスタ数の決定

k-means 法では，クラスタ数を事前に指定しなければなりません．クラスタ数を決めるための知識がある場合や，分析結果をどのように応用するかが決まっている場合は，クラスタ数はそれらに基づいて決めるとよいでしょう．そうでない場合は，クラスタ数を決めるヒントになるものがほしいです．ここでは，そういうヒントになるものとして，**エルボー法**を紹介します．

アヤメのデータ（から 5 列目つまり品種を取り除いたもの）を例に説明します．クラスタ数を 2, 3, 4, 5 に指定した結果を並べます．

品種についてはここでは考えません．品種を考えるなら，最適なクラスタ数は「3」ということになるでしょう．

R

```
library(tidyverse)
library(factoextra)

my_data <- iris[, -5]

f <- 2:5 %>% map(function(k) {
  my_data %>% kmeans(k) %>%
    fviz_cluster(data = my_data, geom = "point") +
    ggtitle(sprintf("k = %s", k))
})
gridExtra::grid.arrange(f[[1]], f[[2]], f[[3]], f[[4]], ncol = 2)
```

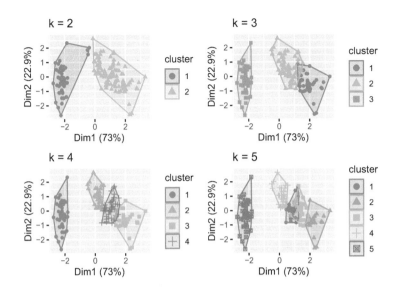

このような結果を見るだけでは，クラスタ数をどうすればいいかはわかりません．クラスタ数を決めるために，次のようなグラフを描きます．

R

```
fviz_nbclust(my_data, kmeans, method = "wss")
```

Python

```
import pandas as pd
import statsmodels.api as sm
from sklearn.cluster import KMeans

iris = sm.datasets.get_rdataset('iris', 'datasets').data
my_data = iris.iloc[:, 0:4]

k = range(1, 11)
my_df = pd.DataFrame({
    'k': k,
    'inertia': [KMeans(k).fit(my_data).inertia_ for k in range(1, 11)]})
my_df.plot(x='k', style='o-', legend=False)
```

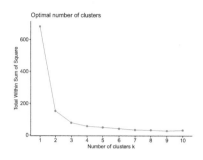
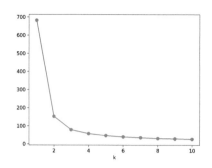

　このグラフの縦軸はクラスタ内の異質性です．クラスタ数が多くなると，各クラスタ内に異質なインスタンスが少なくなるので，異質性は下がります．この異質性の下がり方が鈍るところ（この例では $k = 2$ または 3）を**エルボー点**といい，ここをクラスタ数の目安にします．

13.2.5　主成分分析とクラスタ分析

非階層的クラスタ分析の場合と異なり，デンドログラムは使えません．

参考までに，点の形の違いが品種の違いを表すようにします．

　非階層的クラスタ分析の結果を可視化します．まずは，主成分分析で変数を減らし，散布図を描けるようにします．そのようにして描いた散布図の点の色でクラスタを表現します．

　例として，アヤメのデータで試します．

```r
library(tidyverse)
my_data <- iris[, -5] %>% scale

my_result <- prcomp(my_data)$x %>% as.data.frame # 主成分分析

# 非階層的クラスタ分析の場合
my_result$cluster <- (my_data %>% scale %>% kmeans(3))$cluster %>% as.factor

# 階層的クラスタ分析の場合
#my_result$cluster <- my_data %>% dist %>% hclust %>% cutree(3) %>% as.factor

my_result %>%
  ggplot(aes(x = PC1, y = PC2, color = cluster)) + # 色でクラスタを表現する
  geom_point(shape = iris$Species) +                # 形で品種を表現する
  theme(legend.position = "none")
```

13

教師なし学習

A

環境娯楽

```python
import seaborn as sns
import statsmodels.api as sm
from pca import pca
from scipy.cluster import hierarchy
from scipy.stats import zscore
from sklearn.cluster import KMeans

iris = sm.datasets.get_rdataset('iris', 'datasets').data
my_data = zscore(iris.iloc[:, 0:4])

my_model = pca() # 主成分分析
my_result = my_model.fit_transform(my_data)['PC']
my_result['Species'] = list(iris.Species)

# 非階層的クラスタ分析の場合
my_result['cluster'] = KMeans(n_clusters=3).fit(my_data).labels_

# 階層的クラスタ分析の場合
#my_result['cluster'] = hierarchy.cut_tree(
#    hierarchy.linkage(my_data, method='complete'), 3)[:,0]

sns.scatterplot(x='PC1', y='PC2', data=my_result, legend=False,
                hue='cluster',   # 色でクラスタを表現する
                style='Species', # 形で品種を表現する
                palette='bright')
```

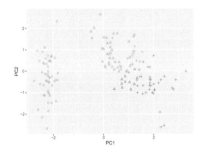 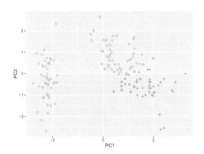

　インスタンスが，色（クラスタ）ごとにまとまって分布していることがわかります．主成分分析とクラスタ分析の結果が整合しているということです．主成分分析とクラスタ分析がまったく違った分析であれば，各データが色ごとにまとまることはないでしょう．

付録A　環境構築：Dockerのインストール

　Windows, macOS, Linux (Ubuntu) で Docker 環境を構築する方法を説明します[*1]. 深層学習（第 11 章）のためには GPU をサポートする環境があったほうがいいのですが，ここでは GPU のことは考慮しません[*2].

　以下の説明で登場する Docker Desktop の Windows 版と macOS 版は，`https://www.docker.com/products/docker-desktop` で配布されています.

　Docker Desktop の設定では，「Start Docker Desktop when you log in」にチェックを入れておくと，OS にログインしたときに Docker が起動するので便利です（**図 A.1**）.

> Google Colaboratory なら，「ランタイムを変更」でハードウェアアクセラレータを「GPU」にすると，第 11 章の Keras の計算は速くなります．コードの修正は不要です．

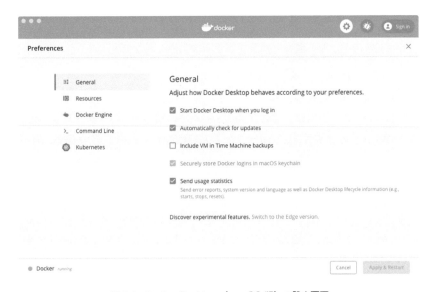

図 A.1　Docker Decktop（macOS 版）の設定画面

[*1]　環境構築方法は本書出版後に変わる可能性があります. 変わり方によっては，本書のサポートサイトで対応できるかもしれません. うまく行かない場合はあまり悩まずに，2.2 節で紹介したクラウド環境を使ってみるとよいでしょう.

[*2]　本書執筆時点で，Linux と Windows では，Docker のコンテナ内で NVIDIA の GPU を使えるようになっています（Windows は実験段階）.

Windows

Windows 上で Docker 環境を構築する手順は次のとおりです.

1. Docker Desktop のインストール要件を満たす.
2. Docker Desktop をインストールする.
3. Docker の設定を確認する（タスクバーの端にある通知領域のクジラのアイコンを右クリックすると現れるメニューの「Settings」をクリック）.

1 が少し面倒で, 具体的には, ① Windows update を実行して, バージョンを2004 以上にする, ② PowerShell を管理者権限で起動し,「`wsl --install`」を実行するという作業になります.

2 は簡単で, Docker Desktop のインストーラをダウンロード, 実行するだけです.

macOS

macOS で Docker 環境を構築する手順は次のとおりです.

1. Docker Desktop をインストールする.
2. Docker.app を起動する.
3. Docker の設定を確認する（メニューバーの端のステータスメニューにあるクジラのアイコンをクリックすると現れるメニューの「Preferences...」をクリック）.

Linux

Linux にはさまざまな配布形態（ディストリビューション）がありますが, ここでは CentOS, Debian, Fedora, Ubuntu 向けの, 手軽な方法を紹介します[3].

ターミナルで次のコマンドを実行します.

ターミナル

```
curl -fsSL https://get.docker.com -o get-docker.sh
sudo sh get-docker.sh
```

一般ユーザがコマンド **docker** を使えるようにします（**your-user** のとこ

---

[3]　Linux へのインストールの詳細は `https://docs.docker.com/engine/install/` を参照してください.

ろを具体的なユーザ名で置き換えてください).

> **ターミナル**
>
> ```
> sudo usermod -aG docker your-user
> ```

動作確認

ターミナルで, Docker の動作確認をします. 動作確認用の「hello-world」というイメージのコンテナを作り, 実行します.

> **ターミナル**
>
> ```
> $ docker run hello-world
>
> Hello from Docker!
> This message shows that your installation appears to be working correctly.
>
> To generate this message, Docker took the following steps:
>  1. The Docker client contacted the Docker daemon.
>  2. The Docker daemon pulled the "hello-world" image from the Docker Hub.
>     (amd64)
>  3. The Docker daemon created a new container from that image which runs the
>     executable that produces the output you are currently reading.
>  4. The Docker daemon streamed that output to the Docker client, which sent it
>     to your terminal.
>
> To try something more ambitious, you can run an Ubuntu container with:
>  $ docker run -it ubuntu bash
>
> Share images, automate workflows, and more with a free Docker ID:
>  https://hub.docker.com/
>
> For more examples and ideas, visit:
>  https://docs.docker.com/get-started/
> ```

これと似たような結果になれば成功です.

Docker が起動していないと, 次のようなエラーメッセージが表示されます.

> **ターミナル** (Windows)
>
> ```
> $ docker run hello-world
> bash: /usr/bin/docker: No such file or directory
> ```

（macOS と Linux）

```
$ docker run hello-world
docker: Cannot connect to the Docker daemon at unix:///var/run/docker.sock. ...
See 'docker run --help'.
```

このようなエラーメッセージが表示された場合は，Windows と macOS では Docker のアプリを起動，Linux では「sudo systemctl restart docker」として，Docker を再起動してください．

おわりに

　第1部で必要な準備をした後で，第2部で機械学習を実践してきました．本書の狙いは，RとPythonで同じタスクをこなすことで，どちらか一方だけを使っていては気付かないような点に気付いてもらうことでした．機械学習の学びの方法はいろいろありますが，理論を学ぶことや，ソフトウェアパッケージの使い方を学ぶこととは違った方法を提示したつもりです．

　少し復習してみましょう．ソフトウェアパッケージ（Rのcaretやpythonのscikit-learnなど）をデフォルトのまま使うと，次の場合の結果がRとPythonで同じになりません．その理由を説明し，両者の結果を同じにすることができるでしょうか．

- ヒストグラム（4.2.1 項）
- 1次元データの標準化（5.2.1 項）
- Elastic Net の訓練（8.6.4 項）
- 分類木の訓練（9.2.1 項）
- 質的入力変数がある場合の決定木の訓練（10.3.5 項）
- ロジスティック回帰の訓練（10.4 節）

　これらの中には，サンプルサイズが大きい場合には気にしなくていいこともあります．そもそも，機械学習のアルゴリズムの多くは乱数を使うので，結果が違って当たり前という考え方もあるでしょう．

　しかし，［データ，手法，確実な結果］の組は，機械学習を学ぶ上でとても役立ちます．機械学習のためのさまざまな手法は，Rのcaretやpythonのscikit-learnのようなフレームワークでパッケージ化されていて，簡単に切り替えて使えるようになっています．では，Aという手法を使うとして，それを正しく使えているということを，どうやって確認したらよいでしょうか．そういうときは，自分がよく知っている，［データ，手法，確実な結果］の組を持ってきて，手法の部分だけAと交換してみるのです．RMSE（検証）や正解率（検証）がひどく悪化するようなら，使い方が間違っている可能性が大きいです．結果がひどく悪化していなければ，Aの導入の最初の段階は成功といってよいでしょう．こういうことができるためには，［データ，手法，確実な結果］の組が手元になければなりません．比較対象となる組合せがRとPythonのように言語をまたいだものであれば，そうでない場合に比べて気付くことがたくさんあるのは本書で見てきたとおりです．

　本書を読まれた方が，そういう組合せを本書から得て，手元に置かれることを期待します．データサイエンスを学び続ける上で，それはきっと役立ちます．

さらに学ぶために

　本書を読んでさらに学ぼうという方に，**図1**のような進路と，そこを進むための参考文献を紹介します．

リファレンス 進路によらず，リファレンスとして使えるものとして，Rなら [30, 33, 34, 35]，Pythonなら [36, 37] がある．Rのグラフィックスに特化したリファレンス [9] もある．

プログラミング入門 プログラミング言語自体について学べる文献として，Pythonなら [38, 39] がある．他の言語を知っている人向けのPythonの入門書に [40] がある．Rは主にデータサイエンスで使われるため，R自体に入門したい場合も，データサイエンスを題材にしたものを選ぶことになるだろう．

言語についての高度な話題 言語自体について詳しく解説している文献として，Rなら [41, 42]，Pythonなら [43] がある．

データサイエンス入門 概要の把握を目的とし，実践は含まない文献として，[1] がある．実践を含む文献として，Rなら [44] や [3, 10]（前者は標準のRのみ，後者は本書でも採用した tidyverse を使っている），Pythonなら [45, 46, 47] がある．

データサイエンスの理論と実践 コンピュータで実践しながら理論を学べる文献として，Rなら [16, 48]，Pythonなら [24, 27] がある．

統計学 よく読まれている統計学の入門書に，[5, 6, 15] がある．

統計学の実践 コードを書きながら統計学を学べる文献に，Rなら [8]，Pythonなら [49]，両方なら [50] がある．

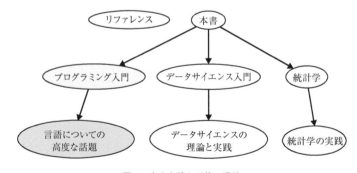

図1　本書を読んだ後の進路

謝辞

　本書の草稿を読んで貴重なコメントをくださった，杉山剛さん，甲斐さん（AAKEL），瀧本さん（AAKEL），深澤さん（AAKEL），村上聖くん（千葉工業大学社会システム科学部）に感謝します．

　本書の企画・編集を担当された，講談社サイエンティフィクの横山真吾さんには大変お世話になりました．ありがとうございました．

　筆者の2人は小学1年生からの付き合いです．2人が遊んでいるのをずっと見守っていてくれた辻由子（1947–2018）に，本書を捧げます．

参考文献

文献の後に書かれた数は，その文献を参照している本書のページです．

[1] John D. Kelleher and Brendan Tierney. *Data Science*. MIT Press, 2018. 久島聡子訳. データサイエンス. ニュートンプレス, 2020. v, vi, 368

[2] Jeffrey E.F. Friedl. *Mastering Regular Expressions: Understand Your Data and Be More Productive*. O'Reilly Media, 3rd edition, 2006. 株式会社ロングテールほか訳. 詳説 正規表現. オライリー・ジャパン, 第3版, 2008. 40

[3] 松村優哉, 湯谷啓明, 紀ノ定保礼, 前田和寛. R ユーザのための RStudio [実践] 入門：tidyverse によるモダンな分析フローの世界. 技術評論社, 改訂2版, 2021. 48, 368

[4] 宮腰忠. 高校数学＋α. 共立出版, 2004. 草稿が `https://tad311.xsrv.jp/hsmath/` で公開されています. 89

[5] 倉田博史, 星野崇宏. 入門統計解析. 新世社, 2009. 90, 110, 132, 192, 368

[6] 東京大学教養学部統計学教室編. 統計学入門（基礎統計学 I）. 東京大学出版会, 1991. 90, 110, 111, 140, 142, 192, 368

[7] Charles R. Harris, et al. Array programming with NumPy. *Nature*, Vol. 585, No. 7825, pp. 357–362, 2020. 94

[8] 神永正博, 木下勉. R で学ぶ確率統計学　一変量統計編. 内田老鶴圃, 2019. 110, 368

[9] Winston Chang. *R Graphics Cookbook: Practical Recipes for Visualizing Data*. O'Reilly Media, 2nd edition, 2018. 石井弓美子ほか訳. R グラフィックスクックブック：ggplot2 によるグラフ作成のレシピ集. オライリー・ジャパン, 第2版, 2019. 125, 368

[10] Hadley Wickham and Garrett Grolemund. *R for Data Science: Import, Tidy, Transform, Visualize, and Model Data*. O'Reilly Media, 2016. 黒川利明訳. R ではじめるデータサイエンス. オライリー・ジャパン, 2017. 原書が `https://r4ds.had.co.nz` で公開されています. 125, 368

[11] Kieran Healy. *Data Visualization: A Practical Introduction*. Princeton University Press, 2018. 瓜生真也ほか訳. データ分析のためのデータ可視化入門. 講談社, 2021. 原書の草稿が `https://socviz.co` で公開されています. 125

[12] 吉澤康和. 新しい誤差論：実験データ解析法. 共立出版, 1989. 134

[13] 奥村晴彦. R で楽しむ統計. 共立出版, 2016. 144

[14] 佐和隆光. 回帰分析. 朝倉書店, 新装版, 2020. 183, 184

[15] 東京大学教養学部統計学教室編. 自然科学の統計学（基礎統計学 III）. 東京大学出版会, 1992. 183, 368

[16] Gareth James, Daniela Witten, Trevor Hastie, and Robert Tibshirani. *An Introduction to Statistical Learning: with Applications in R.* Springer, 2nd edition, 2021. （原書第 1 版の翻訳）落海浩ほか訳. R による統計的学習入門. 朝倉書店, 2018. 原書が `https://www.statlearning.com` で公開されています. 199, 201, 238, 368, 295

[17] Trevor Hastie, Robert Tibshirani, and Jerome Friedman. *The Elements of Statistical Learning: Data Mining, Inference, and Prediction.* Springer, 2nd edition, 2009. 井尻善久ほか訳. 統計的学習の基礎：データマイニング・推論・予測. 共立出版, 2014. 原書が `https://web.stanford.edu/~hastie/Papers/ESLII.pdf` で公開されています. 202

[18] Stephen Boyd and Lieven Vandenberghe. *Introduction to Applied Linear Algebra: Vectors, Matrices, and Least Squares.* Cambridge University Press, 2018. 玉木徹訳. ベクトル・行列からはじめる最適化数学. 講談社, 2021. 原書が `http://vmls-book.stanford.edu/` で公開されています. 230

[19] Ian Ayres. *Super Crunchers: Why Thinking-by-Numbers Is the New Way to Be Smart.* Bantam, 2007. 山形浩生訳. その数学が戦略を決める. 文藝春秋, 2007. 2010 年に文庫化. 222, 227

[20] Seth Stephens-Davidowitz. *Everybody Lies: Big Data, New Data, and What the Internet Can Tell Us About Who We Really Are.* Dey Street Books, 2017. 酒井泰介訳. 誰もが嘘をついている：ビッグデータ分析が暴く人間のヤバい本性. 光文社, 2018. 222, 227

[21] 金谷健一. 線形代数セミナー：射影, 特異値分解, 一般逆行列. 共立出版, 2018. 230, 350, 351

[22] 金谷健一. これなら分かる最適化数学：基礎原理から計算手法まで. 共立出版, 2005. 230

[23] Alboukadel Kassambara. Machine learning essentials: Practical guide in R. `https://www.datanovia.com/en/product/machine-learning-essentials-practical-guide-in-r/`. 240

[24] Aurélien Géron. *Hands-On Machine Learning with Scikit-Learn, Keras, and TensorFlow: Concepts, Tools, and Techniques to Build Intelligent Systems*. O'Reilly Media, 2nd edition, 2019. 長尾高弘訳. scikit-learn, Keras, TensorFlow による実践機械学習. オライリー・ジャパン, 第 2 版, 2020. 242, 258, 295, 368

[25] 斎藤康毅. ゼロから作る Deep Learning：Python で学ぶディープラーニングの理論と実装. オライリー・ジャパン, 2016. 250

[26] Ian Goodfellow, Yoshua Bengio, and Aaron Courville. *Deep Learning*. The MIT Press, 2016. 岩澤有祐ほか監訳. 深層学習. KADOKAWA, 2018. 原書が `https://www.deeplearningbook.org` で公開されています. 250, 310

[27] Sebastian Raschka and Vahid Mirjalili. *Python Machine Learning: Machine Learning and Deep Learning with Python, scikit-learn, and TensorFlow 2*. Packt Publishing, 3rd edition, 2019. 株式会社クイープ訳, 福島真太朗監訳. Python 機械学習プログラミング：達人データサイエンティストによる理論と実践. インプレス, 第 3 版, 2020. 258, 295, 368

[28] 今泉允聡. 深層学習の原理に迫る：数学の挑戦. 岩波書店, 2021. 320

[29] Yann LeCun, Leon Bottou, Yoshua Bengio, Patrick Haffner. Gradient-based learning applied to document recognition. In *Proceedings of the IEEE*, Vol. 86, No. 11, pp. 2278–2324, 1998. 321

[30] R サポーターズ. パーフェクト R. 技術評論社, 2017. 339, 368

[31] 金谷健一. これなら分かる応用数学教室：最小二乗法からウェーブレットまで. 共立出版, 2003. 350

[32] 椎名洋, 姫野哲人, 保科架風. データサイエンスのための数学. 講談社, 2019. 350

[33] 間瀬茂. R プログラミングマニュアル：R バージョン 3 対応. 数理工学社, 第 2 版, 2014. 368

[34] 石田基広. R 言語逆引きハンドブック. シーアンドアール研究所, 改訂 3 版, 2016. 368

[35] J.D. Long and Paul Teetor. *R Cookbook: Proven Recipes for Data Analysis, Statistics, and Graphics*. O'Reilly Media, 2nd edition, 2019. 木下哲也訳. R クックブック. オライリー・ジャパン, 第 2 版, 2020. 368

[36] 陶山嶺. Python 実践入門：言語の力を引き出し, 開発効率を高める. 技術評論社, 2020. 368

[37] Bill Lubanovic. *Introducing Python: Modern Computing in Simple Packages*. O'Reilly Media, 2nd edition, 2019. 長尾高弘訳. 入門 Python 3. オライリー・ジャパン, 第 2 版, 2021. 368

[38] Cory Althoff. *The Self-Taught Programmer: The Definitive Guide to Programming Professionally*. Self-Taught Media, 2017. 清水川貴之監訳. 独学プログラマー：Python 言語の基本から仕事のやり方まで. 日経BP, 2018. 368

[39] 辻真吾. Python スタートブック. 技術評論社, 増補改訂版, 2018. 368

[40] Python Software Foundation. The Python Tutorial. `https://docs.python.org/3/tutorial/`. 日本語訳が `https://docs.python.org/ja/3/tutorial/` で公開されています. 368

[41] R Core Team. R Language Definition. `https://cran.r-project.org/manuals.html` 日本語訳が `https://cran.r-project.org/doc/contrib/manuals-jp/` で公開されています. 368, 373

[42] Hadley Wickham. *Advanced R*. Chapman and Hall/CRC, 2nd edition, 2019. (原書第 1 版の翻訳) 石田基広ほか訳. R 言語徹底解説. 共立出版, 2016. 原書が `https://adv-r.hadley.nz` で公開されています. 368

[43] Luciano Ramalho. *Fluent Python: Clear, Concise, and Effective Programming*. O'Reilly Media, 2015. 梶原玲子訳. Fluent Python: Pythonic な思考とコーディング手法. オライリー・ジャパン, 2017. 368

[44] W. N. Venables, D. M. Smith, and the R Core Team. An Introduction to R—Notes on R: A Programming Environment for Data Analysis and Graphics. [41] と同じ URL で公開されています. 368

[45] Wes McKinney. *Python for Data Analysis: Data Wrangling with Pandas, NumPy, and IPython*. O'Reilly Media, 2nd edition, 2017. 瀬戸山雅人ほか訳. Python によるデータ分析入門：NumPy, pandas を使ったデータ処理. オライリー・ジャパン, 第 2 版, 2018. 368

[46] 池内孝啓, 片柳薫子, @driller. Python ユーザのための Jupyter[実践] 入門. 技術評論社, 改訂版, 2020. 368

[47] Jake VanderPlas. *Python Data Science Handbook: Essential Tools for Working with Data*. O'Reilly Media, 2016. 菊池彰訳. Python データサイエンスハンドブック：Jupyter, NumPy, pandas, Matplotlib, scikit-learn を使ったデータ分析, 機械学習. オライリー・ジャパン, 2018. 368

[48] Brett Lantz. *Machine Learning with R: Expert techniques for pre-*

dictive modeling. Packt Publishing, 3rd edition, 2019. 長尾高弘訳.
R による機械学習. 翔泳社, 原書第 3 版, 2021. 368

[49] 谷合廣紀. Python で理解する統計解析の基礎. 技術評論社, 2018. 368

[50] Peter Bruce, Andrew Bruce, and Peter Gedeck. *Practical Statistics
for Data Scientists: 50+ Essential Concepts Using R and Python*.
O'Reilly Media, 2nd edition, 2020. 黒川利明訳. データサイエンスのた
めの統計学入門：予測, 分類, 統計モデリング, 統計的機械学習と R/Python
プログラミング. オライリー・ジャパン, 第 2 版, 2020. 368

索引

索引(R)

索 引（Python）

著者紹介

辻 真吾 博士（工学）
1998 年　東京大学工学部計数工学科数理工学コース卒業
2005 年　東京大学大学院工学系研究科先端学際工学専攻修了
現　在　東京大学先端科学技術研究センター 特任准教授
著　書　『Python スタートブック［増補改訂版］』技術評論社 (2018)
　　　　（共著）『Python によるあたらしいデータ分析の教科書』翔泳社 (2018)
　　　　『Python で学ぶアルゴリズムとデータ構造』講談社 (2019)

矢吹太朗 博士（科学）
1998 年　東京大学理学部天文学科卒業
2004 年　東京大学大学院新領域創成科学研究科基盤情報学専攻修了
現　在　千葉工業大学社会システム科学部プロジェクトマネジメント学科 准教授
　　　　情報処理技術者試験委員
著　書　『Web アプリケーション構築入門（第 2 版）』森北出版 (2011)
　　　　『基礎からしっかり学ぶ C++の教科書』日経 BP 社 (2017)
　　　　『Web のしくみ』サイエンス社 (2020)

NDC007　399p　24cm

実践 Data Science シリーズ
ゼロからはじめるデータサイエンス入門
R・Python 一挙両得

2021 年 12 月 7 日　第 1 刷発行
2022 年 9 月 28 日　第 4 刷発行

著　者　辻 真吾・矢吹太朗
発行者　髙橋明男
発行所　株式会社 講談社
　　　　〒112-8001　東京都文京区音羽 2-12-21
　　　　　　販売　(03)5395-4415
　　　　　　業務　(03)5395-3615

KODANSHA

編　集　株式会社 講談社サイエンティフィク
　　　　代表　堀越俊一
　　　　〒162-0825　東京都新宿区神楽坂 2-14　ノービィビル
　　　　　　編集　(03)3235-3701

本文データ制作　藤原印刷株式会社
印刷・製本　株式会社ＫＰＳプロダクツ

ISBN 978-4-06-513232-6